글로벌 비즈니스 용병술

Global Business

원융희 저

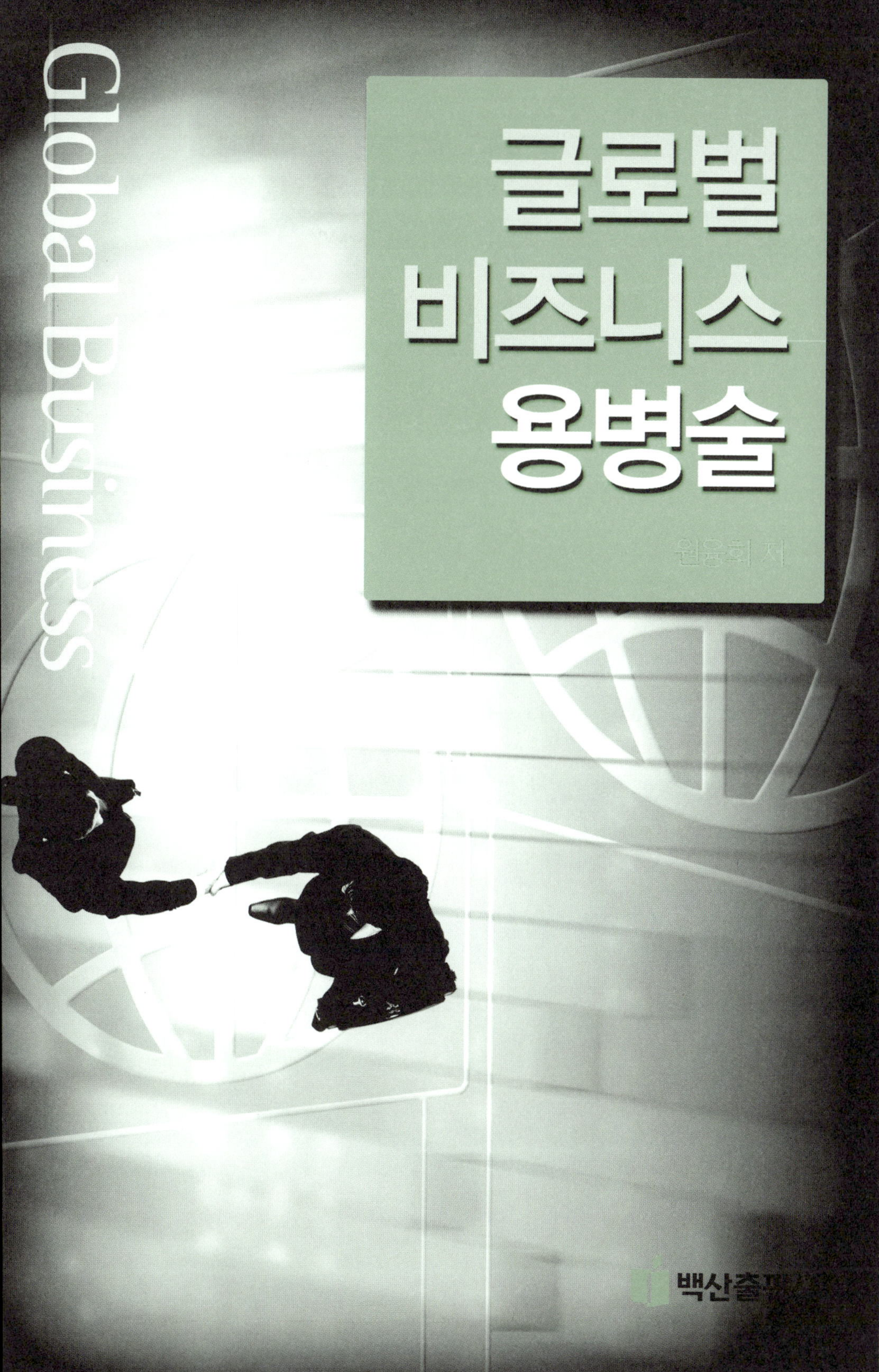

백산출판사

Preface 인생이란 비즈니스이다!

오늘날 글로벌화의 시대적 흐름에 편승하여 기업의 경영환경은 아주 많이 불확실해져 가고 있다. 이러한 위기 상황은 새로운 비즈니스맨에게 보다 적극적인 마인드를 갖고 도전적으로 글로벌 비즈니스를 수행하도록 강요하고 있다.

이제까지 당신이 다녔던 학교라는 곳에서는 재능을 점수라는 기준으로만 채점 하였었다. 결코 그것이 당신 인생의 전부는 아니라고 생각할지 모르지만 점수라는 것은 비정(非情)한 것이다. 학교를 졸업하였다고 하여 인생에서의 점수매기기가 끝난 것이 아니라는 것을 명심하여야 한다.

미국의 강철왕 카네기의 일화이다. 카네기는 딸기 밀크를 좋아하지만 물고기는 떡밥으로 지렁이를 좋아한다. 카네기는 낚시를 할 때 물고기가 좋아하는 지렁이를 꿰어서 던져주면 자기가 좋아하는 딸기 밀크를 주는 것보다 훨씬 많이 잡힌다는 것이다. 유면한 설득가로도 잘 알려진 카네기는 이같이 작은 예를 사용하여 상대방을 설득시키는 요령을 가르쳤던 것이다.

즉, 사람을 움직이는 유일한 방법은 그 사람이 좋아하는 것이 무엇인가를 간파하여 그것을 손에 넣는 방법을 가르쳐 주었던 것이다. 그러나 사람들은 자기 욕심만 채우려고 자기가 하고 싶은대로 사람을 시키려 한다. 그렇기 때문에 사람들이 따르지 않는 것이다. 상대방을 움직이려면 그 사람을 잘 이해하고, 어디에 가치를 두고 있는가를 잘 파악하여 거기에 주력하는 것이 필요하다. 그러나 상대방을 잘 움직이기 위해서는 움직이려고 하는 본인 자신의 신념이나 생활신조가 우선되어져야 한다는 것을 잊어선 안 된다.

끝으로 에티켓에 대하여도 한마디 하자면 옛부터 '예(禮)'가 없으면 그 가정, 조직, 나라가 위태롭고(無禮則危), 예가 있으면 그 가정, 조직, 나라가 평화롭다(有禮則安)고 하였듯이 미래에 있어서도 에티켓을 소중하게 여기는 가운데 성장의 틀을 구축해야 함은 말할 나위가 없다. 이에 에티켓를 통한 인간화의 추구는 경쟁시대에 없어서는 안 될 글로벌 비즈니스의 근본이라고 할 수 있다.

특히 상실되어 가는 인간성을 회복하고 21세기 사회의 원숙한 질서와 인간의 가치를 새롭게 창출해 내기 위해서는 글로벌 에티켓에 대한 올바른 인식과 그에 부합되는 정중하고 세련된 인터내셔널 에티켓를 하나하나 실천해 나가야 할 것이며, 그렇게 할 때 우리의 사회는 좀 더 밝고 아름다운 삶의 기풍도 진작될 것이다.

그러려면 먼저 국제화, 개방화에 대비하고 우리 사회의 에티켓 위기를 극복하기 위해서는 나 자신부터 변화가 있어야 할 것이다.

달리 생각하면 우리 인생은 모두가 우리들의 일생은 어느 때이고 비즈니스맨이 아닌 때가 없다. 아이디어라든가, 플랜이라든가, 열성이라든가를 항상 접하는 사람들에게 권유하거나 납득시키는 행위를 취하고 있지 않은가? 그래서 우리 인생은 그 자체가 비즈니스가 아닐까 한다.

이 책속에서는 당신이 비즈니스 활동여하에 따라 개인의 행복은 물론 기업의 발전에 초석이 된다는 점을 이해시켜 줄 것이다.

2008년 10월 5일 뜻 깊은 날에
서울 잠실 寓居에서

仁山 원융희 씀

Global Business Strategy

Contents

I 글로벌인으로서의 센스

Ⅱ 커뮤니케이션 테크닉

IV 유능한 비즈니스리더의 처세술

Business Leader's Strategy

I 글로벌인으로서의 센스

Global Business Strategy

I 글로벌인으로서의 센스

오늘날 많은 사람들이 우리나라도 지구촌화(Globalization)되었다고 보고 있다. 그러나 일반기업의 비즈니스맨이 국제무대에서 행동하는 모습을 보면 어떨까? 대부분은 준비가 부족하 여 어떻게 해야 할지 당혹감을 면치 못하고 있다.

특히, 한국의 위상은 선진국 수준인데 개인의 마인드는 개발시대에 머물러 있는 것이다.

"우리는 지금 21세기에 살고 있다. 세계인의 눈높이에 맞춰야 한다. 이제라도 하루 빨리 그들의 눈높이에 맞추어야 진정한 비즈니스 리더로서의 성과를 발휘할 수 있을 것이다."

더욱이 당신은 즉시 출동할 수 있는가? 머지않아 해외출장 명령이 당신에게 내려온다. 여행과 달리 출장은 어디까지나 업무의 연속이다. 그 나름대로 마음의 준비가 필요하다. 특히 회사 대표로서의 자부심을 가져야 한다. 그렇다고 일만 한다고 해서 좋은 것도 아니다. 비즈니스에 도움이 된다면 관광도 좋고 쇼핑도 좋고 친구를 사귀는 것도 좋다. 흡수할 수 있는 것은 무엇이든 흡수해야 한다.

Ⅰ-1. 세계의 정세

1-1. 미래의 세계

글로벌 트렌드 탐구

21세기는 글로벌 시대이다. 20세기 종반 구소련의 해체와 다수의 공산주의 국가들의 몰락과 함께 글로벌 시대는 국가들의 몰락과 함께 글로벌 시대는 개막되었다. 글로벌 시대의 도래는 세계적인 추세로 우리의 선택사항이 아니며, 도전하여 필히 극복하여야 할 시대적인 과제이다. 공산주의의 몰락은 자본주의의 세계적인 확장을 불러왔으며, 자본주의의 팽창에 따라 이념적인 갈등에 의한 군사적인 대립은 사라지고 각국 간의 치열한 경제전쟁이 시작되었다. 무력을 통한 전쟁시대에 강국의 조건이 우수한 군사집단을 보유한 국가라면, 경제전쟁시대에는 우수한 기업을 보유한 국가가 강국으로 부상하게 된다. 글로벌 시대의 글로벌 기업은 국가의 발전과 국민의 풍요로운 삶을 책임지는 가장 중요한 요소이기 때문에 기업주나 투자자들의 이해를 넘어 국민적인 관심사가 될 수밖에 없다.

글로벌 시대란 국가 간의 국경이 사라지는 시대를 말한다. 정치적인 국경은 여전히 존재하지만, 경제적인 국경은 점차 사라진다는 뜻이다. 경제적인 국경이 사라지면 국가 간의 장벽이 없어져서 인적·물적 이동이 자유로워지게 된다. 기업은 국내에 국한되었던 시장, 자본, 자원, 생산기지, 인력, 기술을 세계로 자유롭게 확대할 수가 있게 된다. 한편, 기업 간의 경쟁도 국내기업에 주로 국한되었지만 글로벌시대에는 세계 각국의 모든 기업을 경쟁상대로 기업을 경영하여야 한다. 글로벌 일류기업이 되기 위해서는 기존의 다국적 기업 경영차원을 넘어서 세계의 모든 기업과 무한경쟁을 벌어야 한다.

글로벌 일류기업이 되기 위한 조건은 무엇인가? 글로벌 기업이 가장 먼저 하여야 할 일은 전 지구 차원의 네트워크를 구축하여야 한다. 글로벌 기업의 자본은 세계에서 가장 저렴한 비용으로 자금을 조달할 수 있는 자본시장을 이용할 수 있어야 한다. 생산기지는 가장 저렴한 원가로 생산할 수 있는 지역에 자리 잡아야 하며, 부품조달은 세계 각국의 모든 부품조달 업체를 대상으로 하여 가장 저렴하고 품질 좋은 부품을 생산하는 기업과 거래할 수 있어야 한다.

마케팅전략도 세계 각 지역에서 효력을 발휘할 수 있도록 차별화할 수 있어야 한다. 이런 모든 일들은 글로벌 네트워크가 구축되어야 실현할 수 있는 내용들이다.

그 다음 조건으로는 국제화와 현지화의 조화를 이루어야 한다. 글로벌 기업의 경영전략, 생산관리, 마케팅, 재무관리 등을 세계적인 차원의 표준에 맞추어 관리하여야 하지만, 그 표준을 세계각지의 현지 환경에 맞추어 적절하게 변화를 주어 운영할 수 있어야 한다. 세계적인 표준을 설정하여 효율성을 추구하여야 하지만, 현지에서의 보편성이 세계적인 표준과 갈등을 일으킬 수도 있기 때문이다.

글로벌 기업은 효율적인 경영상의 기법만으로 그 목표가 달성되지는 않는다. 기업조직과 기업문화가 글로벌화하여야 한다. 세계의 각 지역은 고유의 문화와 전통이 살아 있다. 글로벌기업은 현지의 문화와 전통에 적응할 수 있도록 기업이 문화와 조직은 개방적이고 배타성이 배제되어야 글로벌시대에 통용되는 세계적인 보편성을 갖출 수 있다.

글로벌 시대에는 기업뿐만 아니라 정부와 국민들도 글로벌 마인드를 갖추어야 한다. 글로벌 시대는 한 국가의 기업들이 그 이외의 모든 국가들의 기업들과 경제전쟁을 벌이는 시대이다. 한 국가의 기업이 경제전쟁에서 승리하려면, 기업인들만 기업경영을 잘하는 것으로는 부족하다. 정부와 국민이 혼연일체가 되어 글로벌 시대의 기업을 적극적으로 지원해야 글로벌 기업은 성공할 수 있으며, 그 결실은 기업만이 아니라 국민들에게도 나누어져 국민들의 삶의 질이 향상될 수 있다. 정부는 기업지원정책을 강화하거나 기업규제를 완화하여 기업경영환경을 개선하여야 하며, 국민들은 계층 간의 단기 이익을 앞세워 기업의 장기발전을 저해하는 언행을 자제하여야 한다. 그리고 해외에 진출한 우리나라의 글로벌 기업과 우리나라에 진출한 글로벌기업을 편파적이 아닌 객관적인 시각으로 볼 수 있어야 한다.

마지막으로 글로벌 기업은 주주들만의 이익을 대변해서는 곤란하다. 세계의 모든 지역과 시민들이 다 함께 공존하고 번영하는 길을 추구하여 세계의 평화와 복지 증진에 적극적으로 기여하여야 한다.

한편, 글로벌 기업에 취업하려면 어떠한 전략이 필요할까? 위에서 언급한 글로벌 기업에 필요한 인재가 되어야 한다. 글로벌 기업은 세계를 대상으로 사업을 영위하므로, 글로벌 기업의 임직원들은 세계적인 표준에 부응하는 태도가 필요하다. 그리고 무엇보다 중요한 것은 글로벌 마인드로 무장하여야 한다. 타 지역의 전통을 존중하고 고유한 문화를 사랑할 줄 알아야 한다. 우리나라와 우리 민족만을 앞세우는 태도는 글로벌시대에 지양되어야 하며, 세계인들과 공동으로 번영하는 자세로 비즈니스에 임하여야 한다.

[용인춘추, 2008년 6월 12일자]

오늘날 국제간의 상호의존도는 점점 더 증대되고 있다. 따라서 한 국가의 미래는 전 세계적 추세 속에서 전망하지 않으면 안 된다.

학자들의 미래세계에 대한 전망은 비관과 낙관이 서로 엇갈리고 있다. 메도우즈와 그의 동료들은(Meadows, et al. 1972) 인류의 종말은 앞으로 100년 이내라는 충격적인 보고를 하고 있다. 메도우즈는 전 세계의 인구성장추세, 식량의 자급률 , 각종 자원의 소비량과 저장량을 조사한 바 있다. 그들의 조사결과에 따르면 세계 각국이 지금의 공업화와 인구증가를 지속할 때, 전 인류는 극심한 식량부족, 천연자연의 고갈, 그리고 환경오염이 초래되어 자멸하게 된다고 한다.

메도우즈의 경고는 너무나 충격적이어서 이에 대한 면밀한 검토가 뒤따랐다. 메사로비크(Mesarovic, 1974)는 메도우즈의 연구가 자료처리의 미숙으로 너무 과장되었다고 비판한다. 즉 그에 따르면 첫째, 메도우즈의 연구에서는 세계가 각각 다른 정치 . 경제 시스템으로 구성되어 있어 서로 보완하는 것인데, 이를 무시하고 세계를 하나의 전체로 처리한 과오가 있었다는 것이다. 따라서 문제의 집적도가 너무 과장되었다. 둘째, 메도우즈는 너무 물질적인 측면만을 고려했고, 이에 영향을 주는 여러 사회적·정치적 그리고 심리적 조건과 기능을 도외시했다.

또 다른 부류의 학자들은 인간의 문제해결능력을 내세워 미래의 세계를 낙관한다. 즉 그들은 인류는 지금까지 천재·지변과 각종 질병을 극복해 왔고 또 앞으로 우리의 과학기술은 무서운 개발 속도로 개발하여 예견되는 미래의 난관은 능히 극복된다고 예견하고 있다.

확실히 현대의 과학기술은 눈부시게 발전하고 있다. 합성식량개발(물과 공기로부터의 합성), 대체에너지 개발(태양열·원자력·간만

차력 등) 그리고 해저자원 및 수중도시개발이 그 예이다. 이러한 과학기술의 개발은 우리로 하여금 세계의 위기가 극복될 수 있으리라는 희망을 갖게 한다.

그러나 과학기술의 진보를 겨냥한 우리의 낙관은 아직 이르다. 그 이유는 첫째, 인류의 위기를 해결해 줄 여러 가지 미래생산품은 대부분이 아직은 실험 단계에 있다. 따라서 이것이 언제 실용화 될 수 있느냐 하는 것이 문제다. 둘째, 현재 이런 생산품의 생산원가는 기존의 유사 생산품에 비해 상당히 고가인데 이것을 관연 얼마만큼 저하시킬 수 있을 것인가도 문제이다.

결국 현재에서 내다본 세계의 장래는 낙관과 비관을 불허하고 있다. 그러나 우리는 일단 메도우즈의 경고를 심각하게 받아들일 필요가 있다. 그 이유는 세계의 장래를 낙관하기에 앞서서 이미 현재 우리의 생활환경은 어둡고 우울해졌기 때문이다. 예컨대, 세계 인구는 계속 팽창일로이며, 그 인구는 약 1/5은 이미 굶주리고 있으며, 세계의 많은 도시가 환경오염에 시달리고 있기 때문이다.

1-2. 선진제국의 동향

1-2-1. 미국, EU의 동향

1970년대 초반부터 팬 아메리카나의 지배가 흔들리기 시작하더니 근래에 와서 미국은 무역적자국의 정도를 넘어서 채무국으로 전락하고 있다. 물론 미국이 지닌 잠재능력, 고도의 기술개발력, 높은 비즈니스 노하우를 무시할 수는 없다. 그러나 이제 미국은 단독으로 자유주의권을 지배하면서 경제의 견인력을 담당하기는 불가능하게 되어가고 있다.

그럼에도 불구하고 아직도 미국은 단일국가로서는 세계 최대의 시장으로 주요한 위치를 점하고 있다. 뿐만 아니라 우루과이라운드 협상의 적극적 추진을 통해 다자간 무역규범을 강화하는 동시에 EU에 대처키 위해 미국, 캐나다 간의 자유무역지대를 멕시코까지 포함하는 북미주 자유무역지대 형성을 구상하고 있다.

한편, 유럽 제국은 경제의 역내자유화에서 이제 통합화까지 이룩하였다. 인구 약 3억, 세계교역량의 3분의 1을 차지하는 EU는 미국을 능가하는 커다란 존재가 되었다. EU 제국간의 소득격차, 산업구조의 차이 같은 어려운 문제를 극복하면서 EU는 시장뿐 아니라 모든 면에서 단일화계획이 마무리 되어가고 있다. 두말할 것도 없이 EU는 강력한 경쟁상대인 미국, 일본은 물론 신흥공업국의 기업에 대항해서, 통합에 의한 시장의 확대를 기반으로 한 역내산업의 합리화로 경쟁력을 강화하는 것이 목적이다.

1-2-2. 보호무역과 자유무역

선진자유주의 제국의 경제는 이제 미국, EU, 일본을 중심으로 한 동아시아의 3기둥으로 운영되어가고 있다. 다민족국가인 미국, 연방적인 공동체 EU, 동아시아는 앞으로 어떤 세계전략으로 국제경제에 대처할 것인가. 크게 나누면 2가지를 생각할 수 있다. 하나는 역내 중심의 보호무역적 전략이고, 다른 하나는 지역간 교류를 포함한 세계자유무역의 촉진이라 할 수 있다.

EU통합국이든 미국이든 본래 자유무역을 통해서 세계무역을 확대하자는데 찬성할 것은 의심의 여지가 없다. 그러는 편이 무역량이 확대하고 그로써 경제가 발전하여 고용기회의 증대, 국민 1인당 소득의 증가를 이룩하게 되고 그것은 곧 정치적 안정으로 이어진다고 보기 때문이다. 오늘날 자유주의국가의 정치적 안정의 기초는 국민생활의 안정이고 고용기회의 확보이다. 정치가는 국민의 선거에 의해서 선출되므로 그들의 최대 관심사는 선거민의 생활안정이다. 따라서 민생의 안정이야말로 평화시대 정치의 주안점이 되어가고 있는 것이다.

그러나 만약 자유무역으로 인하여 오히려 자국이 불리한 상황이 된다면 수입에 대하여 여러 가지 제한을 가하거나 인위적인 환시세를 설정하는 등 보호무역적인 조치를 취하지 않을 수가 없다. 미국이나 EU국가의 사람들 중에는 만약 필요하다면 자기들만으로도 얼마든지 살 수 있다는 보호무역적인 생각을 가진 사람이 많다. 이들은 일본 및 동아시아 신흥공업국의 동향을 예의 주시하고 있다.

1-3. 개발도상국의 고뇌

1-3-1. NICS의 동태

아시아를 중심으로 새로이 등장한 나라들이 신흥공업국(NICS)이다. 이들은 지금부터 30년 사이에 눈부신 경제성장을 이룩한 국가들이다. 선진국에서 기술을 도입하고, 풍부한 양질의 노동력을 이용해서 선진국 못지않은 상품을 싼 값으로 생산하여 수출을 확대한 것이 계기가 되었다. 우리나라를 비롯해서 중국, 인도, 싱가포르, 말레이시아, 멕시코, 브라질, 스페인, 포르투갈 등이 이에 속한다. 이들 국가는 자본을 축적하여 타국에 직접투자하거나 기술의 재수출과 기술개발에 박차를 가하고 있다. 「선진국에 따라붙자」를 모토로 해서 많은 성공을 거둔 나라들이다. 그러나 이들 나라에도 어려움은 많다. 경제가 점차 발전하면서 물가, 인건비가 상승하여 생산의 이익이 적어지고, 동시에 수출의 감퇴, 가공무역의 감소현상이 따라서 일어났기 때문이다. 또한 기술의 파행성에서 오는 산업의 불균등한 발전, 고도기술에 대한 부적응 등 급속한 경제발전에 따르는 갖가지 부작용도 나타나고 있다. 뿐만 아니라 무리한 고수익의 경제발전을 위한 계획적인 경제운영은 그 반동으로 경제부진과 막대한 채무를 부담할 위험성도 가지고 있다.

1-3-2. 중진국과 미개발국의 현상

일부, 중남미 기타 지역의 자원강국, 소위 중진국은 오일위기 전후를 통해서 과감한 개발투자를 감행하였다. 자원도 있고 노동력도 풍부하므로 외국자금을 끌어들이더라도 곧 변제할 수 있으리라 생각했던 것이다. 그러나 이러한 국가들은 지금 채무불이행(Default)국의 일보 직전에 있어 채무의 이행연기, 이자의 일부 탕감 같은 구제조치가 취해졌던 경험이 있다. 아무리 훌륭한 설비를 도입하여도 그것을 운영할 기술과 관리를 모르고는 의미가 없는 것인데도 불구하고 너무 성급하게 발전을 기대한 것이 원인이었던 것이다. 동시에 경제발전이 일반 국민 한 사람 한 사람의 이익으로 연결되는 시스템을 확립하지 못하여 일부의 사람에게 부(富가) 집중할 뿐 국민의 근로의욕을 북돋아 주지 못한 데도 또한 원인이 있었던 것이다. 미개발국의 현상으로서는 일찍이 가난한 남쪽의 나라들 문제가 남북문제로서 국제연합 등에서 취급되었지만 근래에는 좀 잠잠해지는 것 같다. 그러나 문제는 엄연히 존재하고 있으며, 자연조건이 악화하거나 부족 간의 항쟁이라도 일어나면 기근현상과 많은 난민이 발생하고 있음은 매스컴을 통해서 잘 알려진 사실이다. 이처럼 대단히 가난한 지역이 지구의 많은 부분차지하고 있으며 인구의 2/3를 헤아리고 있다.

세계의 대부분이 가난에 시달리고 있다. 지금도 지구상의 많은 국가의 사람들이 오로지 먹고 살기 위해서 애쓰고 있다. 자급자족 경제하에서는 그런 대로 먹고 살 수 있었지만, 주위에서 밀어 닥치는 화폐경제의 와중에 휩쓸리게 되면서 나라 전체의 경제를 어떻게 새로이 구축해야 할지 모색하지 않을 수 없을 처지의 국가들이 많다.

Ⅰ-2 사람이 사는 방법

2-1. 산다는 것의 원점

삶

인간의 삶의 형태 속에 그 무엇 무엇을 담아야 온전한 모습으로 보일까? 일반적으로 한 인간으로 태어나게 되면 그 순간부터 세상에서 일컫듯 그에게 포함된 세계가 그를 열린사회로 넘기는 작업이 시작된다. 그는 그에게 속한 하나의 국가가 있고, 그 자신에게 주어진 민족이 존재하고, 그에게 속한 사회 안에서 정치와 경제가 그와 상관없이 질서와 혼란 속에 급박하게 돌아가는 세상에 내던져지게 되는 것이다.

그가 성장한 후에는 그럴듯한 문화가 포함된 사회 안에서 안정된 평화를 기원하며 기득권자로서의 인생을 살기를 원하게 된다. 바로 그러한 인간의 표면적인 인생이 인간다운 삶이라 말하고 있다. 그러나 그것만이 진정 인간의 삶의 전부일까?

우리 사회는 현재 중심의 이동을 겪는 다변화된 사회 안에서 몹시 급한 물살에 휩쓸리고 있는 형편이다.

그러나 인생은 무거운 멍에를 지고 먼 길을 가는 것과 같다는 말이 있듯이 너무 서두르다 보면 쉽게 지쳐버려 도중에 포기하게 되고, 너무 느긋하면 계획의 절반도 채 못 이루게 된다. 오늘만 살고 말 것이 아닌 이상 차분하게 계획하며 실천하려는 자세가 필요하며, 불만과 어려움을 극복할 수 있는 인내력이 있어야 한다.

더욱이 우리의 삶의 방향은 미래의 목표에 따라 달라지기 때문에 비록 오늘의 이 삶이 불가(佛家)에서 말하는 '고통의 바다'(苦海)일지언정 용기와 희망을 가지고 새로운 삶을 위해 정진할 때가 아닌가 한다. 눌려 그 삶 자체를 포기하려는 자가 있다면 그의 생각을 바꾸고 힘이 될 글귀를 소개해 본다.

그렇다. 따지고 보면 지금 처해진 자신의 환경이 어렵고 고통스러운 사람일수록, 역설적으로 말하면 그 사람은 점차 기쁨을 느낄 일들이 더 많은 사람이 아닌가 한다. 그래서 만약 누군가 이 순간 삶의 무게에 눌려 그 삶 자체를 포기하려는 자가 있다면 그의 생각을 바꾸고 힘이 될 글귀를 소개해 본다.

"몸에 병이 없기를 바라지 말라. 몸에 병이 없으면 탐욕이 생기기 쉽다. 세상살이에 곤란함이 없기를 바라지 말라. 세상살이에 곤란함이 없으면 업신여기는 마음과 사치한 마음이 생긴다. 일을 꾀하되 쉽게 되기를 바라지 말라. 일이 쉽게 되면 뜻을 경솔하게 두게 된다. 친구를 사귀되 내가 이롭기를 바라지 말라. 내가 이롭고자 하면 의리를 상하게 된다. 남이 내 뜻대로 순종해 주기를 바라지 말라. 남이 내 뜻대로 순종해 주면 마음이 스스로 교만해진다. 공덕을 베풀 때 과보를 바라지 말라. 과보를 바라면 도모하는 뜻을 가지게 된다. 이익을 분에 넘치게 바라지 말라. 이익이 분이 넘치면 어리석은 마음이 생긴다. 억울함을 당해서 밝히려고 하지 말라. 억울함을 밝히면 원망하는 마음이 생겨난다."

지구상에는 아직도 많은 사람들이 먹고 살기 위한 것만의 생활을 하고 있다. 눈에 보이지 않는 관계를 불교에서는 '연'이라 한다. 앞으로 국제무대에 있어서는 이러한 사람들의 눈에 보이는 관계만이 아니라 눈에 보이지 않는 '연'을 소중히 해야 할 것으로 생각한다.

수출한 상품을 통한 관계(因緣)는 극히 일부에 불과하다. 자급자족경제의 나라에서, 물적 자원을 차지하고 일차산업을 개발해서 무역을 추진한다는 것은 현지 국민경제의 구조문제와 관계될 뿐만 아니라 더 나아가서 그들 생활의 실권을 장악하는 것이 되고 만다. 그러므로 이러한 나라에 진출하는 사람들은 고도로 발전한 나라만을 생각하고 표준을 삼을 것이 아니라 미개발국 사람들의 삶에 관심을 기울여서, 거기서 국제무대의 바람직한 참모습을 배워야 할 것이다.

인간은 생명을 유지하고 자손을 키우려면 일정한 자원이 있어야 한다. 자급자족의 경제에서는 가족 또는 부족을 중심으로 일정한 지역 내에서 생활을 영위한다. 만일 그 세력권을 침범해 오는 자가 있으면 자기의 생명유지와 관계되는 일이므로 철저히 항전해서 침입자를 물리쳐야 한다. 그러기 위해서 부족 등의 집단을 형성해서 침입자에 대한 안전을 도모한다.

그들의 생활수단이 수렵, 목축, 농경 중의 어느 것이든 자급자족 경제는 이런 구조 위에서 사회를 형성한다. 이러한 폐쇄사회에서는 특수기능자나 소수의 상인이 출현하면서 비로소 약간의 분업이 나타난다. 이렇게 시작한 분업이 오랜 시간에 걸쳐 발전하면서 정기적으로 「장」(시장)이 열려서 부족한 물자의 부족 간 조달과 사람과 정보의 교류가 이루어진다. 이러한 생활양식은 일부 선진국을 제외하면, 그리 먼 옛날의 일이 아니다.

그러나 급속한 화폐경제의 진전, 공업의 현저한 발전, 무역의 급격한 확대 등으로 자급자족 단계에서 단번에 국제적 분업의 한가운데로 휩쓸려드는 예가 적지 않았다. 즉 어떤 지정 산업이나 제품에 관한 업무에 종사하게 되거나, 그것의 판매나 무역에 의지해서 생계를 꾸려 가는 형태가 된다. 그러나 대체로 일차산품의 경우가 많으므로 자연환경이나 시장상황의 변동에 따라 직접 영향을 받게 되므로 안정된 직업이 못 된다. 또한 공업제품의 생산에 종사한다고 하더라도 전혀 경험이 없는 이질의 일이기 때문에 쉽게 익숙해지지 못한다는 문제가 있다. 현지진출에 있어서는 이러한 현지사정을 충분히 인식하여야 한다.

2-2. 인생의 목적을 다시 생각한다.

2-2-1. 인간은 왜 일을 하는가?

사람들이 일을 하게 되는 데는 여러 동기가 있을 수 있다. 그 중에서도 의식주를 해결하기 위해 일을 한다. 그러나 심리학자들은 일이란 자신을 확인할 수 있는 의미를 제공하고, 자신이 살아가는 사회에 대한 소속감이라고 표현하고 있다. 역사적으로 천한 일을 수행하는 노예가 있었던 고대 희랍인들은 일을 저주로 여겼고, 같은 시대의 유태인들은 일을 벌로 여겼으며, 고대 중국인들 역시 이윤을 위한 일을 불쾌하게 생각했었다. 그러나 중세에는 일이 하나의 소명, 즉 신의 부름으로 받아들여지기 시작했다. 노동조건이 개선되고 일이란 모든 사회계층에서 하는 것으로 되어가자 점차적으로 일은 우리 사회에서 성숙과 자기완성의 필수적인 한 부분으로 변한 것이다.

그래서 오늘날 모든 계층의 노동자들은 단순한 직업 이상의 것을 요구하고 있는 것이다.

사실, 일은 "다른 사람을 위해 무엇인가 가치 있는 것을 생산하는 활동"으로 정의되고 있다. 이러한 정의는 일을 사회적 과정 속에 속하게 하고 있기 때문이다. 즉 그것은 일에는 생존이라는 원초적인 목적뿐만 아니라 사회적인 목적이 존재한다는 것을 암시하고 있다. 대다수의 사람들이 일하는 삶을 단순히 생존 이상의 것으로 생각하고 있다는 것은 인간 역사에 있어서 중요한 업적을 이루어왔다.

흔히 일은 두 가지 방식으로 자기평가에 기여해 왔다고 볼 수 있다. 첫째, 주어진 일을 잘 수행함으로써 스스로에게 자신의 능력을 증명해 준다. 심리학자들은 이러한 사실이 자신과 주변세계에 대한 지배감을 주기 때문에 건강한 삶에 필수적이라고 말하고 있다. 둘째, 일에 의해 다른 사람들에게 기여하며 또다른 사람들이 의지하게 된다. 사회적 동물로서의 인간은 이러한 연대감을 필요로 한다. 이러한 이유 때문에, 일에서 발생하는 모든 것은 자기개발과 혁신에 직접적인 관계가 있다고 보는 것이다.

일례로 의류업에 관하여 공부하기 시작한 사람이 그들이 원하는 기회로 패션부문에서 찾을 수 있다. 다른 사람은 패션업을 준비하기 시작하면서, 기업적인 패션업에 관한 공부에 할애하는 시간을 더 선호할 수도 있다. 만약에 경험상으로 자신과 가능한 기회가 서로 "맞아 떨어진다(fit)"고 판단할 수 있을 때까지 지표가 될 계획을 가지고 있다면, 이런 유형의 계획의 변화는 대처하기에 보다 용이할 것이다. 유망한 관리자로서, 최소한 자신의 고용인을 위한 의사결정에 드는 만큼의 시간과 관심을 자신의 직업에 영향을 미치는 결정을 하는 데도 투여하라. 자신이 누구를 위해 일하든지 간에, 항상 자신을 위해 사업을 한다는 것을 명심하여야 한다. 왜냐하면 그것은 바로 자신의 인생이기 때문이다.

그러면 우리는 어떤 정신과 직업관으로 일을 해야 하며 직업은 인생에서 어떤 의미와 가치를 가져야 하며 어떤 직업관을 가지고 일을 해야 하는가? 우리는 직업에 대하여 어떤 태도와 안목과 자세를 가져야 하며, 가장 바람직한 직업관은 어떤 것인가? 이를 정리하면 4가지 측면에서 생각해 볼 수 있겠다.

① 생명적인 의미

② 경제적인 의미

③ 사회적인 의미

④ 종교적인 의미(천직사상)

이와 같은 의미를 보다 구체적으로 살펴보면 다음과 같다.

1) 생명적인 의미

사람들은 일한 다음에는 쉬고, 쉰 다음에는 일을 한다. 일만 하고 쉬지 않으면 신체의 피로는 물론 병이 생긴다. 쉬기만 하고 일을 하지 않으면 정신건강과 신체의 탄력성을 잃어버리게 된다. 건강한 생활과 가장 바람직한 질서는 생활과 존재의 리듬이 생명적 조화와 균형을 이루며, 일을 한다는 것은 우리의 생명과 생활의 가장 중요하고 근본적인 리듬이다. 인생은 저마다 자기의 직분과 책임을 수행해야 하는 창조의 일터이며 자기의 사명을 다하는 창조적 인간이다.

"일하는 것이 나의 인생철학의 근본이다"라고 말한 발명왕 에디슨, 프랑스의 문호 빅토르·위고의 "노동은 생명이요, 사상은 광명이다"라고 한 것은 노동 속에 건전한 생명의 존속을 뜻한다고 볼 수 있다.

대학에 소인한거위불선(小人閑居僞不善)이라는 문구가 있다. 즉

소인은 한가하면 좋지 않은 일(권태, 도박, 잡담, 음담패설, 유흥, 음주잡기 등)못된 일이나 허망한 세월을 소비한다는 뜻이다.

인간은 일을 해야만 건강하고 기쁨을 느끼게 된다. 무위도식의 허송세월은 우리의 생명을 좀 먹고 정신을 퇴보시키고 병들게 할 뿐이다.

적당한 노동은 우리에게 왕성한 식욕과 편안한 잠을 가져오며 불면증의 괴로움을 모를 뿐 아니라 소화불량의 고통도 없어진다.

그래서 일은 인간의 행복의 필수 불가결한 요소라고 할 수 있다.

스위스의 철학자인 칼 힐티(Karl Hilthey 1883~1909)는 일의 의미와 가치를 그의 저서 행복론에서 "인간의 행복의 최대부분은 계속되는 일로 구성되어 있기 때문에 인생의 가장 행복할 때는 일에 몰두하고 있을 때다. 고로 행복하고 싶거든 무엇보다도 먼저 일을 찾아라"라고 했으며, 또 프랑스의 조각가 로댕은 "직업은 생활의 방편이 아니라 생활의 목적이다. 일한다는 것은 인생의 가치요, 인생의 환희요, 행복이다"라고 말했는데, 여기서 보듯이 일은 언제나 보수와 성취의 희열과 열중의 만족에 있으며, 우리의 마음에서 모든 망상과 잡념을 추방해 준다.

"나의 시간을 짧게 하는 것은 무엇인가?"

"나태다"

시인 괴테의 말과 같이 일에 열중하면 시간 가는 줄을 모른다. 인생을 지루하게 하고 권태롭게 만드는 것은 게으름이다.

인생은 동물이다. 생명과 활동의 존재이며 움직임의 존재이다. 움직이되 남의 힘에 의해서가 아닌 스스로의 힘으로 능동적이고 적극적이어야 한다. 다시 말해서 능동성과 적극성을 가진 활동이 인간다운 활동이라고 할 수 있다.

인간이 존재한다는 것은 활동한다는 것이다. 크게 존재하는 인간은 크게 움직이고 적게 존재하는 인간은 적게 움직인다. 활동의 정도가 존재의 정도를 결정한다.

"나는 생각한다. 고로 나는 존재한다" 근대의 철학자 데카르트의 말이다.

당신도 이렇게 다짐해 보라.

"나는 활동한다. 고로 존재한다"라고 다짐함은 활동이 인간 존재의 근본이요, 인간의 가치판단의 중요한 원리요, 척도요, 기준이다. 적게 활동하는 인간이 작은 인간이요, 적게 활동하는 민족이 작은 민족이다.

2) 경제적인 의미

직업의 두 번째 의미는 경제적 측면에서 생각해 볼 수 있다. 흔히 일정한 활동을 하고 일정한 보수를 받는 경제적 행위를 우리는 직업이라고 한다.

인간은 누구나 자활해야 한다. 경제적 자주독립은 인간독립의 근본이며 자립능력은 인간의 기본자격의 첫째 요소라고 할 수 있다.

자활능력이 없어서 남에게 의존하며 기생하는 인간으로서 사회의 기생충적 존재가 아닌 자활자영의 인간이 되어 자주독립의 생활을 해야 한다.

사도 바울은 "일하기 싫거든 먹지도 말라"고 한 것은 게으른 자와 노는 사람은 인생의 향연에 참여할 자격이 없다는 것이다.

톨스토이는 「이반의 바보」란 소설에 "부지런한 사람은 식탁의 제일 상좌에 따뜻한 밥을, 게으름뱅이는 식탁의 끝에 낮아 남이 먹다 남은 찌꺼기나 찬밥을 맨 나중에 먹어야 한다."이것은 일하는 사람은 대접하고 게으른 사람은 푸대접하라는 것이다. 우리가 근근자자(勤勤孜孜)하게 열심히 일하는 사람은 우러러보며 낭비와 유흥을 일삼는 게으른 무리들을 멸시하는 것은 당연한 윤리며 자연스런 질서이며 올바른 가치관인 것이다. 그런 사회라야 흥하고 발전하는 사회인 것이다.

문명은 노동의 산물이며 인간은 일을 하지 않으면 살아갈 수 없다. 인간의 가치 있는 것, 위대한 것은 피와 땀과 노동의 산물이기에 직업은 신성(神聖)하며 노동은 존엄한 것이다. 왜냐하면 우리의 생명과 생활을 가능하게 하기 때문이다.

옛날 중국 당나라에 백장회해(百丈悔海)라는 유명한 스님이 있었다. 그는 백장산에 살면서 산문의 의식제도를 확립하고 선종의 기초를 확립한 명승이다.

그는 늙은 몸이 되었어도 다른 선사와 달리 매일 일정한 시간을 밭에 나가 일을 하였다. 그래서 제자들은 늙은 선사께서 저렇게 일을 하면 건강에 나쁠 것이라고 생각하여 일하는 도구를 감추어 버렸다.

백장은 아무리 찾아도 그 도구를 찾을 수가 없었다.

그는 그날부터 식사를 하지 않았다. 할 수 없이 제자들이 도구를 내주었다. 그는 죽는 날까지 늘 일을 하였다. 그때 백장선사의 "하루 일을 하지 않으면 먹지 않는다(一日不作一日不食)"는 사상은 얼마나 존귀한 사상인가? 일한다는 것은 먹기 위해서 뿐 아니라 건강을 위해서도 필요하다.

그래서 우리의 일이 고역의 노동이 되어서는 안 되며 항상 기쁜 마음으로 일을 해야 한다.

무미건조(無味乾燥)한 단순한 작업을 기계적으로 반복할 때 권태와 실증을 느끼기 쉽다. 그러면 일한다는 것은 고통이며 저주스런 고역으로 전락하고 말 것이다.

모든 일이 기쁨의 원천이 되고 창조의 보람과 언제나 즐거운 심정으로 일을 하고 작업에 열성을 다한다는 것은 행복의 탑을 쌓는데 열쇠가 될 것이다.

3) 사회적인 의미

우리는 직업을 경제적 차원뿐 아니라 사회적 차원에서 보아야 하며 직업은 인간의 사회적 역할(social rule)이다.

사회가 존속 발전하려면 업무와 역할을 서로 분담해서 수행하여야 하며 하나의 유기체로서 다양다종한 사회적 분업을 분담하지 않으면 존속 발전할 수 없다.

직업은 사회유기체 속에서 각자가 맡은 사회적 역할이며 분담이고 사회적 기여인 것이다. 직업은 일면에서는 우리의 생계유지를 위한 경제활동이며 생업이다. 그러므로 직업은 직분이요 직책인 것이다.

자기직업에 대하여 강한 책임의식, 책임관념을 갖는 것이다. 또한 직분이란 말은 직업의 본분의식이다.

자기직업에 대한 투철한 본분의식, 본분관념을 느끼는 것이다. 책임의식과 직분의식은 그 자체가 인간의 고도의 윤리의식이며 도덕의식이다. 직책관념, 직분의식을 갖는 사람은 자기직업을 단순히 먹고사는 생업이라고만 생각지 않고 맡은 직업을 성심성의껏 열심히 감당하는 것이 인생의 책임이요 본분이라 생각하고 정열과 성실을 다한다.

이것이 사회에서 저마다 지위가 있고 그 지위에 반드시 역할이 있다. 이것을 지위와 직무라고 한다. 직위는 직업상 지위요 직무는 직업상의 역할이다.

자기직무에 대하여 강한 사명감과 성실한 태도와 헌신적 봉사의 정신을 가지고 열심히 일하는 것이 직책의식 또는 직분사상이다.

사람은 인격의 존재다. 인격은 구체적으로 사회적 역할의 수행자다. 제 역할을 제대로 수행할 때 그는 인격의 구실을 다하는 것이다.

무슨 일이나 일가언(一家言)을 이루려면 10년 적공(積功)이 필요하다. 명인(名人)은 명인 기질을 갖는다. 일에 대한 일심불란(一心不亂)의 열성, 완벽한 작품을 만들기 위한 심혈의 경주, 일점일획(一點一劃)을 소홀히 하지 않는 용의주도성(用意周到性), 침식을 망각한 일의 헌신몰두, 나와 작품이 하나가 된 자타일여(自他一如), 물아불이(物我不二)의 경지, 이것이 명인 기질인 것이다.

이런 명인이 기질에서 신품(新品)이 생기고 걸작이나 대가가 나온다. 명인은 결코 우연의 산물이 아니며 요행의 결과가 아니다. 피와 눈물과 땀의 산물이며 정성과 고생의 결과인 것이다. 일의 열중은 곧 내 인격의 열중이며 직업을 통해서 우리의 인격이 성장한다.

그래서 로마의 철인 세네카가 "일은 고귀한 마음의 영향이다"라고 하였듯이, 자기 일에 전심전력하고 자기직분과 직책에 헌신 몰두할 때 우리의 정신은 고귀해지고 우리의 인격은 심화되어지는 것이다.

직업은 우리의 사회적 역할, 분담, 공헌이다.

우리는 사회를 통해서 사회에 기여하게 된다. 자기의 직업에 열성을 다하는 것이 곧 사회적 공헌인 것이다.

4) 종교적인 의미(천직사상)

직업의 네 번째 의미는 종교적인 의미다. 이것은 최고의 직업관이요, 최상의 직업윤리라고 할 수 있다. 직업을 높은 종교적 차원에서 보는 것은 천직사상이요, 직업소명사상이기 때문이다. 직업은 나에게 맡긴 소중한 일이요, 책임이요, 위탁이요, 심부름이다. 그러므로 그것은 신성하고 존엄하다. 그래서 우리는 직업을 성직이라고까지 표현하고 있는 것이다.

나의 정성과 능력과 지혜와 책임을 다하여 열심히 해야 한다. 어떠한 한 가지의 일을 가지고 똑같은 일을 하지만, 그의 직업관에 따라서 다시없는 기쁨과 축복이 될 수도 있고, 더할 수 없는 저주와 고역이 될 수도 있을 것이다.

중국 고전 대학에 '생재 유대도'란 말이 있다.

돈을 버는데 큰 길과 옳은 방법이 있다는 것이다. 정도와 대도에 의해서 번 돈은 참으로 훌륭한 돈이다. 남보다 더 부지런했고 더 겸손했고, 더 용감했고, 남보다 뛰어난 아이디어가 있었고, 남보다 더 저축했고, 남보다 더 좋은 상품을 만들었고, 남보다 훌륭한 기술과 시장을 개척했기 때문에 돈을 벌고 부를 축적한 사람은 축복과 갈채와 칭찬의 대상이 된다.

우리는 자기의 직업에 대하여 적어도 세 가지의 태도를 가져야 하겠다.

첫째는 자기직업을 사랑하는 것이요.

둘째는 자기직업을 자랑스럽게 생각하는 것이요.

셋째는 자기직업에 열성을 다하는 것이다.

우리는 자기 직업에 대하여 성실하며 인간으로서 떳떳한 자세로 애정과 긍지와 열성을 가지고 자신이 선택한 직업에 천직사상을 갖도록 노력해야겠다.

2-2-2 외국인의 생활방식

서구 사람들과 사귀어 보면 그들은 일한다는 것과 가정의 단란한 생활을 구별한다는 것을 알게 된다.

특히, 여름철에 본격적으로 바캉스를 즐기지 않는 사람은 괴짜 취급을 받는다. 라틴계의 사람들은 일하는 것과 마찬가지로 노는 것, 먹는 것, 마시는 것, 춤추는 것, 사랑하는 것도 소중히 생각한다. 일한 뒤에 이런 생활이 반드시 뒤따른다. 그렇지 않고는 잠자리에 들지 않는다. 중남미의 사람들도 마찬가지이다. 노는 것, 음악을 즐기면서 춤을 추는 것은 중요한 생활의 일부이다.

아랍사람들에게 있어 알라신에 대한 기도는 일 이상의 중요한 생활이라는 것은 잘 알려져 있다. 인도 사람들, 동남아시아의 신심 깊은 사람들은 일과 함께 종교생활을 중요시한다. 천주교 교인들은 일요일의 교회 예배를 결코 빠뜨리지 않는다. 또 미국 등에서는 프런티어(Frontier) 활동이 활발하다. 지역에서의 봉사활동, 홈스테이(Homestay) 활동 등 상당한 재력이 있어도 하기 어려운 일을 비용을 써가며 무상으로 자주적으로 하고 있는 것을 보면 머리가 숙여진다.

이런 것을 보면, 일하는 것만이 인생의 목적이라고 할 수 없다. 세계 여러 나라의 사람들은 설령 먹는데 어려움이 있더라도 일하는 것 이외의 생활을 가지고 있다. '인간답게' 산다는 것은 개인생활을 즐기고 가정생활을 단란하게 꾸려 가는 것인지도 모른다. 또는 인간에게 있어 고도한 욕구라고 하는 사회적 욕구의 실현이란 종교적 생활, 프런티어의 생활, 정치·문화 활동에의 참가를 의미하는 것인지 모른다. 여하튼 아무리 부지런히, 열심히 일한다고 하더라도 일하는 것만으로는 적어도 인간답다는 점에서는 존경을 받지 못할 것으로 본다.

Ⅰ-3 글로벌 비즈니스리더의 질(Quality)

3-1. 풍부한 인간성

인간미

우리 인간은 다른 사람을 만나보고 싶고, 대화를 나누면 즐거운 것도 인간만이 지닐 수 있는 미(味)가 있기 때문이다. 사물이나 예술작품이 가지고 있는 미는 외형적인 미뿐인데 반(反)하여 인간미는 외형적인 미뿐만 아니라 정신적인 미까지도 포함하고 있다.

그러기에 인간미는 가장 아름답고 고귀하고 성스러운 것이다. 인간미를 가진 사람은 행복할 수 있고 자신에 찬 인생을 느낄 수 있으며 모든 사람들로부터 존경을 받고 보살핌을 받게 된다.

조선 말엽에 어느 선교사 한 분이 요즘 쓰는 신식 비누 한 궤짝을 가져다가 조정의 중신들에게 선물을 한 일이 있었다 한다. 때가 잘 벗겨지는 이 서양비누를 한 번씩은 써본 경험이 있는 대감들인지라 저마다 받아들고는 모두들 흡족해 했다.

이때 월남 이상재 선생님도 마침 그 자리에 있다가 비누 하나를 선물 받고는 대뜸 그 비누를 우적우적 씹어 먹는 것이었다. 그것을 본 대감들은 한결같이 비누를 먹는 사람이 어디 있느냐고 입방아를 찧었다. 그러나 선생님은 이렇게 일침을 놓았다.

“여러분은 이 비누를 가지고 얼굴에 있는 때를 벗기지만 나는 뱃속에 낀 때를 벗기려고 먹고 있소이다.” 좌중은 조용해지고 엄숙한 분위기까지 감돌았다. 자기 외면을 가꾸고 다듬는 사람은 많아도 마음에 낀 욕심의 때를 염려하는 사람은 드문 것이 세상일임은 예나 지금이나 별로 다름이 없는 것 같다.

미인들이 거울 앞에 앉아서 화장을 하듯이 군자는 제 마음을 닦는다. 흠 많고 허물 많은 자기를 갈고 닦아서 참된 인격을 만드는 것이 우리의 가장 큰 공부요, 수양이 아닐까 한다.

오늘날 내실보다도 겉치레로 사회의 새로운 계층에 속해 보려는 풍조가 만연되고 있다. 내면의 성실함보다 외형적인 조건에 치중하게 되면 실상은 못보고 허상만 보게 될 것이다.

몇 점을 받았느냐? 무엇을 가지고 있느냐? 로 인간을 평가하게 된다면 많은 허점이 드러날 것으로 생각된다. 점수는 남보다 뒤져도, 가진 것은 없어도 성실한 인간을 높이 평가하는 사조가 아쉽게 생각된다. 사회 개조는 인간성 개조로부터 이루어져야 한다면 인간성을 평가하는 면에 치중되어야 할 것이다.

속담에 "겉보다 안"이란 말이 있듯이 아무리 겉이 번지르르해도 겉보다 속이 충실해야 한다는 생각은 건전한 사고방식임에 틀림없다. 겉보다는 내면이 아름답고 더 좋은 것으로 가득 차야 한다. 예전에 우리 어머니들의 모습은 그리 화려하지 않고 좋은 의상을 입지 않았으나 왠지 순박한 인정과 사랑이 듬뿍 담긴 모습으로 떠오른다. 그 모습, 그 내면의 사랑과 인정, 이웃과 함께 나누는 그 아름다움이 우리에게 있을 때 진정한 아름다운 사회가 되리라 본다.

3-3-1. 민간외교관으로서의 의식

외교관은 국가와 국민의 대표자(Representative)로서, 현지 사람들의 평가를 받는다. 그래서 현지의 관리자는 일거수일투족까지 관찰의 대상이 된다.

이런 맥락에서 해외에 파견되는 비즈니스맨은 현지에서 인간으로서의 존경을 받을 수 있어야 한다. 비즈니스맨은 이제 나라를 대표하는 외교관과 같은 역할을 다해야 한다.

헤럴드 니콜슨은 이상적인 외교관의 자질로서 다음과 같이 제시하고 있다.

① **성실** – 상대방이 정직하지 않더라도 이쪽은 그래서는 안 된다.

② **정확** – 지적인 정확성뿐만 아니라 도덕적으로도 정확해야 한다.

③ **평정** – 교섭에 임하여 노여움을 나타내지 않아야 하고 일과 관련하여 흥분해서는 안 된다. 외교관뿐만 아니라 해외에 파견되는 비즈니스맨으로서도 십분 음미할 가치가 있는 구절이 아닐까 한다.

어느 한 기업의 파견자가 아니라 국가의 대표자라는 생각을 가지고, 현지 비지니스사업을 통하여 더불어 산다고 하는 확고한 윤리관, 사명감을 기르는 것이 최우선이다. 이러한 강한 의식만 할 수 있다면, 여기에 필요한 교양과 지식을 쌓는 것은 그렇게 어려운 일이 아닐 것이다.

3-1-2. 사고의 차이

외국생활에서는 종종 생각의 차이로 오해가 생길 수 있다. 각자 자기나라의 도덕관으로 상대방을 판단하기 때문이다. 예컨대 성실이란 덕목에 있어서도, 이쪽이 정직하면 그쪽도 그럴 것으로 판단하여 '침묵은 금이다'의 태도를 견지하거나 또 상대방에게 양보하는 것이 좋은 일이라 생각하고 지나치게 '겸양의 미덕' 만을 발휘한다면 존경은 받기는커녕 오히려 그 반대일 것이다.

똑같은 '성의 있는 태도'라도 외국에서는 열심히 설득해서 자기의 생각을 이해하도록 노력하는 것이 성의 있는 태도이다. 자칫 우리들은 상대방의 감정이 상하지 않도록 하기 위해서는 소극적이고 조심스러운 말씨라야 좋다고 생각하기 쉽다. 그러나 외국에서는 이러한 조심스러운 말씨는 오히려 무엇을 생각하는지를 분명하게 말해주지 않는 사람이라는 의구심을 갖거나, 불쾌한 감정을 갖게 할 수 있다. 이와 같이 서로의 사고나 행동양식의 차이를 알지 못하고는 성실, 정직, 평정도 통용되지 않는다.

3-2. 퍼스낼러티의 필요성

글로벌 기업의 비즈니스 리더는 자기나라를 떠나 다른 환경 속에서 장기간 비지니스업에 종사하는 것을 각오해야 한다. 이 경우 국가를 대표해서 일하고 있다는 사명감이 반드시 필요한 것이지만 이것만으로는 충분하지 못하다. 해외근무에 절대적으로 중요한 필요한 퍼스낼러티(Personality)를 지니지 못한다면 그곳 생활을 견디어내고, 자기의 직무를 수행하기가 어려울 것이다.

그렇다면 어떤 퍼스낼러티가 필요한 것인가?

1) 순응성과 적응성

인내와 끈기를 가지고 침착하게 무엇이든 할 수 있다는 행동형 인물이어야 한다.

2) 협조성

원래 사람마다 생각이 다를 수 있고, 특히 해외에서는 이해관계를 포함해서 상호간에 대립과 반목이 더욱 일어나기 쉽다. 발상이

다른 현지인과의 교류도 있다. 자기의 이기심을 억제하고 서로의 입장을 인정하는 협조심이 없다면 그 사회에서의 원활한 비지니스 사업이 어려울 뿐만 아니라 자신의 개인생활을 해 나가는데도 지장이 있을 것이다.

3) 인간적인 매력

풍부한 인간성은 동·서양을 막론하고 절실히 필요한 대목이다.

4) 강한 의욕과 행동력

외국에서 직면하는 어려움을 이겨내는 원동력은 강한 의욕과 더 나아가서 그것을 타개하고자 하는 행동력이다.

5) 신뢰성

외국에 비지니스로 파견된 경우에는 신뢰를 받을 만한 인품이어야 한다.

자국인들 사이의 욕구불만(Frustration)을 억제하고 생각이 다른 현지인을 이끌어 가야 한다. 외국에서는 국내에서는 예상할 수 없는 사태에도 대처하면서 기업 비즈니스 활동을 해나가야 한다. 이 경우 인간적 매력에 부하로부터 신뢰받는 자질까지 겸비한다면 더할 나위 없다. 이러한 퍼스낼리티를 가진 사람이 국제비즈니스리더로서, 특히 현지에 파견되는 비즈니스리더로서 적격이라 할 수 있다. 현지파견원을 선발할 때는 이러한 자질이 있는 사람을 선정하여야 한다. 자질은 선천적인 부분도 있지만 오랫동안 경험을 쌓음으로써 형성되는 것이다.

그러나 교육, 훈련으로 어느 정도는 자질을 양성할 수 있다. 교육을 받는 사람이 유연성이 있으면 있을수록 가능성은 더 크기 때문이다.

3-3. 최초의, 최고가 되어라

최고가 되어라

최고의 것 안에서 최고가 되라. 어떤 일에 있어 다른 모든 사람보다 뛰어나지 않고서 위대한 사람이 될 수는 없다. 범용(凡庸)은 찬탄의 대상이 아니다. 뛰어난 직무에서 최고의 탁월함만이 우리를 일상의 대중에서 벗어나 진귀한 사람들의 부류에 넣어준다.

하찮은 직업에서 뛰어나다는 것은 하찮은 것 안에서 무엇이 된다는 것을 뜻한다. 그러나 하찮은 것은 여전히 하찮은 것이다. 이는 편하다는 장점은 있을지 몰라도 영예는 상실한다. 최고의 것을, 그것도 최고의 부류 안에서 해내는 것은 우리에게 바로 군주(君主)의 성품을 부여하는 것이다. 또 찬탄을 불러일으키고 타인의 마음을 사로잡는 것이다.

궁극적으로 자기 분야에서나 1인자가 되는 것은 큰 영예다. 게다가 탁월함까지 곁들인다면 영예는 곱절이 될 것이다. 많은 사람들이 자신의 천직(天職)에서 자기보다 나은 자가 없었다면 모두 불사조가 되었을 거다. 어느 분야에서 1인자는 거대한 영예를 안고 그곳을 떠나며, 나머지 사람들에게는 그가 남긴 자양분이 돌아갈 뿐이다. 그들은 아무리 노력을 해도 모방자라는 비속한 오명을 씻어낼 수는 없다. 그래서 많은 사람들은 일류에서 제2인자가 되기보다는 이류에서 제1인자가 되기를 더 좋아한다(발타자르 그라시안).

3-3-1. 전문지식, 전문기능

글로벌 비즈니스리더로서 필수적인 요소는 직무상의 지식·기능에 조예가 깊고 경험을 쌓는 일이다. 앞으로의 외국근무에서는 일상적인 커뮤니케이션이 가능한 정도의 '언어력'만으로는 적어도 비즈니스리더로는 큰 도움이 되지 않는다. 비즈니스의 능력과 어학의 능력은 별개의 것이다. 오히려 장기체재를 한다면 오히려 전자를 우선해야 할 것이다. 후자는 현지에서 얼마든지 훈련이 가능하기 때문이다.

현지에 파견되는 비즈니스 요원은 한정되어 있으므로 각자 자기가 담당하는 업무에 대하여 깊고 넓은 지식이 요청된다. 일정한 업무를 한정된 인원이 책임을 지고 운영해 나가지 않으면 안 되는 것이 보통이다. 또한 전혀 경험이 없는 현지 사람들을 지도하고 훈련해야 하는 경우가 많다. 이러한 여러 가지 문제에 대하여 의논할 사람, 원조를 기대할 만한 사람은 없다. 또 일일이 국내의 본사와 미리 협의한다는 것도 불가능하다. 그러므로 어떤 문제가 발생한 경우에는 자기 혼자서 해결하지 않으면 안 된다는 신념과 각오가 있어야 한다.

그러기 위해서도 자기의 담당직무에 관한 깊은 지식, 오랜 경험이 있어야 하고 특별한 일이 아닌 한 혼자서 해결할 능력을 갖추어야 한다.

더욱이 외국에 파견되는 사람이 직무상의 베테랑이 되어야 한다. 외국에서 비즈니스리더로서의 신뢰를 얻는 첫걸음은 담당하는 직무에 대한 조예가 깊은 것이다. 비즈니스리더의 충성은 자기가 속하는 직업에 대한 것이고, 그것의 긍지심은 전문성에 대한 베테랑의식에서 비롯된다. 따라서 무엇보다 자기의 전문성에 관한 지식과 경험이 깊고 넓다면 그만큼 외국의 비즈니스관계자의 신뢰를 얻게 된다. 인간적 매력이나 협조성과 같은 자질도 직무에 대한 지식, 경험이 없다면 비즈니스에서는 아무런 도움이 되지 않는다. 먼저 전문분야에서 베테랑이 됨으로써 비로소 인간적 매력 같은 것도 살아난다는 것을 강조하고 싶다. 업무를 잘 처리할 수 있는 사람이어야 현지 사람은 신뢰하게 된다. 성실성과 같은 인간적인 평가는 그 다음에 오는 것이 비즈니스사회의 철칙이다.

3-3-2. 관련업무의 지식

외국으로 파견되는 비즈니스 요원은 한정되어 있으므로 파견되는 사람은 담당업무뿐만 아니라 관련업무까지 책임을 져야 할 경우가 종종 있다. 때로는 스태프의 역할은 물론 관리직으로서 사람을 지휘하고 업무를 종합·정리해야 할 경우도 있을 것이다. 그러므로 해외로 파견되는 사람은 깊은 전문지식, 경험과 함께 폭넓은 관련지식과 경험, 나아가서 고도의 관리기술까지 필요하다. 이런 관점에서, 본래 외국에 파견되는 사람은 상당히 우수하고 발전성이 있는 사람을 선정하는 것이 마땅하다. 그 대신 이러한 지위에서 직무를 한 차례 완수한 사람은 직무상으로는 물론, 인격적으로나 관리능력에서 충분한 평가가 주어지는 것은 당연하다.

'삼의(三意)'를 몸에 지녀라

리더자란 경영의 정공법을 몸에 익히고 있지 못하면 리더자가 될 순 없다. 그렇다고 경영이란 학문과 기법이나 기술에 제 아무리 정통하고 있다손 치더라도 그것만 가지고서는 기업경영이 제대로 된다고는 볼 수 없다. 왜냐하면 기업은 인간의 집단이기 때문에 학문과 기술만 가지고서는 기업을 제대로 운영할 수 없기 때문이다. 리더자란 학(學)과 기(技) 이외에 보다 필요한 것은 첫째, 열의가 있어야 한다. 둘째, 성의가 있어야 한다. 셋째, 창의가 있어야 한다. 즉 이 삼의를 함께 갖추고 있어야만 비로소 리더자가 될 수 있다.

기업운영에서는 열의란 하나의 필수요건이 된다. 왜냐하면 뛰어난 아이디어란 바로 열의에서만 우러나오기 때문이다. 그리고 부하란 리더자의 열의를 측정하고 거기에 쫓아서 자기의 정열을 쏟아 넣게 되기 때문이다.

다음에는 성의가 있어야 한다. 이것은 비단 리더자뿐만 아니고 모든 인간이 갖추어야 할 필수요건이다. 왜냐하면 성의란 의지에서 나타나는 것이 아니고 인간양심의 발로이기 때문이다. 모든 일이란 리더자가 성의를 가지고 이것을 실행할 때 비로소 부하에게 감명을 줄 수 있다. 기업경영상의 여러 가지 문제가 발생하고 또 이것을 해결할 수 있는 최선의 방법은 경영기법이 아니라 열의와 성의라는 것을 잊어서는 안 된다.

다음은 창의다. 매너리즘화를 타파할 수 있는 것이 곧 창의라고 해도 좋다. 리더자의 창의의 발로라는 것은 곧 신제품개발·고객창조·사무개선 등 모든 면에 걸쳐서 영향을 미치게 된다. 이것은 경영자의 전문적인 지식의 유무와는 아무런 관계가 없다. 그러므로 창의란 적극적이고 공격적인 경영의 원천이 되고 또 나아가서는 효과적인 경영수법이 된다고 확신하고 있다.

3-4 상대방 국가의 문화이해

외국에 진출한 비즈니스리더가 실제로 활동을 하다 보면, 현지사정과는 여러 가지 차이가 있음을 발견하게 될 것이다. 이 비즈니스 실천의 장에서의 차이를 어떻게 대처하는가에는 크게 3가지의 입장 차이를 생각해 볼 수 있다.

첫째, 비즈니스사회에 있어서 상호간의 차이는 문제로 삼을 정도는 못 된다는 견해이다. 그러나 기업을 합리적으로 운영하자는 데는 의견이 같아 보이면서 경영이념, 전략 또는 종사하는 사람들의 의지의 차이는 결코 작은 문제가 아니다. 단지 생각이 비슷하다는 것만으로는 문제가 생겼을 때 해결책이 나오지 않으면 이념과 현실의 모순을 재생산할 뿐이다.

둘째, 서로 차이는 있어도 공통점만을 주목해서 그것을 확대·추진해야 한다는 것이다. 실천적인 견해이다. 그러나 그 방법으로 사업이 순조롭게 추진된다면 더 말할 나위가 없다. 그러나 사업이란 계속해서 영위하여야 하는 것인데 과연 언제나 공통점이 있을 것인가. 특히 기업문화가 다른 나라에서 장기적으로 반드시 그것이 타당할 것인가에 대하여는 의문이 있다.

셋째, 상호간의 차이를 인지하고, 상황에 맞도록 운영해야 한다는 생각이다. 이 생각은 현실적으로는 절대 절충식이 되기 쉽다. 이래서는 무방침으로 그때그때 편리한 대책을 취하고 말거나, 이도저도 아니게 타협함으로써 효과적인 경영을 하지 못할 염려가 있다.

그래서 본격적인 외국진출을 추진하려는 단계에서는 단순히 겉으로 나타난 사상만을 볼 것이 아니라, 그것의 유래가 되는 현지 국가의 가치관과 사상 등을 인식하지 않으면 안 된다는 것이다.

앞으로 외국에서 비즈니스 사업을 경영할 때는 피상적인 현지 지식만으로는 도움이 되지 않는다. 그 나라의 역사, 문화, 사람들의 가치관, 발상, 사상까지 알아야 한다. 그렇게 함으로써 비로소 종합적인 현지의 비즈니스 모델을 그려 볼 수 있을 것이다.

그래야만 개개의 현상을 설명할 수 있을 뿐만 아니라 더욱 효과적인 사업운영이 가능하게 될 것은 의심의 여지가 없다. 그렇지 않으면 현지에 뿌리를 내리는 비즈니스 사업을 기대할 수 없을 것이다.

Ⅰ-4. 순응력, 적응력 향상

4-1 문화적 순응력

문화란

각 나라에는 고유의 관습, 습관, 의례, 행동양식 등이 존재한다. 인류의 이러한 삶의 방식을 우리는 문화(Culture)라고 말한다. 문화에 대해 보다 학문적으로 접근한다면, 문화란 인류에서만 볼 수 있는 사유(思惟), 행동의 양식 중에서 유전에 의하는 것이 아니라 학습에 의해서 소속하는 사회로부터 습득하고 전달받은 것 전체를 포괄하는 총칭이다. 그리고 영국의 인류학자 E. B. 타일러는 문화란 "지식·신앙·예술·도덕·법률·관습 등 인간이 사회의 구성원으로서 획득한 능력 또는 습관의 총체" 라고 정의하고 있다.

문화는 어느 사회에나 존재하며 그 가치를 지닌다. 심지어는 집단화되지 않은 개인에게도 독특한 문화가 있다. 국가와 국가, 국가와 개인, 개인과 개인 등이 문화적 충돌을 피하고 평화로운 삶을 누리려면 서로의 문화를 존중해야 한다.

과거에 강대국들은 인접한 문명을 야만으로 치부해 무력으로 정복하려 했고, 현대사회에서도 자기문화중심주의에 빠져 타문화를 멸시하거나 적대시하는 일부 국가들이 존재하고 있다. 그러나 세계가 지구촌화된 오늘날, 경제적·사회적으로 낙후되어 있는 아프리카 오지라 해서 그 지역문화를 '야만과 미개'라고 격하시키는 일은 공감을 얻지 못한다. 각각의 고유한 문화에는 '차별'이 아닌 '차이'가 있을 뿐이다.

4-1-1. 문화적 충격의 대응

인식의 차(Perception Gap), 소위 컬처 쇼크(Culture Shock)는 한 사람이 다른 문화권과 접하였을 때 그 나라의 역사, 전통, 생각, 행동양식이 다르므로 해서 받는 정신적인 충격을 말한다. 우리의 경우에는 그 감도가 더욱 강한 것 같다. 그것은 말할 것도 없이 외국과의 접촉이나 교류의 기회가 적었던 것이 주원인이 아닐까 싶다.

이 인식의 차는 이제까지의 생활, 문화, 사회적 환경이 현저히 다른 사회에 부딪쳤을 때의 놀라움이고 강한 충격이다. 우선 이런 미지의 세계가 존재한다는 것을 자각하게 되고, 다음으로 어떻게 대응해야 할 것인지 당황하게 되고, 다시는 이제까지의 체험과 경험에 비추어 갈등이 따른다. 일반적으로, 사람들은 이 충격을 자기의 심리나 사고 중에 적절한 위치를 설정해서 대응행동을 찾으려고 노력한다.

정도의 차이는 있지만 이러한 충격은 보통사람이라면 누구나 받는다. 다만, 어떻게 받아들이느냐에 차이가 있다. 좋은 방향으로 받아들이면 호기심을 가지고 적극적으로 타문화를 탐구하고, 그 사회에 참여하여 함께 행동하고, 더욱 폭넓은 경험을 쌓고, 강한 의지, 유연성 등이 있는 성격형성도 가능하게 될 것이다. 그러나 역방향으로 받아들이면, 갈등이 계속되고 욕구불만이 높아지면서 때로는 심한 노이로제가 될 수도 있을 것이다.

4-1-2. 현지와 적극적인 융합

과연 문화적 적응을 잘 하려면 어떻게 하면 되는가? 우선 노이로제 같은 문제는 성격에 의해 발생하는 것이 많다. 내성적이어서 무슨 문제에 직면했을 때 자기 혼자서 속으로 해결하려고 애쓰는 사람 중에 노이로제 환자가 많다. 어쨌든 자기가 바라고 있는 이미지와 다른 것에 직면했을 때 놀라운 나머지 망연자실하거나, 혹은 그 갭(Cap)을 메워 보려고 노력을 해도 성과가 오르지 않아서 속을 썩이는 사람도 있다.

이런 문제들은 마음이 통하는 친구나 이야기 상대가 있어서 그 괴로움을 이해해 주고 적응할 수 있도록 도와주는 사람이 있다면 쉽게 해결될 수 있을 것이다. 문제는 혼자 고립된 가운데 소외감을 느끼는 때이다. 이에 대한 대책은 무엇보다도 '인식의 차'라는 존재를 미리 어느 정도 예기해서 충격을 덜 받도록 하는 것이다.

최근 외국에 관한 정보는 얼마든지 있으며 외국여행의 기회도 자주 있다. 이러한 정보와 여행을 통해서 우리와는 다른 사회가 존재한다는 것을 충분히 알아 두어야 한다.

그러나 사전의 지각에도 불구하고 일단 외국에 파견되면 퍼셉션 갭(Perception Cap)을 의식하는 것이 보통이다. 사람은 사회적 동물이기 때문에 이제까지와 다른 습속, 경험에 본능적인 저항이 일어나기 때문이다. 그 대책은 현지 사람들과 적극적인 교류 이외에는 좋은 것이 없다.

이때. 교류의 수단으로서 언어가 필요하다. 현지의 말을 안다는 것은 이 점에서 유리한 것은 틀림이 없다. 그러나 처음에는 누구나 퍼셉션 갭을 느끼게 되는 것이고 자기 나라에서 배운 어학이 그대로 통하는 것도 아니다. 또한 일상회화 정도라면 대체로 몇 개월이면 어느 정도는 대화가 가능하다.

그보다 중요한 것은 언어 이외의 여러 가지에서 적극적으로 현지 사람들 속에 뛰어 드는 일이다.

4-2. 육체적 적응력 향상

'예부터 건전한 정신은 건전한 육체로부터 나온다.'라는 말은 외국에서 혼자 생활하면서 문제가 발생하였을 때 절실히 실감하게 될 것이다. 특히 몸이 아파서 병원에 누워 있을 때의 허전함이란 각별하게 느껴진다. 그러므로 병이 나지 않도록 평소부터 몸을 단련해 두어야 한다.

건강한 몸은 하루에 만들어지는 것이 아니다. 규칙적인 생활과 음식에 노력하면서 동시에 스포츠로 체력을 증강해야 한다. 특히 스포츠는 어디서든지 할 수 있는 것 한 가지는 있어야 한다. 현지에 파견되었을 때 기분전환도 될 것이고 사람들과의 교류에 계기를 만들어 줄 것이다.

적응력을 향상하기 위한 실례를 보면 다음과 같다.

1) 식사에 순응하라.

우선 현지에서 건강을 유지하는 비결은 식사에 순응하는 일이다. 나라에 따라서 식사의 종류, 재료, 조리법이 각기 다르다. 우리들이 먹지 못하는 것이 테이블에 오르는 경우가 적지 않을 것이다. 잠시 다녀오는 여행객이라면 별 문제가 안 되지만, 장기간 현지에 체류하면서 비즈니스 업무를 수행해야 하는 형편이라면, 현지의 식생활에 적응해야 한다.

또한 간단한 조리법은 배워 두는 것이 좋다. 특히 생야채, 생선, 기타 육류의 조리법을 배워 둔다면 현지에 갔을 때, 우리나라 음식을 직접 만들어 즐길 수도 있고, 기분전환에도 매우 유효할 것이다.

2) 규칙적인 생활습관을 가져라.

규칙적인 생활습관이다. 혼자서 외로운 생활환경에서 살다 보면 생활이 자칫 흐트러지거나 리듬이 깨어지기 쉽다. 하루, 또는 일주일의 스케줄을 세워서 되도록이면 이를 지키도록 노력하여야 한다. 스케줄에는 즐거운 시간, 기분전환을 위한 시간이 포함되어야 한다.

3) 보건위생에 대한 관심을 가져라.

보건위생에 대해서 관심을 갖는 일이다. 이제 몇 개 국가를 제외한다면 우리나라의 위생환경도 썩 좋은 편이다. 우리나라에서라면 생수, 생야채, 활어를 대체로 안심하고 먹을 수 있다. 그러나 해외에서는 이것은 오히려 예외에 속한다는 것을 알고 있어야 한다.

지나치게 신경질적으로 되는 것도 바람직하지 않지만 위생에 관한 관심과 지식은 충분히 가지고 있어야 한다.

4) 건전한 정신상태를 유지하여라.

건전한 정신상태를 유지하도록 노력하는 일이다. 양호한 정신상태가 건전한 육체에 의존하는 것도 진실이지만, 그 반대 또한 진실이 아닐까 싶다. 항상 사물을 밝고 낙천적으로 생각하고, 싫은 일, 마음 상하는 일이 있더라도 어떤 방법을 써서 기분전환을 하거나, 이튿날은 모두 잊어버리는 등의 방법으로 언제나 새로운 기분을 유지하도록 노력한다면 정신적인 정상이 유지될 것이다. 그러자면 국내에 있을 때부터 꾸준한 수양 또는 훈련이 필요하다. 특히 해외에서 명심할 것은 작은 일에 구애되거나 조급해하지 말아야 한다. 우리 사회의 페이스는 빨리 빨리의 경향이므로 조금은 느긋한 태도가 좋을 것이다. '병은 마음먹기에 달렸다.'는 말이 있지 않은가?

4-3. 일상생활 환경에 적응

우선 외국에 나가 살아 보면 교통, 시장, 식사, 전화, 우편, 전기, 수도 등 일상생활에 관한 것부터 먼저 불편을 느낀다. 무엇이 고장이라고 해서 수리공이 재빨리 달려온다는 것은 기대하지 말아야 한다. 그러므로 어느 정도의 수리 지식은 있어야 한다. 자동차나 전기 등에서 더욱 그렇다. 중요한 마음가짐으로는 자기나라에 있을 때의 의식이 아니라 현지의 생활템포에 순응한다는 것이다. 즉 느긋하게 대처할 필요가 있는 것이다. 여기에서는 일상적인 내용중심으로 살펴보고자 한다.

1) 기후, 풍토에 적응하여라.

우선, 풍토의 차이에 대한 감지도 중요하다. 우리나라에는 사계절이 있고 계절마다 생활의 리듬이 있지만, 많은 나라에서는 사계절이 아니라 2계절이든가, 1년 내내 같은 기후인 경우도 있다. 따라서 당연히 생활의 모습도 다르다.

그 중에서도 1년 내내 같은 열대에서 사는 사람들은 뜨거운 한낮을 피해서 아침, 저녁에 일하고 한낮에는 낮잠을 잔다. 일종의 생활의 지혜이다. 추운 지역 또는 건조지대에서는 나름대로 거기에 알맞은 생활방식이 있다는 것을 잊어서는 안 된다.

2) 생활양식에 적응하여라.

생활양식의 차이에도 주의를 기울여야 한다. 의류에 있어서는 세계 어디를 가나 서구식스타일이 보급되어 있으므로 큰 문제가 되지 않을 것으로 생각한다. 그러나 우리나라에서 여름에 입는 모시 바지저고리 같은 멋스러운 옷, 적당히 몸에 붙는 내의, 속옷이나 신발류 같은 것은 나라에 따라서 구하기 어려운 곳이 있다. 사이즈가 안 맞는 곳도 있고, 재질이 자기 취향과는 다른 곳도 있다. 그러나 이 경우도 자기나라의 것만을 고집할 것이 아니고 현지의 것도 적절히 사용할 줄 아는 마음의 여유가 필요하다.

주거에 관하여는 낙후지역에 파견되었을 때 문제가 더욱 발생할 수 있다. 생활양식에서 다른 점이 적지 않기 때문이다. 냉난방만 하더라도 온돌이 있을 리 없다. 페치카(Pechka), 난로 등의 바른 사용법을 알아 두어야 한다.

반대로 열대지방에 가면 시원하게 사는 주거이용법을 알고 있어야 한다. 화장실의 설비와 사용법은 선진국을 제외하면 상당한 차이가 있다. 때로는 사용을 주저할 만큼 생소한 곳이 적지 않다. 세면이나 식사용 물도 우물, 내, 연못 등에서 운반해 와서, 정화하지 않고 써야 하는 곳도 있다. 침실이나 거실의 환경도 마찬가지이다. 무엇이라도 경험해 본다는 호기심으로 순응하는 것이야말로 대책이라 하겠다.

4-4. 가정 내에서의 순응

외국으로 비즈니스 차 발령을 받았을 때의 최대 고민은 가족구성원의 문제이다. 장기간에 걸쳐 해외생활을 해야 한다면, 말할 것도 없이 가족동반 특히 부부동반이 현지생활을 하는데 바람직한 일이다.

파견자가 안심하고 비즈니스 업무에 전념할 수 있고 심신이 안정되고 규칙적인 생활을 할 수 있는 기반이 마련되기 때문이다. 또 외국에서는 현지인과 교류를 도모하고 신뢰를 얻기 위해서도 가정동반이 필요한 경우가 적지 않다. 그러므로 가급적 부부동반으로 현지에 체재하는 것이 좋다. 그러나 가족이 현지에 체재하는 경우 많은 문제가 있다.

1) 배우자를 현지적응시켜라.

가족 중에서도 배우자의 현지적응이나 순응의 문제이다. 문화적·육체적으로 생활환경에 적응하는 문제는 파견자 본인과 마찬가지 형태로 일어날 수 있다. 오히려 비즈니스 업무에 종사하고 있는 본인의 경우는 좋든 싫든 사회와의 교류라도 있지만, 가정에 있는 배우자는 자칫하면 내성적·폐쇄적로 되기 쉽다. 자국인서클, 스포츠나 취미모임 등에 참가하고 그 외에도 적극적으로 외부와의 교류에 힘스는 일이 반드시 필요하다.

2) 일과 가정생활을 구분하라.

회사에서의 생활과 가정생활과의 구분이 필요하다. 본국에 있을 때와는 달리 외국에서 가족을 혼자 내버려둔다면 그 가족의 심리적 고독감은 상상 이상일 것이다. 나름대로 낯선 타국사회에 순응하려고 애쓰고 있을 때 따뜻한 가족의 존재는 피차간에 큰 격려가 될 것이다.

그러므로 개인생활과 가족생활을 소중히 생각하고 24시간 회사를 위해서 일할 것이 아니다. 그것은 기업 및 파견자 쌍방에게 좋은 것이 못된다. 개인생활을 위한 시간은 확실히 지키고 가족을 보살펴야 한다. 이때 본인은 물론이지만 해당 회사도 그렇게 하도록 앞장서서 도와주어야 한다.

3) 자녀의 교육문제에 신경을 쓰라.

자녀의 교육문제이다. 자녀의 동반문제는 반드시 어느 방법이 좋다 나쁘다고 일률적으로 말할 수는 없지만, 상황에 따라서, 또 본인 및 가족의 생각에 따라서 본국에 남는 것, 현지에 동반하는 것, 양쪽 모두에 각기 장단점이 있다. 본인과 가족이 충분히 의논해서 결정할 과제이다.

4) 사용인의 고용관계를 살펴보라.

현지인을 가정에 고용하는 문제이다. 일부 국가에서는 일정한 운전기사, 요리인, 청소인, 세탁인 등을 고용하는 것이 사회적으로 요청되고, 그것을 무시하면 사회적인 신용을 얻지 못할 때가 있다. 나라에 따라서는 직종별로 사용인을 고용하는 경우도 있다. 이러한 관습을 충분히 알아두어야 한다.

이러한 고용을 할 때에는 현지에서 신뢰할 만한 사람을 통해서 고용하는 것이 뒤에 가서 문제가 발생하였을 때 해결하기 쉽다는 이점이 있다. 또 국가에 따라서는 인종, 부족의 문제도 있으므로 주의 깊은 인선이 필요하다.

Ⅰ-5. 글로벌 직장의 리더로서의 매너

5-1. 출근 시 자기관리

직업과 직장

우리는 의식주를 해결함과 동시에 인간으로서의 보람을 찾기 위하여 할 일을 찾게 되며 적성이나 사회적 여건에 따라 한 가지 일에 종사하게 된다. 특히 직5을 선택함에 있어서는 신중을 기해야 한다.

왜냐하면, 직업이란 한 개인에게는 자기발전의 기본이 되며 사회 전체적인 면에서는 질서 있고 조화로운 사회발전의 원동력이 되기 때문이다. 특히 개인적인 차원에서 직업은 그 사람의 성격과 생활방식을 바꿔놓기 때문이다.

그러므로 직업을 선택함에 있어서는 일의 성질과 발전가능성, 직장의 분위기와 여건, 자기 자신의 적성과 취미, 능력과 재능 등을 생각하지 않으면 안 된다. 그러므로 직업을 선택하여 결정하는 데에는 여러 가지의 문제가 뒤따르게 된다.

예를 들면, 성인은 보통 자신의 직업에 깊이 몰두하기 때문에 중년기 생활 위기의 많은 원인도 직업에서 느끼는 경향이 있다. 만일 이들이 자신의 야망을 충분히 성취하지 못했다면 지금이야말로 절호의 기회라고 생각하게 된다. 이 시기의 사람들은 직업 목적을 성취하기 위해 자신의 노력을 배가(倍加)하는데 이것은 스트레스와 심장마비를 유발시키기도 한다. 만약 이들이 현 직업에서 성공할 수 없다고 느낀다면 이들은 지위나 직업을 바꾸려 할지도 모른다. 이미 성공한 사람까지도 계속 성장하려고 노력하지 않으면 침체해질 위험성이 있다. 때로는 승진에 따라 새로운 책임이 요청되기도 하는

데 이 때 이윤을 추구하는 사람들은 종전과는 다른 새로운 방식으로 이에 도전한다.

여성들은 자신의 관심이 가족과 직업에 초점을 두어야 한다는 점에서 남성들과 다르게 중년 생활의 위기를 맞는다. 가장 공통된 양상은 20대에 결혼한 여성들 사이에서 보여진다. 이들의 자녀는 학교에 다니며 남편은 직장에서 오랜 시간을 보낸다. 남편과 자녀를 돌보는데 결혼생활 가운데 많은 시간을 보낸 이들은 주부로서의 역할에서 개발되지 않은 능력을 사용하며 다른 방식으로 자신을 충족시킬 필요성을 느낀다. 이들은 자신의 생활을 재평가하기 시작한다. 따라서 30대 중반에 들어선 여성들은 가정외의 일들, 즉 주부대학 진학, 사회진출 등으로 특정지을 수 있게 된다.

그러나 가정 밖의 직업에서 생활을 보낸 여성들은 중년기의 생활 위기를 다르게 경험한다. 이러한 여성들은 자주 모성적인 측면을 나타내려는 필요성을 느껴 독신녀(single-mother)의 양자결연은 35세와 40세 사이에 최고점에 도달한다. 다른 여성들은 너무 늦기 전에 그들 자신의 자녀들을 가질 필요성을 느끼게 된다.

자! 여러분 일생의 과업으로 알고 심사숙고하여 결정한 직장에 적극적으로 참여하도록 하자. 직업을 생계유지의 수단으로만 생각할 것이 아니라, A.로당이 '일한다는 것은 인생의 환희이며 행복'이라고 하였듯이 생활의 목적으로 삼아야 한다.

이 세상의 모든 직업이 건전한 목표를 지향하며 모든 사람이 직장의 성실한 조직구성원으로서의 임무를 다할 때 우리의 사회는 보다 살기 좋은 분위기가 조성될 것이다.

- 명랑한 표정으로 친근감 있게 인사를 한다.
- 되도록 일찍 여유 있게 출근하여 근무시작 10분전까지는 근무할 자세가 되어 있도록 한다.

- 사무실에 들어오기 전에 몸단장을 깨끗이 하고 경건한 마음으로 들어선다.
- 지각을 하였을 때는 상사에게 솔직하게 인사하고 사과한다.

5-2. 일상적인 업무진행

먼저 어떤 형태로 일을 담당하게 되던 자신이 맡은 업무가 전체에서 어떤 위치에 있으며 어떤 의의가 있는가 등 넓고 깊이 생각해 볼 필요가 있다. 이런 생각 없이 어느 정도 일을 해 낼 수 있게 되었다고 그것으로 만족해 버리고 업무파악을 하지 않는다면 단순한 일의 반복일 뿐 발전을 가져올 수 없다. 그러므로 일의 본질적인 목적을 올바르게 이해하고 창의성과 연구심을 발휘하여 업무를 능률적으로 해나가야 한다.

5-2-1. 업무수행시의 마음가짐

1) 끝까지 완수하려고 하는 마음가짐

업무의 완수란 열의와 인내력으로써 자신의 업무를 수행하는 것을 의미한다. 업무에는 하기 싫은 업무와 자진해서 하고 싶은 업무가 있다. 업무를 완수하느냐 못하느냐 하는 것은 조직 내에서 신뢰받는 리더자가 되느냐의 척도가 될 수 있다.

2) 능동적인 마음가짐

업무란 상사의 지시에 따라 하는 것이지만 지시가 모든 것을 해결할 수도 없으며, 상황의 변화도 발생하기 때문에 자신의 능동적이고 자발적인 참여가 요구된다. 그러므로 업무는 능동적이고 적극적인 태도로 임하였을 때 비로소 기대 이상의 훌륭한 성과를 거둘 수 있게 된다.

3) 창의적인 마음가짐

현대는 창의와 진보의 시대다. 지난날의 영광과 현상유지에 만족하고 개선을 태만히 하게 되면 훌륭한 상사와 보좌가 자기만족을 기대할 수 없게 된다. 그러므로 부단히 능력을 개발하고 창의력 발휘를 통한 업무수행 방법의 개선으로 경영자를 보좌하고 업무의 혁신을 이룩하여야 한다.

4) 양심적인 마음가짐

업무를 끝가지 완수하여도 그 결과가 질적으로 쓸모없는 것이 된다면 문제가 야기될 수밖에 없다. 훌륭한 업무의 성과란 양심적으로 수행한 성과이며 업무에 대한 애정과 사명감에서 기대할 수 있다. 양심적으로 업무를 수행한 사람은 신뢰를 받고 높은 평가도 얻을 수 있으니 양심적으로 업무를 수행하지 않는 사람은 조직에게 폐를 끼치고 신뢰를 잃을 뿐만 아니라, 자신감도 결여될 것이다.

5) 결정된 사항을 이행하려는 마음가짐

결정되어 있는 것이란 '사람과 사람 사이에서 결정한 것'과 조직구성원들의 행동을 규제하는 '룰'이 있다. 결정되어 있는 것을 지키지 않게 되면 예상하지 못한 어려움과 생각하지 못한 혼란이 발생하게 된다. 그런 결과 상대 못할 사람, 책임감 없는 사람으로 인정되어 조직구성원으로부터 신뢰를 얻지 못하게 된다.

5-2-2. 업무처리의 요령

1) 목표달성 의욕

업무를 보람되고 알차게 하려면 무엇보다 중요한 것이 업무에 대한 목표를 설정하고 달성의욕을 환기시켜야 한다. 목표가 뚜렷하면 하고 싶은 의욕이 솟구친다. 그러므로 하고 있는 업무에 대하여 먼저 목표의식을 지녀야 한다. 목표의식을 갖고 목표를 설정할 경우에는 다음 사항을 명심하여야 될 것이다.

- 업무에 착오가 없도록 정확하게 하려는 목표
- 업무의 능률을 높이는 목표
- 업무의 질을 훨씬 더 높이는 목표

2) 흥미를 갖고 즐겁게 근무

업무를 즐거운 것으로 만들 것인가, 따분하고 보람 없는 일로 만들 것인가는 자신의 마음가짐에 달려 있다. 적은 것에서부터 흥미를 갖고 업무 속에서 즐거움을 만끽하면, 단순히 하고 있는 업무를 되풀이한다거나, 업무에 대한 흥미와 즐거움을 잃지 않게 될 것이다.

3) 프로의식의 함양

경영자는 일반적으로 업무 면에서 의욕을 발휘하고 업무능력이 완벽하면서 자신의 특성을 크게 살린 사람을 환영하고 있다. 또한 업무처리에 있어서 단순히 지시받는 대로만 하는 것이 아니고 궁리나 재치를 발휘할 수 있기를 요망하고 있다. '무엇을 하든 어떻게 하면 만족할 것인가?', '어떻게 하면 기뻐할 것인가? 등 경영자의 입장을 생각하는 습관을 지녀야 한다.

4) 업무의 신속, 정확

업무는 정해진 시간 내에 정확히 마무리 짓는 센스를 몸에 지니고 낭비·불균형·무리를 최대한으로 추방시킨다. 업무를 빠르고, 바르게 익히는 방법은 다음과 같다.

매뉴얼을 적극 활용한다.

- 경영자나 선배로부터 배운 내용은 정리하여 둔다.
- 이해가 잘 안 되는 사항은 주저하지 말고 질문한다.
- 일단 업무를 실시하여 보고 그래도 알 수 없을 때는 경영자나 선배에게 요령과 방법을 물어본다.

5) 경영진에 대한 존경심

직장의 일원으로서 경영자와 접촉할 기회가 많아지면 경영자의 생각, 행동 등 모든 것을 알게 된다. 이때 보좌하고 있는 경영자의 결점·단점이 현저하게 눈에 띄어 실망하거나 존경하는 마음이 없어지게 된다. 인간은 누구에게나 결점이 있게 마련이다. 그리고 개개인의 생각과 취향도 가지각색이다. 경영자의 사소한 결점을 과장하여 생각하고 비난한다면 자신의 역할을 제대로 수행하지 못한다. 오히려 상사의 이와 같은 점을 이해하고 경영자의 장점을 존경하는 마음가짐으로 상사를 보좌하여야 한다.

6) 경영진의 사고방식·성격파악

경영자의 가치관·철학·사고방식·성격 등을 정확하게 파악하여 둘 필요가 있다. 이와 같이 경영자의 성격과 사고방식을 파악함으로써 경영자의 입장에서 경영자의 생각·말·행동 등을 제대로 이해할 수 있게 된다.

7) 기밀 엄수

업무수행상 알게 된 직장 내의 기밀사항이나 경영자에 대한 비밀 등 남에게 알려서는 안 되는 사항이 있을 수 있다. 기밀은 중요한 것이며, 기밀이 누설되면 상사는 물론 기업조직, 자기 자신에게도 영향을 미치게 된다.

5-3. 문제해결

업무진행의 과정에서 발생된 문제는 원만하게 해결함과 동시에 다른 업무의 처리에 만전을 기할 수 있도록 문제해결 능력을 배양시켜야 된다. 문제해결은 목표와 현상의 차이를 제거하는 것이다. 문제를 해결한다는 것은 어려운 과제이지만, 문제해결의 절차를 활용하면 상당히 진전시킬 수 있다.

문제해결의 절차는 문제를 해결하기 위하여 생각을 전개시키는 골격이다. 그러므로 다방면의 지식과 기능이 문제해결의 과정에서 활용되면 문제해결은 수월하게 된다.

5-3-1. 문제의 파악과 형성

문제의 파악과 형성단계는 문제를 발견하고 분석하여 원인을 명확히·규명하는 단계이다.

- 문제의 발견 ➡ 문제의 분석·형성·순위 결정 ➡ 원인파악과 정보수집

5-3-2. 의사결정

의사결정의 단계는 목표를 설정하여 가능한 해결안을 탐색하고 평가·선택하여 실시하는 단계이다.

- 목표의 설정
- 해결안의 작성
- 해결안의 평가
- 부정적 효과의 검토
- 해결안의 결정
- 실행계획의 작성

5-3-3. 실시

5-4. 업무의 개선과 조직화

5-4-1. 업무추진과 의식화

인간은 오감(五感)을 통해서 사물을 기억하며 기억된 것은 지식화되어 두뇌에 새겨진다. 두뇌에 새겨진 지식은 정적인 것이다. 정

적인 지식이 활동적인 형태로 변형시키는 작용을 의식화라고 하며 의식화에 의해서 지식은 실용화된다. 그러므로 업무추진에 있어서 항상 생산성 의식, 품질의식, 원가의식, 개선의식을 집중하여 의식적으로 임해야 될 것이다.

5-4-2. 업무의 개선

개선이란 자신의 업무를 보다 높은 질, 나은 원가로 해낼 수 있도록 부단히 그 방법을 모색하는 것이다. 개선은 한계가 없는 것이며 이는 고정관념의 틀을 벗어날 때 비로소 이룩할 수 있다. 따라서 항상 자신의 업무에 대하여 우선적으로 사실파악을 하고 있어야 한다.

개선이란 경영의 유지활동이며 자신의 업무를 연구하여 새로운 방법을 스스로 창출하는 창조적인 활동이다. 개선을 추진하려면 개선에 임하는 문제의식을 갖고 다음과 같은 자세로써 적극적으로 추진하여야 한다.

1) 고정관념으로부터의 탈피

개선할 문제를 발견하지 못하거나, 문제점은 규명하였으나 새로운 방법을 찾지 못하는 것은 현재의 업무에 대한 선입관 때문이다.

그러므로 창의력 발휘를 통한 인식의 전환으로 고정관념을 탈피하는 것이 최우선의 과제이다.

2) 사실에서부터 출발

개선을 진행하려면 우선 현재의 업무실태를 조사·분석하여 문제를 인식하게 되므로 사실파악을 면밀하게 하여야 한다. 개선이란 방법의 모색보다 반드시 사실을 정확하게 파악하는 단계부터 출발한다는 점을 잊어서는 안 된다.

3) 자발적인 참여의식

개선은 경영자의 지시·제언에 의하여 수동적으로 참여하는 것보다 자신이 자발적으로 참여하는 것이 더욱 효과적이다. 현재 업무의 문제점과 낭비·비능률에 대한 것은 자신이 최고의 전문가이기 때문이다. 또한 자발적으로 개선을 이룩하였을 때 업무에 대한 흥미와 자신감이 커지고 자기개발의 필요성을 자각하게 된다.

4) 개선은 영원 무한한 것

개선의 대상은 무한한 것이며 개선활동은 계속적으로 이루어지는 것이다. 개선활동과 표준화는 수레바퀴와 같으므로 지속적인 개선활동을 표준화와 연결시켜 질적 향상을 이룩하여야 한다.

5-4-3. 업무의 조직화 방안

1) 우선순위에 따른 업무처리

일을 하다보면 동시다발적으로 여러 가지의 업무를 처리해야 할 때가 많다. 그런 경우에는 어떤 일부터 먼저 처리할 것인가에 대한 우선순위를 정확히 판단하고 결정하여야 한다.

하고 싶다고 생각되는 일

자신이 하고 싶다고 생각되는 일에 대하여 중요도를 기준으로 해야 할 일인가, 하지 않아도 좋은 일인가, 해서는 안 되는 일인가 등의 구분으로 분류한 다음, '해야 할 일'을 우선적으로 처리한다.

▌해야 할 일

해야 할 일은 긴급도·중요도를 기준으로 하여 중요하고 급한 일인가, 중요하지만 급하지 않은 일인가, 급하기는 하지만 중요하지 않은 일인가, 할 가치는 있지만 중요하지도 급하지도 않은 일인가 등으로 구분한다. 그 중에서 '중요하고 급한 일'만을 최우선적으로 처리한다.

▌중요하면서 급한 일

중요하면서 급한 일은 경영자의 의도와 업무의 효율성을 기준으로 참고하되, 경영자의 의도를 따를 때에는 상사의 우선순위에 대한 관행을 참조한다.

2) 일상의 효과적인 시간관리

우선순위에 따른 업무처리 못지않게 중요한 일은 업무에 대한 시간의 효율적 배분과 효과적인 시간관리이다. 시간관리의 만점은 중요한 일은 우선적으로 처리하면서 일상 업무를 처리하고, 그러면서도 여유가 있는 상태가 지속되어야 한다.

▌예정관리

수첩, 데스크다이어리, 탁상메모 등의 도구를 활용하여 자신의 방식으로 습관화시킨다. 어느 업무를 하면서 다음의 업무를 생각하고, 하나의 업무가 끝나면 공백시간을 두지 않고 다음의 업무로 전환시킨다.

▌싫은 업무를 먼저 처리한다

업무의 크고 작음을 불문하고 그 업무가 하기 싫어 하루를 미루고 싶은 충동이 일어나는 것은 오히려 반대로 의식적으로 빨리 처리한다.

▌집무 처리의 시간을 계획화한다

의욕을 갖고 의식적으로 업무의 생산성을 향상시키려면 집무로 인한 중단과 생산성의 저하를 고려하지 않을 수 없다.

3) 업무의 분해작업

업무를 지시받은 이후부터 추진하는 과정에 있어서는 업무를 어떻게 실행할 것인가가 관건이 된다. 업무를 받음과 동시에 업무를 어떻게 처리해낼 것인가 하는 설계를 '업무의 분해 작업'이라고 한다.

'업무의 분해작업'은 능숙하게 하지 않으면 효과가 없다. 그러므로 능숙하게 업무를 분해 작업시킬 수 있는 능력을 체득시켜야 될 것이다.

5-5. 지시 / 보고

5-5-1. 지시받을 때의 요령

1) 지시를 받을 때

- 호명 당하면 즉시 응답한 후, 메모를 준비하여 예의바른 행동으로 임한다.
- 끝까지 경청하며 요점을 기록한다.
- 5W 1H로 생각하며 모호한 점은 질문한다.

When, Where, Who, What, Why, How

- 요점을 간단히 최종 복창해서 확인한다.

2) 의견이 있을 때

- 상대방의 입장을 이해하며 겸허한 마음으로 솔직히, 논리정연하게 자기의 의견을 제시한다.
- 사실에 입각하여 사실 그대로를 간결하게 설명한다.
- 근거 자료를 제시하면서 설명한다.
- 시간상, 능력상 무리라고 판단될 때 그 이유를 설명하고 상사의 도움을 받도록 한다.

3) 지시를 받고 나면

- 경영자의 요구 내용을 정확, 신속하게 파악한다.
- 일의 순서, 중요도를 확인한다.
- 보고 기한을 확인한다.
- 계획을 수립하여 적극적으로 실행한다.
- 진도와 결과를 확인한다.

〈좋은 지시와 나쁜 지시(예)〉

좋은 지시	나쁜 지시
• 지시할 때의 주의사항 : 업무의 성격, 중요도, 상황, 상대의 특성, 자질, 능력을 감안한다. • 전망 있고 자신감 넘치는 지시이어야 한다. • 시종 일관된 것이어야 한다. • 도전하려는 의욕과 관심을 불러일으키는 지시어야 한다.	• 일관성이 없는 지시가 되어서는 안 된다. • 구체적이지 못한 지시(5W 1H) 내용이어서는 안 된다. • 강압적인 지시는 피한다. • 추상적인 표현(언어 불명, 의미 불명)은 금물이다. • 책임을 회피하는 지시(상층부 명령 핑계)가 되어서는 안 된다.

〈상황별 지시요령(예)〉

① 일방적으로 시킨다.	• 엄격한 통제가 필요한 경우 • 긴급한 경우
② 부탁한다.	• 자유재량의 여지를 주는 경우
③ 유도한다.	• 의욕을 부여하고자 할 때 • 강한 책임감을 부여하고자 할 때
④ 암시한다.	• 적극성 신장 • 능력 있는 사람에 대하여 • 자진해서 일하는 사람에 대하여
⑤ 자원하게 한다.	• 무리하게 시킬 수 없는 일 • 업무내용의 범위를 넘어선 일 • 불유쾌하거나 위험한 업무 • 평소와 다른 경우

5-5-2. 보고할 때의 요령

1) 보고방법

- 순서 : 결론 → 내용(이유) → 경과 → 소견을 제시한다.
- 지시받는 업무가 끝나면 즉시 보고(간단명료, 요점강조)토록 한다.
- 보고는 반드시 지시한 본인에게 한다.
- 사실에 입각해서 객관적으로 말한다.

2) 중간보고(구두, 문서보고)가 필요한 경우

- 장기간 소요되는 업무의 경우에 한한다.
- 지시된 범위를 벗어났을 때는 지체 없이 보고한다.
- 난관에 부딪쳤을 경우에 사실대로 문제점을 요약하여 보고한다.
- 결과나 전망이 예견될 때 예측자료를 중심으로 보고한다.

3) 보고받는 요령

- 선입관, 편견을 버린다.
- 전체적인 내용을 일단은 경청한다.
- 문제점을 파악하며 모호한 점은 확인한다.
- 노고를 위로하여 준다.
- 고의적인 실패나 사고의 보고는 냉정하게 주의를 준다.

5-6. 퇴근 시 유념사항

- 퇴근 준비는 근무시간이 끝난 후에 한다.
- 오늘 한 일 점검, 내일 할 일들을 메모에 남겨둔다.
- 책상과 사무실 정리·정돈을 말끔히 한다.
- PC 디스켓, 책상 서랍, 캐비닛 등은 반드시 잠금장치를 한다.
- 화재예방, 안전점검을 한다.
- 상사나 동료, 선배에게 퇴근 인사를 잊지 않도록 한다.
- 지나치게 서두르지 않는다.

5-7. 직장 내 인간관계

직장에서의 안간관계는 다음과 같은 다른 집단에서의 다른 점을 지니고 있다.

- 어떠한 목표달성을 위하여 사람들이 모였다는 점
- 상·하의 관계가 명확하므로 그 관계를 무시한 인간관계는 생각할 수 없다는 점
- 각양각색의 사람들로 구성되어 그 구성이 복잡하다는 점
- 조직구성원이 목표를 위하여 단결하며 그것을 추진해 나가는 집단 내에서의 협동심이 중요시된다는 점
- 사풍(社風)과 연관된 독특한 인간관계의 분위기가 있다는 점이다.

5-7-1. 바람직하지 못한 인간관계

원만한 인간관계가 이루어지고 남이 내 뜻대로 움직여 준다면, 삶이란 장밋빛 인생이 될 수 있을 텐데 현실은 그렇지 못한 경우가 비일비재하다. 인간은 직장생활의 대부분을 자기의 일만 생각하고 처신하면서, 모두가 남이 내 뜻대로 되어주기만을 바라고 있다. 그러므로 직장 내에서의 인간관계가 좋지 않다고 하면 대개 주위의 평범한 일상접촉상의 문제가 요인이라고 할 수 있다. 일례로 직장 내에서 인간관계에 대한 불만을 열거하면 다음과 같다.

- 텃세가 강한 경우
- 책임회피의 언동이 많은 경우

- 무시하거나 헐뜯는 경우
- 협조성의 결여나 팀워크를 그르치는 언동이 많은 경우
- 업무에 임하는 자세가 소극적이고 비협조적인 경우
- 타인에 대한 비난과 중상모략이 빈번하게 행해지고 있는 경우
- 전체보다도 개인의 이해득실을 우선적으로 생각하는 경향이 많은 경우
- 무엇을 하려 하여도 무책임한 말을 일삼고 무관심한 경우
- 조직 내에서 미묘한 대항의식이 많은 경우
- 상사와 선배가 친절하게 가르쳐주지 않는 경우
- 말을 들을 때에 조심성이 없는 경우
- 조직 전체의 분위기가 서먹서먹하고 냉랭한 경우
- 필요 이상으로 규칙과 벌칙이 엄하여 불안해하고 있는 경우
- 서로가 조심하고 있으며, 등 뒤에서는 불평만 토로하고 있는 경우
- 사생활에 필요 이상으로 구속받고 있는 경우
- 수직, 수평의 인간관계가 원만하지 못한 경우
- 일상 업무를 같이하고 있어도 마음이 통하지 않는 경우
- 상사로부터 꾸지람을 듣고, 그 위의 상사로부터 또다른 일로 책망을 받는 경우
- 자신의 문제를 토의하거나 결정하는데 소외당할 때
- 비전이 없어서 상사에 대한 비판을 일삼는 경우
- 인간을 위한 조직이 아니고, 조직을 위한 인간이 되어 있는 경우

5-7-2. 좋은 인간관계

조직구성원이 접촉하는 사람은 주변 사람들과 경영자 이외에 각계각층이다. 이와 같은 접촉의 정도는 친분의 정도가 있겠지만 바람직한 의사소통을 이루고 이해와 신뢰의 상호관계를 유지하는 데에 목적이 있다.

먼저 인간관계의 개선책을 살펴보면 다음과 같다.

- 상대방에 대하여 관용하는 아량을 기르자.
- 완전한 인간이 있다고 생각하지 말자.
- 상대방을 이해하려고 하는 의욕을 잃지 말자.
- 상대방의 장점을 찾아내자.
- 싫은 사람도 이해하도록 하자.
- 성격은 미워해도 그 사람은 미워하지 말자.
- 상대방의 사실을 될 수 있는 한 많이 수집하자.
- 감정이입을 실천하자.
- 자신의 감정을 조절하자.
- 이해력이 풍부한 사람의 이미지를 그려보자
- 다른 사람의 이야기를 진지하게 들어주자.
- 갈등과 실의에 젖은 사람을 위로하고 용기를 주자.
- 아는 체하기보다는 겸손한 마음으로 상대방을 존중하자.
- 이성을 갖고 차분하게 행동하자.
- 아무리 작은 약속도 소중히 여기고 지키도록 하자.

1) 상사와의 관계

경영자와 간부와의 관계는 업무 면에서 지휘, 명령, 복종, 보고를 축으로 하는 수직의 인간관계이다. 이들의 관계는 단적으로 말해서 존경과 신뢰의 관계라고 볼 수 있다.

부하는 상사를 존경하고 상사의 도움이 되는 것을 즐거움으로 알고 이해하여야 한다. 상사가 부하를 전면적으로 신뢰하고 안심하고 일을 맡길 수 있는 관계가 이상적이다.

- 경영자의 입장이 된다.
- 언제나 경영자의 마음이 되어 일을 한다.
- 협력자의 입장에서 일을 한다.
- 경영자의 부족한 점을 보완한다.
- 인간은 완전할 수 없다는 기본적인 생각으로 일관한다.
- 훌륭한 보좌역이 된다.
- 경영자의 업무를 자진해서 보좌한다.
- 임기응변의 조치를 취한다.
- 경영자를 걱정시키지 않는다.
- 경영자는 나에 대하여 끊임없이 신경을 쓰고 있다.
- 같은 실패를 되풀이하지 않는다.
- 경영자의 업무나 인품을 잘 이해한다.

업무와 인품을 어느 정도 이해하고 있을 때, 업무의 처리 방법과 보좌의 방법이 보다 효율적이 될 수도 있다.

- 기분 좋게 지시에 따른다.

▌경영자는 나의 업무를 통하여 역할을 다하게 된다.

- 경영자와의 관계에 있어서 다음 사항을 유의한다.

▌경영자의 업무영역에 필요 이상으로 개입하지 않는다.

▌근무시간 중에는 업무 이외의 잡담을 삼간다.

▌개인적인 용무에 있어서 지나친 시중과 맹종은 바람직하지 못하다.

2) 동료와의 관계

직장 내에서 동료사이란 서로 협력하면서 업무를 수행하는 동시에 자기성장을 위하여 경쟁의식을 갖는 공적인 관계를 의미한다. 직장 밖에서는 친구로서 대하게 되는 사적 관계도 지닌다. 직장에서는 마음이 맞는 사람만 선택하여 교제하는 개인적인 태도는 바람직하지 못하다. 동료라면 남녀를 구별하지 말고 골고루 교제하는 마음가짐이 필요하다.

▌자기의 책임을 다한다.

- 자기의 일과 역할을 책임지고 깨끗하게 완수한다.
- 자기의 책임완수를 통하여 신뢰감을 쌓아 나간다.

▌항상 직장 전체의 일을 생각한다.

- 개인의 행동은 팀워크의 기본이다.
- 직장의 사규, 규칙, 도덕, 사풍에 의하여 일을 하고 자기 중심적인 행동을 삼간다.

▌보다 많은 사람과 교제한다.

- 대화의 기회를 만들고 서로를 이해하면서 친근감을 더해 나간다.

▌곤경에 빠졌을 때에는 서로 돕는다.

- 좋고 싫은 것을 노골적으로 나타내지 않는다.
- 바쁜 일 속에서도 상대방을 생각해주고 헤아려주고 서로 격려해 주는 습관을 기른다.
- 감정의 응어리는 빨리 풀도록 노력한다.

3) 후배와의 관계

- 개성을 지닌 인격체로서 간주하고 대한다.
- 업무의 결과가 좋은 가 어떤가를 때때로 이야기하여 준다.
- 일을 잘 하였을 때는 칭찬하여 주고, 잘못하였을 때는 주의를 준다.
- 자신의 사고방식(업무추진 방법, 직업관, 인생관, 직장생활의 자세, 가치관)을 분명하게 하여둔다.
- 감정을 억제하고 후배와 똑같은 눈으로 보살핀다.
- 후배가 어려움에 봉착하였을 때 도와준다.

4) 선배와의 관계

- 선배는 풍부한 경험이 있으므로 선배의 경험과 지혜를 배우고 문제해결의 지혜를 빌린다.
- 선배에게 반항하거나 불평을 지나치게 하지 않도록 하며 겸손해야 한다.
- 선배의 약점을 잡거나 의견을 무시하고 주제넘게 나서지 않도록 한다.
- 선배에게 먼저 인사를 하도록 한다.

5) 거래처와의 관계

- 언제나 예절바르고 겸손한 마음으로 응대한다.
- 업무의 정도를 일탈한 대화는 가능한 한 피한다.
- 협조·협력해야 할 타당성이 있는 업무는 적극적으로 하여 협조·협력의 기반을 구축한다.
- 접촉과정에서 상사에 관한 사항, 기밀사항을 이야기하는 일이 없도록 주의한다.

6) 방문객과의 관계

- 방문객에게 상사와 회사를 대리하여 회사와 상사에 대한 첫 인상을 심는다는 자세로 일관한다.
- 어려운 경우에도 항상 미소와 예의바른 태도를 지닌다.
- 모든 방문객을 공평하게 대우한다.
- 옷차림을 보고 방문객을 판단하지 않는다.

7) 이성과의 관계

- 이성과는 실력과 업적으로 선의의 경쟁을 한다.
- 항상 상대방에 대하여 정중한 말과 행동으로 대한다.
- 특정인의 이성하고만 친하게 지내지 않는다.
- 개인적으로 만나게 되는 경우에는 오해받기 쉬운 일은 피한다.
- 이성 간에 있어서 단편적인 친절과 호의를 진심으로 간주하지 않는다.
- 근무 장소 이외에서 가급적 이성을 만나지 않도록 한다.

직장인 10훈(訓)

① 활력(Vitality)을 가져라.

- 지식과 기술을 습득해서 자기계발에 힘쓴다.
- 일에 대한 신념으로 적극성을 지닌다.

② 신속한 판단을 할 수 있도록 훈련하라.

- 일에 대한 숙달은 신속하고 정확한 판단을 뒷받침한다.

③ 주관을 갖고 환경에 적응할 수 있는 융통성을 가져라.

- 역경을 발전의 계기로 삼는다.

④ 신뢰감을 얻을 수 있도록 노력하라.

- 항상 상대방의 입장을 먼저 고려한다.
- 약속을 엄수한다.
- 언행을 일치시킨다.
- 동료의 실수를 힐책하기보다는 발전할 수 있는 경험으로 삼도록 한다.

⑤ 규칙을 준수한다.

- 100% 만족이란 있을 수 없으므로 질서를 위해서는 개개인의 편리함

을 주장하지 않도록 한다.

⑥ 맡은 바 책임을 다하라.

- 책임완수는 자신을 성숙한 인간으로 향상시킨다.
- 세심한 계획은 책임완수를 뒷받침할 수 있다.

⑦ 실수를 두려워하지 말라.

- 실수의 원인은 반드시 파악해서 같은 실수를 반복하는 일이 없도록 한다.

⑧ 순간순간에 최선을 다하라.

- 오늘 일을 내일로 미루지 않는다.
- 하루를 반드시 반성하고 넘어간다.

⑨ 시간을 귀중하게 보내라.

- 내 시간이 중요한 만큼 남(他人)의 시간도 중요하게 생각해서 귀중하게 보내도록 한다.
- 여가시간을 적절히 활용한다.

⑩ 일에서 인생을 배우도록 노력하라.

- 일에서 보람을 찾도록 하고 건전한 가치관을 함양한다.

Ⅰ-6. 자기계발 기법

6-1. 자기계발과 혁신

창조적 발상은 인생을 바꾼다

① 동심의 눈으로 돌아가라.

어린이들은 호기심과 향상심이 풍부하다. 그들은 호기심에 이끌려 많은 질문을 한다. 만약 정보의 양이 풍부한 성인이 이렇게 호기심에 가득 차 있다면 더 많은 창조력을 발휘할 수 있을 것이다. 모든 사물을 신기한 눈초리로 보는 어린이의 눈은 창조력을 낳는다는 것을 잊지 말자.

② 적당한 양의 술을 마셔라.

술좌석에서의 이야기는 다양하고 기발하다. 마음을 툭 터놓은 상태, 다시 말해서 마음의 벽이 허물어진 상태이므로 평소에는 나올 수 없는 이야기들이 꼬리를 물고 쏟아져 나온다. 따라서 브레인스토밍을 하는 경우 알코올을 곁들이면 그 효과는 배가 된다. 자기 혼자서 발상을 해나갈 경우도 적당한 음주는 효과적이다.

③ 자연의 메시지에 귀를 기울여라.

속담에 '마음에 있어야 꿈을 꾸지'라는 말이 있다. 이렇듯 꿈에서 힌트를 얻는다는 것은 말처럼 쉬운 일이 아니다. 힌트를 얻을 수 있는 꿈을 꾸려면 정력적으로 그 문제에 대한 해결을 위해 노력해야 한다는 것이다. 즉, 의식의 힘으로 할 만큼 다한 다음 한계를 느끼게 되는 단계에서 잠재의식에 바통을 넘겨주어야 한다는 것이다.

④ 생각하라, 생각하라, 또 생각하라.

창조력을 발휘하고 문제해결의 힌트를 얻는 비결의 핵심은 끊임없이 생각하는 데 있다. 미국의 IBM은 다음의 다섯 가지의 사원훈련법을 통해 유능한 사원으로 양성하고자 했다고 한다.

- 생각할 재료를 읽어라
- 생각할 자료를 들어라
- 막연한 생각을 수정하고 정리하기 위해 토론하라
- 상대방이나 대상의 상황을 관찰하라
- 읽고, 듣고, 토론하고, 관찰한 내용을 생각하라
- 문제의식에 투철하라.

⑤ 문제의식에 투철하라.

'필요는 발명의 어머니'라는 말이 있듯이 필요하면 연구하게 되고 발명을 하게 된다. 하지만 필요에 쫓긴다고 아무나 발명하지는 못한다. 발명하기 위해서는 항상 문제의식을 가지고 생각하고, 외부의 정보에 대해 예민한 감수성을 가지며, 실패해도 투지를 잃지 않고 유연한 머리로 생각한다는 자세가 필요하다.

⑥ 두뇌창조에 재료를 쌓아라.

문제의식을 가지고 있더라도 문제해결의 힌트를 발견하지 못하면 결국 문제를 해결할 수 없다. 따라서 힌트를 발견하기 위해 정보를 얼마나 잘 수집할 수 있느냐 하는 것이 아이디어 개발능력의 척도가 된다. 수많은 정보를 수집 정리하는 동안에 문제해결의 아이디어가 나온다.

⑦ 문제의 원리를 파고들라.

서로 관계가 없는 것처럼 보이는 것도 기본원리는 같은 것이 많다. 인간의 대뇌의 원리가 컴퓨터에 활용되고 어린이들의 장남감인 도르래의 나는 원리가 헬리콥터에 활용된 것도 모두 같은 이치임을 잊지 말자.

⑧ 옥석을 구별하는 힘을 길러라.

훌륭한 발명품 가운데는 이미 한번 연구되어 발표되었지만 실용화되지 않은 채 아이디어의 쓰레기통에 버려졌던 아이디어를 적당히 변화시키거나 다른 아이디어와 결합시킨 것이 많다. 아이디어에는 옥석이 섞여 있다. 여기서 돌은 버리고 옥을 골라내어 실용화할 수 있는 능력을 키워야 한다.

⑨ 인생의 꿈을 아이디어로 실현하라.

누구나 가지고 있는 그 나름대로의 꿈을 실현시키기 위해서는 그것을 뚜렷한 목표와 계획으로 바꾼 뒤 데드라인을 정하여 그때까지 거기에 필요한 조건을 마련하는 태도가 중요하다. 꿈을 목표와 계획으로 바꾸어 그것을 실현할 아이디어를 짜내자.

- 인생성공의 목표
- 성공과 행복의 기준

  성공 ➡ 가치관
  행복 ➡ 인생관
- 이율배반적 사고와 행동
- 직장인으로서의 올바른 직업관

1) 새로운 나를 만들기 위한 점검(이대로 좋은가 Life Inventory)

① 현재와 미래의 나를 점검한다.

② 무엇부터 개선해야 하나?

③ 지금도 두 개의 내가 전쟁 중이다.

- EDPS와 DO(Try Again)

- 육체와 정신

2) 두 개의 나를 움직이는 주인

① 긍정적인 생각(Positive-right thinking)

창조, 신뢰, 의욕, 정열, 영감, 정의, 정직, 사랑, 칭찬, 희망, 낙관, 용기, 승리, 신념, 신의, 우정, 친절, 여유, 기쁨, 낙천, 기도, 자비, 웃음, 유머, 독창력, 기지, 하면 된다, 하자, 해보자, 할 수 있다, 된다, 열의, 열성, 충성, 패기, 투지, 끈기, 봉사 등

② 부정적인 생각(Negative-life thinking)

회의, 패배인정, 근심, 걱정, 불안, 자기비하, 수줍음, 소심, 열등감, 비평, 험담, 불평, 불만, 불의, 부정, 미움, 시기, 질투, 모함, 무사안일, 지나친 이기심, 피해의식, 자존심 등

③ 생각(사고-Thought)과 행동의 관계

- In put과 Out put

- 불편한 마음의 법칙 : 마음먹은 대로 …… 가진다고 믿어라! 그러면 가지게 된다.

- 행동의 근원은 생각(사고) : 정신이다(RW. 에머슨)

④ 판별(구분)능력과 시행능력

- 아는 것과 할 줄 아는 것
- Do it now!

3) 긍정적인 나를 만드는 기술

① 우선적인 장비의 개조부터

② 물방울도 바위를 뚫는다.(토담집과 콘크리트건물)

③ 반복의 효과

4) 대인관계를 위한 자기훈련과 연출

① 화법(Speech·응대와 설득의 기본)

- 음성의 두 가지
- 말투(어투)
- 억양과 속도
- 어벽과 감탄사
- 손해 보는 낱말과 말투

나, 나는, 내가, 우리, 당신, 너희, 자네, 니네, 댁
이해, 알아, 들어, …… 그런데, …… 니까?, …… 지만
고마워요(… 해요), 어때요, 그게 아니에요, 이래요, 저래요,
나왔어요, 말씀하세요.
꾸중, 단정, 은어, 지나친 겸손 등

② 몸으로 하는 말(Body Language, 행동, 태도)

- 태도와 몸가짐
- 복장(옷매무새)
- 얼굴표정(턱의 각도, 시선배분)

- 제스처(손놀림, 앞, 뒷짐, 위치)
- 발 자세(걸음걸이)
- 듣는 자세와 앉은 자세
- 손해 보는 행동(태도)의 예

물건을 지칭할 때의 손의 위치
발꼬기, 주머니, 인내의 자세, 악수 등
악수, 명함, 몸에 손대기

5) 새로운 나를 만들기 위한 구성

① 지속적인 정보관리(Information)

- 일반정보(시사)
- 전문정보

기술적 정보
직업적 정보

- 정보의 관리

노트화
카드화
파일화

I-6-2. 창조력이란 무엇인가?

1) 크리에이티비티(Creativity)와 기업

오늘날의 기업에 있어서 가장 중요한 것은 창조적인 능력이다. 창조적인 능력은 어떠한 일에서도 당연히 요구된다. 창조력이 없이 질 좋은 업무는 절대 불가능하다. 신제품이나 히트상품은 Creative

Ability의 결집이라는 배경이 있음으로써 생겨나는 작품인 것이다.

기업이 적극적인 시장의 창조나 기술혁신의 이니시어티브를 쥐기 위해서는 개인의 창조능력의 결집과 실행이 불가결하다. 전자적인 품질관리가 중요했던 것처럼, 이제부터는 기업 내에 전반활동에서 창조력이 없으면, 그것은 대단히 잘못된 경영이라고 할 수 있을 것이다.

생산활동에서는 고도의 생산기술시스템이 필요하다. 경리활동에 있어서는 선견성(先見性) 있는 자금사용법이 중요하다. 인사활동에서는 유연성과 실행력 형의 인재개발이 바람직하다. 마케팅활동에 있어서도 오래전부터 실시해오던 마케팅계획이나 분석수법을 가지고는 대처할 수 없는 상황에 처해 있다.

〈기업활동〉

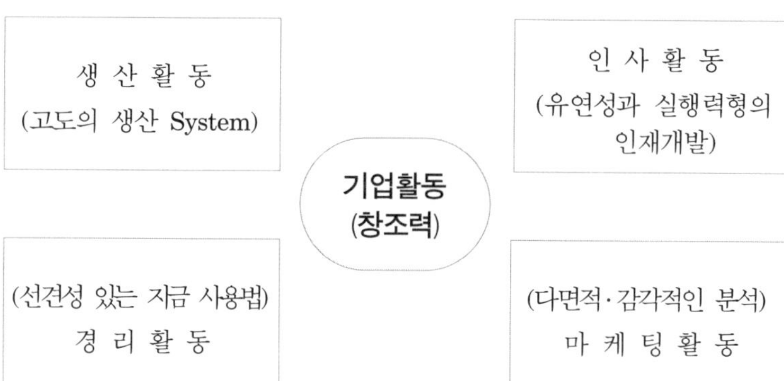

① 시장도, 소비자도 달라졌다.

- 사회의 흐름과 마케팅현황의 변화와 구매동향

1960년대	1970년대	1980년대~1990년대	2000년대 이후
결핍의 시대 (Zero)	보급의 시대 (Have)	선택의 시대 (Use)	감성의 시대 (Sensitive)
만들면 팔렸다.	선전하면 팔렸다.	사용법의 시안으로 팔린다.	고객의 참여로 팔린다.

② 기술모방의 시대는 끝났다.

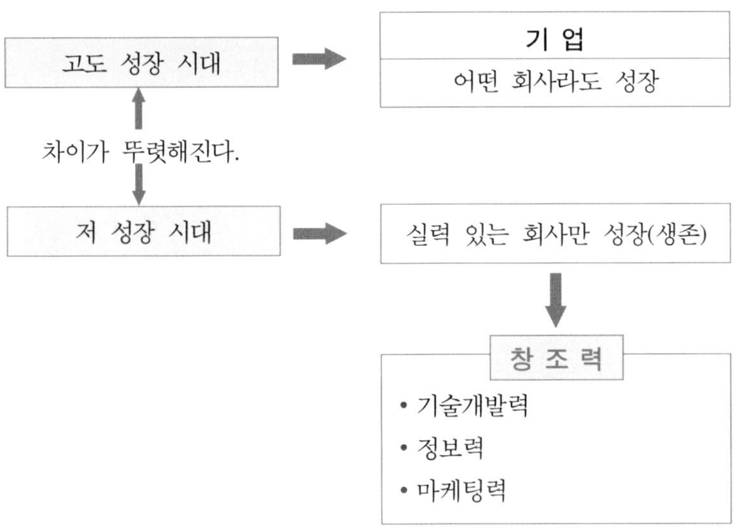

2) 창조력이란 무엇인가?

① 유에서 유를 창조하는 것

창조란 과거의 경험이나 지식의 해체·결합에 의하여 새로운 가치(효용)을 만들어 내는 것이다.

- 해체 × 결합 → 신 가치
- 이질적 요소의 가치 있는 결합

② 인간의 뇌력(Brain Power) 가운데서 가장 중요한 것

➲ 두뇌의 4가지 작용(기능)

- 흡수력(Absorptive)
- 기억력(Retentive Power)
- 추리력(Reasoning Power)
- 창조력(Creative Power)

〈창조력의 도식화〉

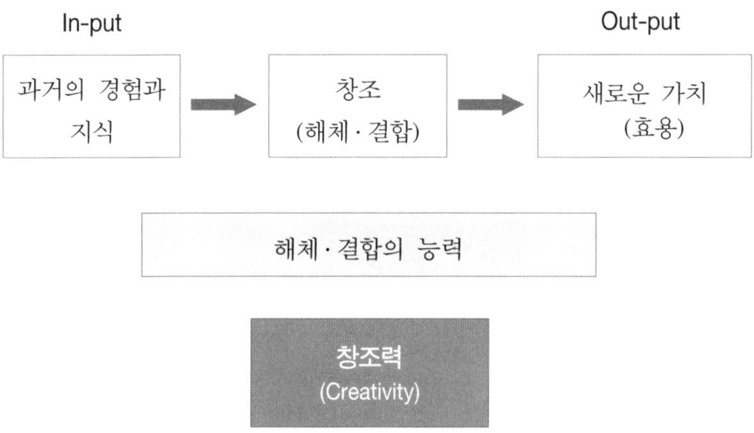

③ 사람답게 하는 "힘"

기계나 동물의 힘으로 대처할 수 없는 인간고유의 능력

④ 창조력 개발의 필요성

- 국가적 차원에서 국제경쟁력을 강화시켜 세계시장 지배

- 기업적 차원에서 기업경쟁력을 강화시켜 시장점유율 지배
- 개인적 차원에서 창의력을 강화하여 풍요한 정신적, 물질적 생활영위

3) 창조의 3단계(아이디어의 수준)

① 비분할 결합(Non-segmentation Combination)

② 분할결합(Segmentation Combination)

③ 비약결합(Emergent Combination)

〈창조의 과정〉

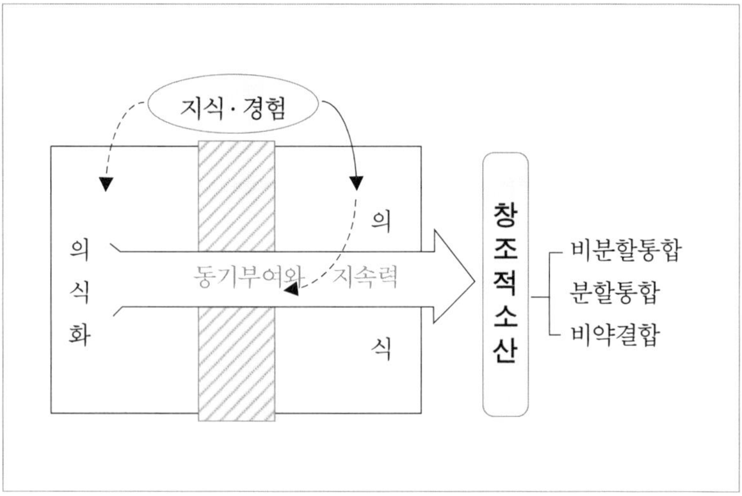

4) 모방에서 창조로

A. 모방

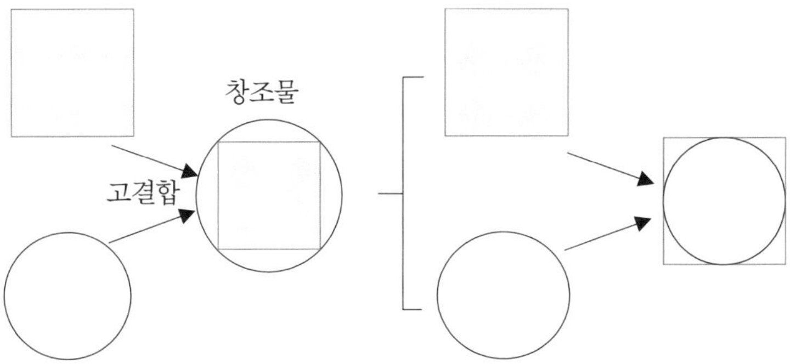

기존의 소재 유사의 선예

B. 단순결합

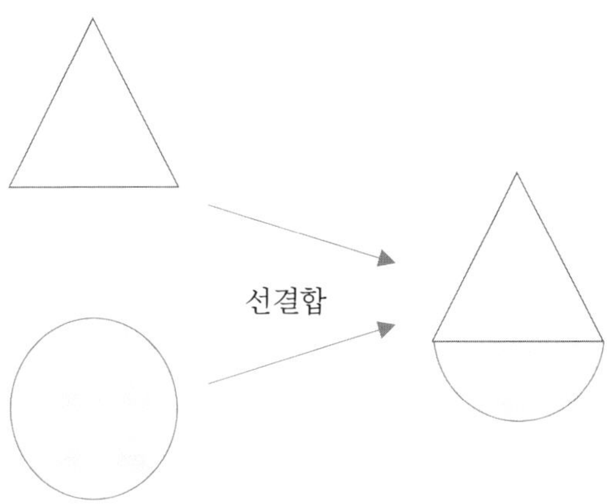

C. 분할결합

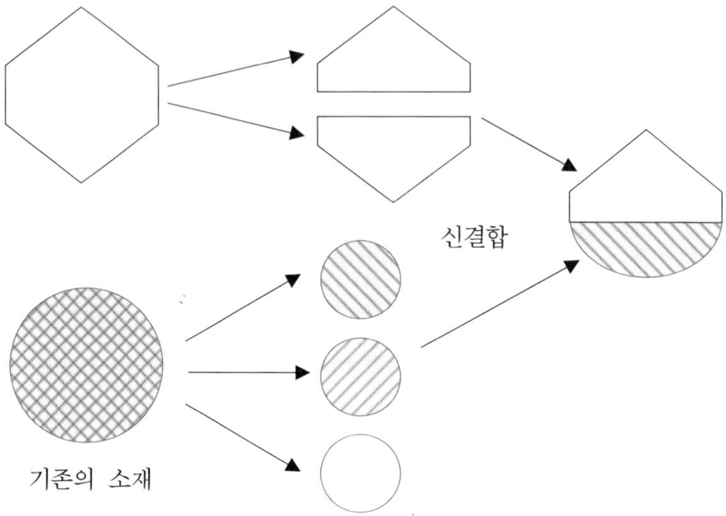

창조적 사고의 결합단계

5) Idea발상을 위한 기초훈련

① 딱딱한 머리와 부드러운 머리

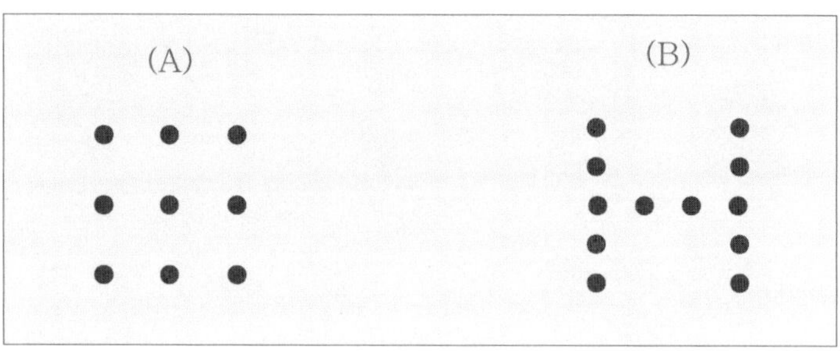

② 상상력의 분석

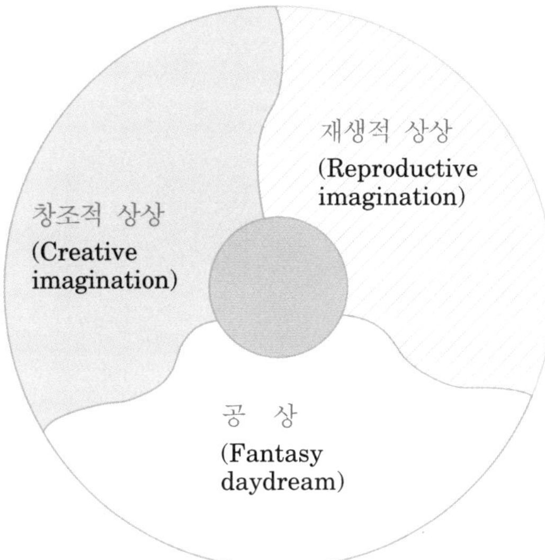

③ 상상력의 level up

재생적 → 창조적 → 공상적 상상력

〈상상적 곡선도〉

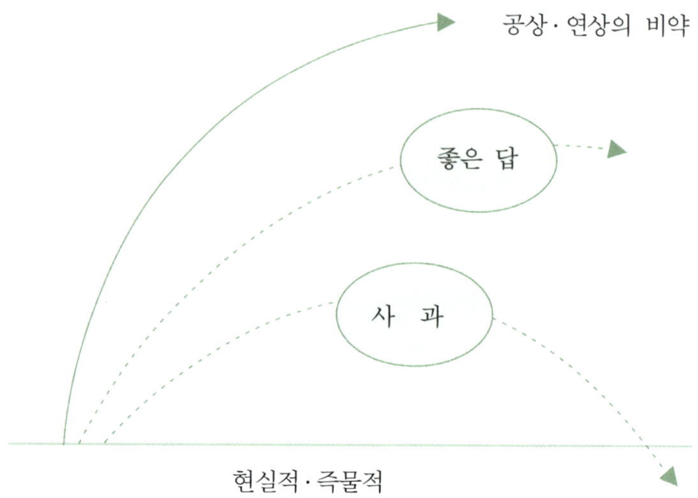

④ 보통사람은 이론만, 창조적 인간은 플러스 공상

〈천재와 보통사람의 차이〉

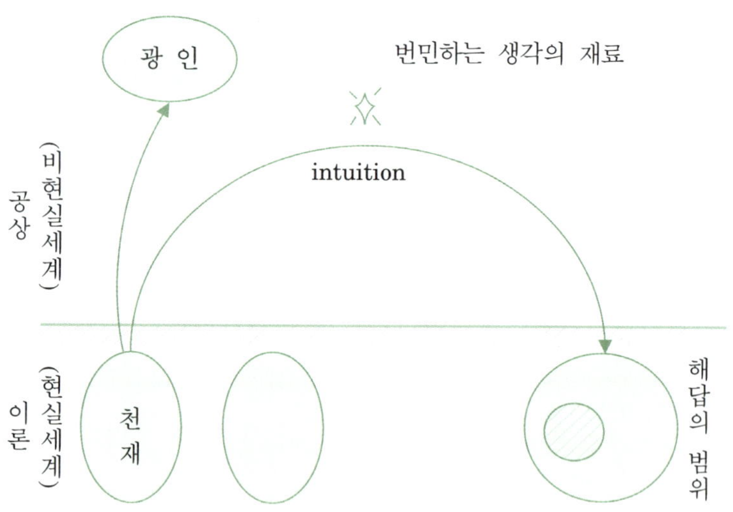

⑤ 확산적(擴散的) 사고와 수속적(收束的) 사고
(Divergent Thinking & Convergent Thinking)

〈새로운 아이디어를 얻을 때의 발상과정의 분석〉

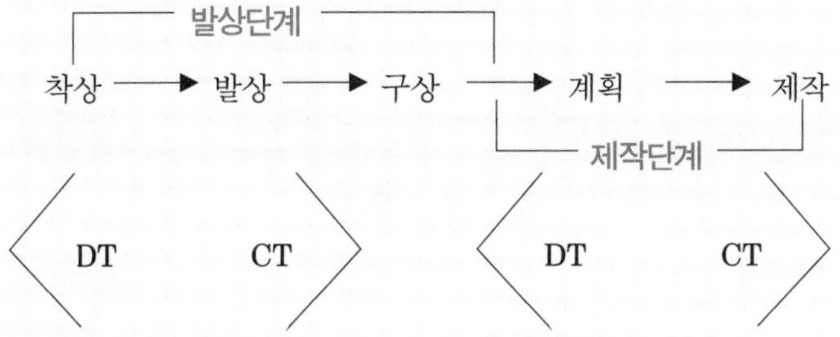

⑥ 재생적 사고와 생산적 사고
(Reproductive Thinking and Productive Thinking)

〈사고의 발전단계도〉

⑦ 연상력(聯想力)을 기르면 창조력이 자란다.

연상의 3법칙 (Aristoteles)

유사연상(연합)의 법칙

그 자극 또는 경우와 비슷한 과거의 경험(지식)을 회상한다.

예 : 호랑이 - 고양이, 구두 - 고무신, 커피 - 코코아

반응연상

반대의 성질을 가진 것

예 : 상 - 하, 판매 - 구매, 춥다 - 덥다

접근연상

시간적, 공간적으로 관련되는 것, 즉 짝이 되는 것

예 : 펜 - 잉크, 담배 - 성냥, 책상 - 의자, 남편 - 아내

※ (인과연상)도 포함

예 : 담배꽁초 - 화재 - 소방차

태풍 - 홍수 - 익사

자유연상과 강제연상

자유연상

무제한, 무조건

강제(제한)연상

조건부

⑧ 아이디어와 문제의식

- 문제없는 곳에 발생 없다.
- 문제없는 것이야말로 가장 큰 문제!
- Checklist법과 함께 활용

〈문제점 발견기법〉

1. 특성열거법(속성열거법)

예 : 스테레오

① 명사적 특성(전체, 부분, 재료, 제법)

라디오 앰프, 스피커, 플레이어, 트랜지스터, I.C, 안테나, 카드리지, 턴테이블(부품), 나무, 알루미늄, 고무(재료),프레스, 조립, 용접(제법)

② 형용사적 특성(특질)

다갈색, 가볍다, 무겁다, 크다, 예쁘다, 맑다.

③ 동사적 특성(기능, 작용)

레코드를 튼다, 라디오를 듣는다, 다이얼을 돌린다, 볼륨을 조절한다.

2. 결점 열거법

결점 추출 - 제거

예 : ① 칠판지우개 - 가루가 날린다, 자주 털어야 손(옷)에 묻는다.천이 약해, 솜이 빠져나와, 깨끗이 안 닦여, 모양이 나쁘다, 빛깔이 곱지 않다,

② 우산의 결점 - 개인 후에 짐이 된다. 털 때 손을 끼게 된다. 우산 끝이 뾰족해서 위험, 천이 잘 찢어져, 바람에 잘 뒤집힌다.

3. 희망점 열거법

※ 결점열거법과 상호관계

예 : 칠판지우개 - 가루가 안 날렸으면, 모양이 더 좋았으면, 빨아들이게 했으면, 헝겊이 아니었으면, 자욱이 안 남게 잘 닦였으면, 수세식으로 한다면, 전기로 자동화 됐으면

⑨ 발상을 위한 집단 기법

▌ 같은 시간에 더 많은 발상능률

예제A
여기에 붉은 벽돌 한 개가 있습니다. 어디에 쓸 수 있는지 5분간에 될 수 있는 대로 많이 열거하시오. (개별적으로 / 집단적으로)

예제B
같은 문제 - 「신문지」의 경우

▌ 중지를 모은다.

타인의 발언 - 자극 - 연쇄반응(연상)

▌ 집단사고가 빠지기 쉬운 결함

- 평균(준)화
- 탈락화
- 뇌동화(雷同化)
- 단편화

6) 아이디어 산출기법

① Brain-Storming

Alex F. Osborn이 창안한 아이디어 개발회의법으로 5~10명 단위의 참가자들이 자유분방하게 의견을 제출하고 그 의견들을 종합해서 또다시 새로운 아이디어를 창출해 내는 기법이다. 이 기법의 특징은 아이디어를 제안할 때에는 달성가능성 여부를 생각하지 않으며 좋다, 나쁘다의 비판을 하지 않고 아이디어의 질을 생각하기보다는 제안한 아이디어의 양을 확보하는데 중점을 두는 것이다. 이렇게 제안된 수많은 아이디어 중에 현실적용의 가능성 여부는 나중에 다른 팀이 분석, 검토하게 된다.

② RBS법(Reverse brain-storming Method)

이 역브레인스토밍법은 기성의 idea나 품질에 관해서 그 결점을 발언하고 제시된 해결방법을 정상적인 Brain-Storming 법으로 찾는 방법이다. 브레인스토밍법은 현실성이 없는 Idea라도 많이 산출하면 좋은데 반해, RBS에서는 현실적인 결점을 지적하고 해결방안을 모색하는 방안이다.

③ 체크리스트법

새로운 아이디어를 내는 Check-point를 준비해 두고 그 하나씩을 찾아나가는 방법이다.

- 다른 용도는 없는가?
- 크게(擴大)하면?
- 바꾸면?
- 반대로 하면?
- 결합시키면?

등의 분야에서 여러 가지로 Check하면서 발상하는 방법

④ 연상법(Association of Idea)

연상은 가장 기본적이고 원시적인 방법인데 자유연상과 강제연상으로 나눈다. 자유연상은 주어진 자극에 대해 자연히 떠오르는 말로 반응하는 것이고, 제한연상(制限聯想)은 미리 자극란에 유사한 것을 열거하라는 식으로 연상의 범위를 정해

두는 것이다.

이 연상법은 연상을 강화하는 것을 목적으로 하기 때문에 반복학습, 종합학습 등 여러 가지 강화법이 사용된다.

⑤ K.J법(Kawagita Jiro Method)

일본의 문화인류학자 川喜田二郎氏가 창안할 발상법 또는 회의진행법의 하나이다.

참가자 전원이 자기가 생각하는 모든 아이디어를 카드에 적어서 내면 그것을 분류해서 차트화함으로써 참가자 전원의 모든 아이디어를 가장 손쉽게 찾아낼 수 있고, 나온 의견들은 일목요연하게 파악할 수 있는 방법으로 조직의 문제 진단, 창조적 발상법, 문제해결 기법 등이 많이 사용된다.

⑥ 고든법(Gordon Technique)

William J.J.Gordon이 창시한 아이디어 개발법의 하나로 추상적인 사고법이다.

가령, 초콜릿은 한 단계 추상하면 과자이고 과자는 음식물이다. 이처럼 초콜릿을 개량하려면 초콜릿으로 생각하기보다 과자라고 하거나 음식물이라고 생각하면 더 많은 아이디어를 추출해 낼 수 있다.

실제로 주차장의 혼잡문제를 해결하기 위한 아이디어 창출토의를 할 경우 Brain-Storming의 경우라면 「어떻게 하면 주차장의……」 식의 주제를 내걸로 하지만 고든법이라면 「저장(貯藏)」이라는 테마를 건다.

⑦ 특성열거법(Attributive Listing Technique)

R.T. Chloford교수가 고안한 방법이다. 각 사물이 갖고 있는 특성을 세분해서 재료, 재조방법, 전체, 부분 등의 명사적 특성, 무게, 색깔, 크기 등의 형용사적 특성, 기능 등의 동사적

특성 셋으로 구분해서 분석하고 개선점을 찾아내는 방법으로 사회자가 참가자들의 아이디어를 촉진할 수 있는 좋은 방법이다.

⑧ 결점열거법

현재 있는 사례의 단점을 찾아내어 열거한 뒤에 그것을 개선하기 위한 아이디어를 찾는 방법이다.

⑨ 희망점열거법

결점열거와는 반대로 한 사물이 이렇게 되었으면 좋겠다는 희망점을 열거하면서 아이디어를 찾는 방법이다.

⑩ 수평사고법(Lateral Thinking)

Edward de Bono가 개발한 방법으로 문제해결을 위한 상상력 게임을 의식적으로 사용하는 것이다. 즉 드보노박사는 수평사고를 하는데 있어서 가장 중요한 것은 새로운 아이디어의 개발방법이 아니라 두뇌의 오래된 굳어버린 습관의 타파라고 주장한다. 수직적 사고의 방법을 타파하는 방법이다.

⑪ 최면발상법(Hypex)

최면상태에서는 주의집중이 잘되고 과거의 일을 기억할 수 있는 범위가 확대되며, 공상력이 확대되는 등 여러 가지 특성이 있으므로 이를 이용한 창조적발상법, 예를 들면 최면유도 후에 '달을 여행하고 있다. 달세계의 전자박람회를 구경하고 있다'는 암시를 주고 전자제품의 신 모델에 관한 아이디어를 꿈을 꾸듯이 내게 하는 것이다.

⑫ 시넥틱스(Synectics)

W.J.J Gordon을 중심으로 각각 다른 전문분야를 가진 사람들로 구성된 그룹에서 개발된 창조성개발의 기법(창조공학)이라고 한다.

서로 다른 관련이 없는 요소를 결부시킨다는 의미를 가지고 있다. Synectics에서는 창조과정이라는 문제를 설정하고 창조과정은 그것을 해결하는 도중에서의 정신활동이다 라고 생각해서, 그 창조활동에 유효한 심리상태를 만들어 내기 위한 낯익지 않는 것을 낯익은 것으로, 익숙하지 않은 것을 익숙한 것으로 이질순화, 낯익은 것을 익숙하지 않는 것으로 하는 순질 이화를 창조활동 중에 끼워 넣고 있다.

⑬ 초점법(Focused Object Technique)

C. Whiting에 의하여 개발된 방법으로 특정한 것을 연구하려고 할 경우 첫째로 이것을 한쪽의 요소로 하여금 다른 임의 선택요소를 서로 강제적으로 연관시키는 것이다.

이러한 작업은 몇 개의 아이디어의 관련성을 시도할 뿐 아니라 많은 경우에 거기에서 얻어진 또다른 아이디어를 자유연상적으로 더욱 발전시킨다는 절차를 취하게 된다.

이 두개의 단계에 조작에서 유익한 아이디어가 얻어지는 것이다.

예로서 교자(橋子)를 설계하려고 할 때 다른 요소로 전구를 선택했다고 하자. 교자와 전구를 관계지우면 유리의자, 구형의 교자, 전기장치의 교자등과 같은 아이디어가 나오게 된다.

또 이 아이디어의 하나인 "구형의 교자"에서 "구와 형"인 것을 생각하게 된다. 구라는 개념에서 얻은 현상은 구근→꽃→꽃 모양의 설계를 넣은 교자→꽃의 이름→Rose Chair와 같이 발전되어 나아가는 것이고, "형"이라는 개념에서 얻은 연상은 인체에 꼭 맞는 형태의 교자 별(Star)의 Sing이 들어 있는 교자 등과 같은 아이디어가 나오게 된다.

초점법은 강제연상작용을 이용한다는 점에선 입출법(Input-Output Technique)와 같지만, 초점법에서는 최후에 도달해야 할 결론(Out)은 사전에 결정되었으나 출발점(Input)은 임의로 한다는 점이다.

이 방법은 광고선전이나 상담 또는 사람을 설득시키는 기법에 적용된다.

I-6-3. 적극적인 정신자세 : PMA

1) 슬로건

사람의 마음속에는 적극적인 자세(Positive Mental Attitude)와 소극적인 자세(Negative Mental Attitude)가 숨어 있어 자세를 어떻게 갖느냐에 따라 결과가 달라진다는 이론을 주창하여 많은 사람들을 감동시킨 W·클레멘트·스톤은 다음과 같은 '슬로건'을 외치고 있다.

① 나는 행복하다. (I feel happy)

② 나는 건강하다. (I feel healthy)

③ 나는 무섭다. (I feel terrific)

호텔왕으로 알려진 콘라드·힐튼도 다음과 같은 슬로건을 가지고 있었다.

① 당신의 재능을 찾아라.(Find your own particular talent.)

② 크게 되라, 크게 생각하라, 크게 행동하라, 큰 꿈을 가져라. (Be big, think big, act big, dream big.)

③ 정직하라. (Be honest)

④ 열정을 가져라. (Live with enthusiasm)

⑤ 물질의 노예가 되지 마라. (Don't let your possessions possess you.)

⑥ 당신의 문제를 염려하지 마라. (Don't worry about your problem.)

⑦ 과거에 대한 미련을 버려라. (Don't cling to the past.)

⑧ 사람을 멸시하지 말고 존경하라.(Look up to people when you can down to no one.)

⑨ 당신이 살고 있는 세계에 대하여 책임을 느껴라. (Assume your full share of responsibility for the world in which you live.)

⑩ 항상 자신 있게 기도하라. (Pray constantly and confidently.)

2) P=A×D (P : Performance – 실행, 업적 A : Ability – 능력 D : Desire – 의욕)

능력이 없기 때문에 실패하는 사람보다는 일에 대한 의욕이 없기 때문에 실패하는 사람이 훨씬 많기 때문에 의욕은 능력에 우선하는 개념으로 되어 있으며, 역사적으로 보더라도 능력보다는 의욕이 탁월하기 때문에 성공한 사람이 전체 성공자의 90%이상을 차지하고 있다.

3) A-S-K-H의 법칙

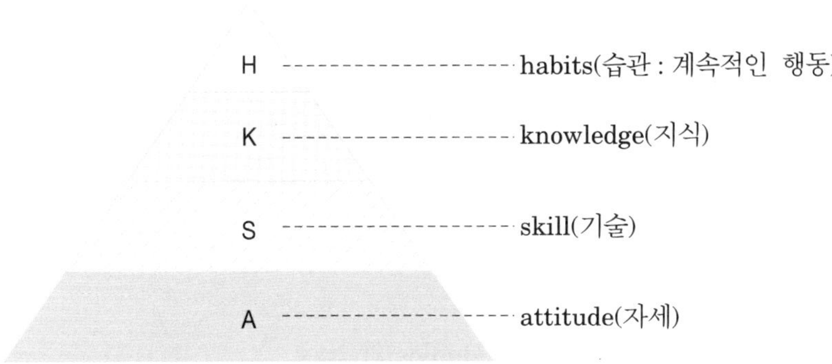

올바른 기술, 올바른 지식, 올바른 행동은 올바른 정신자세 위에서만 가능하다. 즉 정신자세가 비뚤어진 사람에게는 아무리 좋은 기술과 훌륭한 지식을 주입시켜도 소용없으며, 올바른 행동의 기대는 더욱 어렵다.

4) 인간관계 (Human Relations)의 중요성

① 성공(Success), 행복(Happiness)

다른 사람(Other People)

② 성공과 실패의 원인분석

- 카네기 공과대학(CIT)의 보고

10,000명
- 15% : 능력의 부족
- 86% : H.R 실패

- 하버드 대학교
  - 10% : 능력의 부족
  - 90% : H.R 실패

- Dr.A.E. Wiggam

실패자 4,000명 대상 < 10% : 전문적인 지식과 기술의 부족 / 90% : H.R 실패

③ 90% 이상이 인간관계에서 실패하는 이유

- 육체적, 정신적 자기 자신을 자기 스스로 저하평가.
- 남의 앞에 서기를 꺼려한다.
- 수줍어한다.(Shyness)
- 소심하다.(Timidity)
- 불안해한다.(Ill-at-ease)
- 열등감(Inferiority Comples)의 노예
- 자기 자신을 비참하게 생각(Self-pity) → 팔자탄식
- 비평(Criticism)에 대한 공포(남이 나를…?)
- 험담(Gossip)
- 탓(Blame)
- 불평, 불만(Backbiting)
- 자기 능력 의심(Self-doubt)
- 불의·부정과 타협
- 거짓말
- 무사안일
- 미워함(Hate)
- 시기, 질투, 모함
- 협동심 결여, 이기적 등등

5) PMA란?

① 양(+)적인 사고

② 하면 된다, 할 수 있다, 하겠다, 다시해 보겠다, "I can", "I will", "try again"

③ 반병의 포도주-버저드-쇼

A : 반 병밖에 없구나.

B : 야, 아직도 반병이나 남았구나.

④ PMA = RMA(Right Mental Attitude : 올바른 정신자세)

만약 인간이 그가 올바르면 그가 사는 세상 또한 올바르다

⑤ OMA란?

Plus(+)성격을 띤 말들은 다음과 같다.

신념, 정직, 성실, 근면, 투지, 패기, 용기, 관용, 관대, 희망, 기지, 봉사, 친절, 끈기, 노력, 충성, 좋은 상식 등등의 말들로 이루어진 정신자세를 일컬으며, 이러한 정신자세를 바탕으로 행동할 때 그 사람은 적극적인 사람, 올바른 사람이라 부르게 된다.

6) 사고의 전환과 혁신(PMA개발의 중요성)

① 정신적인 동물이기에 인간은 가치가 있다.

- 완전한 동물이나 곤충은 있어도 완전한 인간은 없다. 왜냐하면 동물이나 곤충은 육체적이지만 인간만은 정신적이기 때문이다.

- 인간의 육체 : 160파운드의 원가는?

② 인생 70년 – 활동별로 분석

③ 인간의 모든 행동은 의식이든 무의식이든 간에 반드시 사고(생각)를 거쳐서만이 가능하다.

자고 깨면 닥쳐오는 수많은 여건들은 혹은 우리가 예측했던

것도 있고, 혹은 예측치 못했던 것도 있다.

이러한 여건(환경)에 대처해서 행해지는 우리들의 행동은 평소에 자신이 지니고 있는 정신자세가 어떠냐에 따라 크게 달라지는 것이다.

회사나 회사간부를 어떤 직원은 욕을 하는데 어떤 직원은 칭찬을 한다든가, 한 가망고객을 놓고 어떤 세일즈맨은 절대로 판매할 수 없다고 하는데, 어떤 세일즈맨은 기어이 하고야 말겠다고 하여 어떻게 해서든 되는 방법을 찾으려고 계속적으로 노력하더라는 사실이 그 좋은 예가 될 것이다.

즉 정신자세가 다름에 따라 사고 흐름과 행동이 어떻게 달라지는가를 살펴보면 다음과 같다.

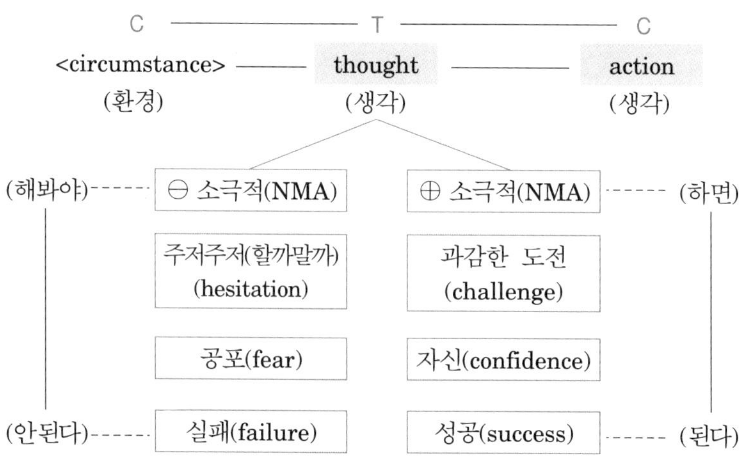

예 : A.B 두 세일즈맨 → Africa

Mr. 김과 Mr. 최

곰보 난쟁이 총각

7) PMA 개발방법

① 뚜렷한 목표를 설정하라.

② 목표를 달성하고자 하는 강렬한 의욕을 가져라.

③ 적극적이고 긍정적인 행동을 하라.

④ "반복의 중요성"을 믿고 실행하라.

⑤ 구체적인 동기부여 요소를 사용하라.

⑥ 평상시의 자기 자신의 자세를 냉철히 파악하라.

⑦ 자기 자신에 대해서 분석가가 되라. 어떤 것이 사물에 대해서 적극적으로 생각하게 하고, 어떤 것이 사물에 대해서 소극적으로 생각하게 하는가?

⑧ 생각할 때마다 노트를 해서 이러한 노트를 연구 조사하라.

⑨ 가능하면 소극적인 사람들과 사귀지 말고, 되도록이면 적극적인 사람과 사귀라.

⑩ 문제를 다룰 때 PMA를 가진 사람은 문제를 어떻게 다룰 것인가를 상상해 보고 그대로 하도록 노력할.

⑪ 하루 24시간 동안에 당신이 당면할 어떤 일에 대해서라도 적극적인 자세로 타개해 나가겠다는 각오로 하루를 출발하라.

⑫ 자신의 일 수행방법을 공식화하라.

단순히 PMA소유자의 이점만 취하고, 행동으로 옮기지 않는다면 PMA는 도움이 되지 못할 것이다.

적극적인 정신자세를 정확하게 밀고 나가라.

명심할 것은 소극적인 정신자세는 공포와 긴장을 창조해서 욕구불만을 초래한다는 점이다.

8) 자기 직업에 대한 긍지

자기직업에 대한 긍지와 자부심이 없는 사람은 자신은 물론, 가족과 동료와 회사를 파멸로 이끄는 원인이 된다.

① 자신의 행복은 다른 사람의 행복보다 작게 보이며, 자신의 불행만이 다른 사람의 불행보다 커 보이는 것이 인간이다. "주어진 여건이 현재로선 최상의 것이라 알고 주어진 일에 최선을 다하라".

② 영국의 연통 청소부

③ 껌팔이 소년

④ 레스토랑 Boy와 사장

Business Leader's Strategy

II

커뮤니케이션 테크닉

Global Business Strategy

Ⅱ 커뮤니케이션 테크닉

인간관계

인간은 삼대(三對)관계를 맺으며 삶을 살아간다고 해도 과언이 아닐 것이다. 즉 대신(對神)관계, 대인(對人)관계, 대물(對物)관계이다. 그 중에서도 제일 중요한 것은 천시(天時)는 불여지리(不如地利)요, 지리는 불여인화(不如人和)라고 하여 하늘이 주는 시간적인 기회는 지리적인 이점만 못하고 지리적인 이점은 인화, 즉 사람들의 화합과 단결만 못하다는 이야기가 있듯이 대인관계가 아닐까 한다. 이 말은 원래 전쟁터에서 난공불락의 요새를 공격할 때, 어떠한 조건이 가장 좋은 것인가 하는 병법(兵法)에 나오는 이야기로서 지리적으로 아무리 유리하고 요건이 잘 갖추어져 있어도 성(城)을 공격하는 데는 사람들의 단결된 힘만 못하다는 맹자의 말씀에서 지적된 것이다.

최근의 실례에서 나타난 것을 들면, 제 2차 세계대전이 끝난 뒤 미국의 심리학자들이 전쟁초기에 연속적인 승리를 거둘 수 있는 원인이 무엇인가를 연구한 일이 있었다. 이때 포로들을 하나하나 심문하면서 연구해 보았더니 독일군들이 결속력이 강하고 사기가 높았던 까닭은 애국심이나 나치즘 같은 신념 때문이 아니라 갈증이나 수면부족 같은 무리와 고통, 긴장 속에서 병사들 간에 싹튼 인간적인 유대관계 때문이었다고 한다.

이와 같이 동서고금에서 강조하고 있는 바와 같이 가정이나 조직의 집단에서 목적을 달성하려고 할 때 구성원들의 인간관계는 그 무엇보다도 중요하다. 개인주의와 이기주의가 판을 치는 세태 속에서 진정으로 타인과의 조화와 신뢰를 바탕으로 한 인간관계 형성이 절실히 요구된다.

Ⅱ-1. 언어

말의 힘

말과 생각은 밀접한 관계를 지니고 있다. 때로는 생각이 말보다 성행하고, 또 때로는 생각하기 전에 말이 먼저 튀어나온다. 말이 인생을 형성하고 있는 것은 명백하다. 가끔 자신이 말한 것이 원인이 되어 사태가 생각지 않은 방향으로 발전하는 일이 있다. 새로운 친구를 사귀게 되거나 프러포즈를 받거나 세일즈에 성공하거나 한다.

그러나 한편 가시 돋친 말은 오랜 우정을 파괴하기도 한다. 조심성 없는 말이나 신용을 배반하는 말은 당신의 상업상의 신용을 떨어지게 하고, 거짓말은 당신을 법정으로 끌어내기도 한다. 당신이 하는 말은 물론 다른 사람의 생각에 영향을 주지만, 그보다도 더욱 중요한 것은 당신 자신의 생각에도 영향을 준다는 사실이다. 그러므로 말을 할 때에는 당신의 생각을 컨트롤하기 위하여 규칙적이고 질서정연한 말을 하지 않으면 안 된다. 말을 컨트롤하는 것은 생각을 컨트롤하는 것보다 간단하다. 어른의 힘을 가지고서도 말을 가려하지 않는 방향을 말을 끌고 가지는 못한다. 그러나 어린이의 힘으로도 말의 입을 통제하는 고삐를 잡으면, 말을 어느 방향으로도 끌고 갈 수가 있는 법이다.

마을 조심해서 사용하는 일은 누구나 어느 정도는 하고 있다. 이 부분적인 컨트롤을 전체에 미치게 하면 되는 것이다. 이것은 그렇게 어려운 일이 아니다. 말을 컨트롤하는 것의 효용을 모르는 가장 큰 이유는 단지 실행해 보려고 생각하지 않았을 뿐인 것이다. 이제부터 꼭 실행하기 바란다.

1-1. 커뮤니케이션

1-1-1. 의사소통의 교류가 목적

일례로 언어가 전혀 통하지 않는 나라에 파견되었다고 하면 당신은 어떤 방법으로 의사를 소통할 것인가?

이때 낯선 상대방의 표정, 몸짓, 신호 등 언어 이외의 커뮤니케이션 수단에 의해서 언어란 본래 이러한 의사소통의 한 수단이었음을 깊이 인식할 필요가 있다. 말은 이해하지 못하면서 상대방의 표정이나 반응을 보고 그 의사의 대강을 알아보는 감수성이 풍부한 사람이 있을 것이다. 말할 것도 없이 언어는 의사를 전달하는데 가장 유효한 방법이다. 언어에 의해서 더욱 깊고 넓게 서로의 의사를 교류할 수 있기 때문이다. 언어에 의해서 우리는 어학을 공부하는 것을 언어나 문법의 전문적인 연구로 잘못 생각하는 경향이 없지 않다. 그것은 수험어학의 폐해인지, 또는 어학 학습법의 문제인지, 아니면 언어란 읽고 쓰기 위한 것이라는 의지가 있기 때문인지 모르겠으나, 언어를 연구하는 것이 목적인 것 같이 착각하고 있는 사람이 있다.

상대방과 의사의 교류가 되었는가 어떤가가 중요한 것이지, 어학을 잘하고 못하고는 제2차적이라는 인식을 가지는 것이 좋을 것이다.

1-1-2. 상황에 따른 의미차이

말은 생물이라고 하듯이 쓰이는 상황에 따라서 의미가 크게 달라진다. 간단히 영어를 예로 들면, 동철동음이의(Firm-회사, 단단한, Rest-휴식, 나머지, Sound-건전한, 音), 동음이의(Check와 Cheque, Fare와 Fair, Mail과 Male), 동철이음(Close-가까운, 닫다, Used-익숙한, 사용하다) 등이 그렇고, 같은 단어도 상황에 따라 다른 뉘앙스를 갖는 것을 흔히 볼 수 있다.

또한 언어를 통해서 의사교류를 하는 경우 주의해야 할 것은 그 언어에는 그 언어를 쓰는 사람의 발상, 사상, 문화체계 등이 다르게 나타난다는 것이다. 그런 점에서 서로의 문화를 학습할 필요가 있는 것이다.

예컨대 '구르는 돌은 이끼가 안 낀다.'는 속담을 영어로도 「A Rolling Stone Gathers No Moss.」로 쓴다. 같은 표현이다. 그러나 의미는 다르다. 동양에서는 이끼는 전통 있는 것을 의미하므로 속담의 뜻도 한 가지를 꾸준히 계속하라는 의미가 있다. 한편, 서양에서는 이끼를 낡은 것을 의미하여 속담의 뜻도 활동하지 않으면 폐인이 된다는 의미가 있다.

이것은 상호간의 문화, 사회에서의 사고방식의 차이를 나타내는 좋은 예이다. 상호간의 문화와 행동양식을 이해하지 못하면 뜻밖의 오해를 살 수 있다.

1-1-3. 문화를 포함한 의사를 이해

우리들이 배우는 어학이라는 것이 의사교류 중에서 어떤 역할을 차지하는지에 대해서 일본의 가네야마(金山宣夫)가 작성한 그림으로 설명할 수 있겠다.

그림의 문법 외 언어란 사전에 없는 관용어나 발음을, 비언어적 문화란 전술한 언어 이외의 커뮤니케이션 수단을, 은재적 문화란 언어를 뒷받침하고 있는 발상법이나 가치관이고, 학습 전 문화란 선천적·유전적으로 부유하고 있는 문화를 말한다.

겉으로 표현되는 말은 이와 같이 속 깊은 내용을 가지고 있다. 어학은 그 일부에 지나지 않으므로 진정한 커뮤니케이션이란 상대방의 문화를 포함한 의사를 이해하는 것을 의미한다.

〈문화적 차이〉

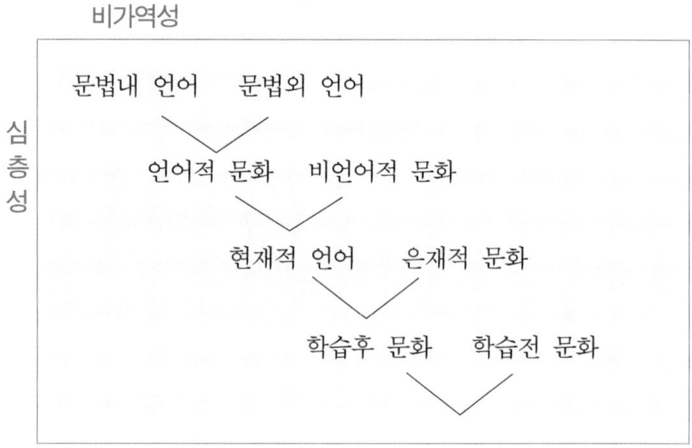

資料 : 金山宣夫「文化の見方·考え方」(産能大學通信教育教材)

1-2. 듣기의 중요성

일반적으로 언어를 배운다는 것은 듣기, 말하기, 읽기, 쓰기를 배우는 것이다.

말은 보통 태어날 때부터 듣기를 통해서 배우는 것이므로, 외국어의 습득은 주로 히어링과 스피킹을 의미한다. 성인이 되어서도 자국어의 읽기, 쓰기를 못하는 사람이 압도적으로 많은 민족이 적지 않다. 그러면서도 일상회화를 충분히 구사할 수 있을 뿐만 아니라 남의 나라의 말도 배우기만 하면 서툴기는 해도 말할 수 있게 된다.

1-2-1. 문법을 생각하지 않는다.

많은 사람이 어학은 읽는 것이 중요하다고 생각한다. 이는 한자를 보는 습관에서 언어란 보는 것, 읽는 것이라는 잠재적 의식이 있고, 학교에서의 외국어교육이 회화에 대한 고려가 전혀 없고, 상급학교 진학시험에 회화테스트가 없는 것이 주된 원인이라고 볼 수 있다.

우리나라는 세계에서 교육수준이 매우 높은 나라에 속한다. 그러나 쓰기라면 근대의 문학서라도 소화할 만큼 고도의 실력자가 많으나 실용회화가 되면 외국의 미취학아동에게도 못 미치는 사람이 있다. 그 어려운 시험을 거쳐 대학을 나왔는데도 그것과는 관계없이 그런 경향이 있다.

그 최대의 문제점은 문법에 맞는 완전한 말을 구사하려는 완벽주의 의식에 있다. 회화를 시작할 때는 우선 이 완벽주의와 '부끄럽다'는 생각을 버려야 한다. 주위를 의식하거나, 교과서에 있는 그런 외국어를 말해야 한다는 의식을 먼저 버려야 한다. 오히려 상대방에게 뜻이 통하는 것만을 생각하고, 주위 사람이 웃는다면 그 사람들은 용기가 없는 사람으로 생각하는 것이 좋다.

이와 같이 부끄럽다는 심리적 억제에서 벗어날 수만 있다면, 다음에는 경험을 많이 쌓으면 된다. 외국인이 가까이 있을 때는 적극적으로 접촉하고, 더듬거리더라도 의사의 교류를 시도하는 것이 무엇보다 중요하다.

그것이 살아있는 말을 배우는 첩경이다.

1-2-2. 소리에 익숙해져야 한다.

일반적으로 듣기를 향상시키려면 먼저 소리에 익숙해져야 한다. 그러자면 자기 수준에 맞는 어학 교재나 테이프를 선택하는 것이 중요하다. 특히 우리말과는 다른 계통의 발음이므로 간단한 단어라도 발음이 잘 안 되는 것이 많다.

영어의 경우, 중학교에서 배우는 단어를 거의 정확하게 듣고 말할 수 있다면 일상회화에서는 어려움이 없다. 그러므로 쉬운 말을 반복해서 리스닝해야 한다.

그 중에서도 우리말에 없는 발음의 연습은 충분한 주의가 필요하다. 일반적으로 문제가 되는 발음으로는 r과 l의 구분, 무성음과 유성음(f와 v, Θ와Ə 등), 비음, 장음과 단음의 구별 등이 있고, 각국의 언어에 따라서 다른 모음, 이중모음 등도 있다.

또 악센트를 어디에 두는가 하는 문제도 우리에게는 친숙하지 못하다. 여하튼 실제로 귀로 듣고 외우는 방법이 가장 실천적이다.

발음을 듣는다는 것은 발음하는 것과 같은 것이므로, 그러한 테이프를 선택해서 들으면서 동시에 실제로 발음해 보아야 한다. 외국어 학습에서는 이 방법 이상은 없다.

테이프로 발음을 배우는 과정에서 입문 또는 초급의 문장도 흘러나올 것이다. 그러나 이때도 의미를 완전히 파악할 필요 없이 음에 익숙해지는데 주안점을 두어야 한다.

귀가 조금 익숙해지면 방송으로 쉽게 들을 수 있는 각종 영어를 듣기를 권한다. 음악, 스포츠도 방송되지만 뉴스 프로는 이해하기 쉽고 정확한 영어를 들을 수 있다. 물론 시사영어를 모르고는 모든 의미를 충분히 이해하지는 못하겠지만 귀에 익힌다는 효과가 크다. 자동차 운전 중에 테이프를 듣는 것도 좋은 방법이다.

1-3. 문장을 쉽게 만들어 보아라.

1-3-1. 먼저 발성을 해 보라.

다음에는 상대방과 의사를 교류할 수 있는 문장이나 회화는 어떻게 하면 가능한가를 알아보자. 상대방의 질문을 이해할 수 만 있다면 처음에는 더듬거려도 상관없다. 일상의 회화라면 'Yes', 'No'를 명확히 대답하거나 상대방의 질문에 대해 주어나 술어를 생략하고 요점이 되는 명사만을 발성해도 의미는 통한다.

회화를 할 때 중요한 것은 쉬운 말로 응답하도록 한다는 것이다. 그런 기본문형을 외워 놓는 것이 좋다. 중학교 2학년 정도에 나오는 문형을 할 수 있다면 충분하다. 보통문과 의문문의 어순, 기본적인 동사, 의문사, 조동사, 시제 정도를 쓸 수 있으면 되기 때문이다.

1-3-2. 어순을 배워라.

첫째, 보통어의 경우 통상은 주어, 술어의 순이다.

둘째, 긍정문인가, 부정문인가가 문장의 시작부터 분명하다는 것이다. 이 'Yes', 'No'를 분명히 하는 어법은 거의 세계적인 경향이라 할 수 있다.

셋째, 주어를 분명히 한다는 것이다. '누가 무엇을 한다.'와 같이 행위의 주체자(주어)가 통상, 반드시 문장의 맨 처음에 나타난다. 우리나라 말의 경우 이야기의 흐름으로 보아서 당연히 알 수 있다고 보고 생략할 수 있는 것도 서양의 언어에서는 주어를 확실히 한다.

넷째, 한글의 경우 조사 등을 써서(주로 명사의 뒤에 붙는다.) 다른 단어와의 관계를 나타내거나 문장으로서의 의미를 나타내는데 대하여 구미어에서는 일반적으로 단어의 배열(어순)에 의하여 의미를 알게 된다.

예컨대 영어에서는 주어, 술어, 목적어, 보어 등의 배치순서에 따라서 일정한 의미를 구성한다. 또 의문문에서는 일정한 룰에 따른 어순이 있다.

1-3-3. 동사의 용법에 익숙해져라.

다음의 과제는 기본적인 동사의 용법에 익숙해지는 것이다 학교에서 공부한 사람들은 흔히 어려운 동사를 쓰려고 하지만 상대방이 보통의 사람이라면 확실하게 발언하지 않으면 통하지 않을 때가 많다. 이는 피하는 것이 좋다. 오히려 기초동사에 명사를 붙이는 방법으로 문장을 만드는 것이 상대방이 이해하기 쉽다.

기초동사란 영어에서 보면 Be, Have, Do, Make, Get, Take, Put, Give, Keep, Let, Go, Come 등이 그것이다. 특히 앞의 6개는 여러 가지 경우에 쓰인다. 이 6가지 동사를 충분히 구사할 수만 있어도 통상의 회화가 가능할 정도이다.

1-3-4. 시제를 명확하게 하여라.

세 번째 과제는 서양 언어에서 문제가 되는 시제(Tense)이다. 어려운 관사의 변화 같은 것은 신경을 쓰지 않아도 일상 회화는 충분히 가능하지만, 시제는 그렇지 않다.

특히 그 행위, 현상이 현재(습관)의 일인가, 과거의 것인가 또는 미래에 관한 것인가에 대하여 명확해야 한다.

회화에서 이러한 기본적 사항을 마스터한다면 그 다음의 진전은 매우 빠르다. 학교에서 배운 어학이 되살아나서 도움이 될 것이기 때문이다.

1-4. 서양식 발상

외국어를 열심히 배우다 보면 그 나라 사람들의 발상법, 사고방식, 가치관을 배우게 되고, 나아가서 자신도 그 사람들과 같은 사고방식으로 사물을 보고 생각하게 된다. 앞에서 설명한 바와 같이 외국어를 할 때는 주어, 술어, 목적어를 분명히 하면서 이야기해야 한다는 것을 끊임없이 의식해야 한다. 자기와 타인, 주체와 객체, 행위자와 대상을 분명히 구분하지 않으면 문장이 구성되지 않기 때문이다.

1-4-1. 논리적 표현

외국에서는 일반적으로 논리적인 전개가 최선의 회화로 생각되고 있다. 그래야만 회화의 내용이 쌍방이 공통으로 이해하고 깊이 추구할 수 있다고 생각한다. 상대방의 상황을 고려한 정서적 표현을 그 사람들은 무엇을 말하는 것인지 이해하지 못한다.

1-4-2. 발상의 절대주의와 상대주의

발상의 차이가 뚜렷한 것으로서, 절대적 발상과 상대적 발상이 있다. 전자가 서양식 사고라 한다면 후자는 동양식 사고에 가깝다 하겠다. 서양인들은 사물을 이원적으로 구별해서 절대적으로 상반하는 요소로 보고 비교·검토하는 사고방식에 익숙하다. 나와 남, 남자와 여자, 주체와 객체, 단수와 복수 등과 같이 이원적 구별의 사고방식은 언어 가운데서도 많이 나오지만, 그뿐 아니라 On, Off적 사고방식이 도처에서 나온다. 예컨대 합리적은 것은 어디까지나 선이고, 비합리적인 것은 어디까지나 악이다 라는 생각도 그런 것에 속한다. 이런 경향은 특히 미국인에게서 더 두드러진다.

반면에 동양에서는 본래 칼로 베는 듯한 생각은 적다. 모든 사물은 2가지 요소가 함께 있는 것이고 정도의 차이에 불과하다고 본다. 말하자면 상대주의인 것이다. 뿐만 아니라 2가지 요소는 상황에 따라서 바뀔 수도 있다고 본다. 예를 들면, '악인도 선인이 될 수 있다' '화도 복이 될 수 있고, 복도 화가 될 수 있다' 이런 생각은 아마 동양인의 음양지도(陰陽之道)에서 유래하는지 모른다.

같은 말이라도 서양인이 생각하는 개념과 동양인이 생각하는 개념에는 차이가 있다. 서양인들에 있어서는 절대불변의 보편적인 것인데 대하여 동양인에 있어서는 상대적·가변적·개별적인 것으로 받아들이게 된다.

1-5. 논리적인 전개

서양인과 비즈니스를 하는 경우에는 그들의 변론술을 이해하지 않으면 안 된다. 그리스도교에 의하면 '태초에 말씀이 있었으니…' 라고 하였다.

인간이 신으로부터 받은 최대의 은총이 말이라고 신자들은 생각한다. 그러므로 말을 열심히 하는 것이야말로 신에게 보답하는 것이고 자기의 존재를 확인하는 것이 된다. 이런 배경 하에서 웅변은 좋은 것으로 생각되고, 변론술이 발전되어 왔다. 미국에서는 토의법이 고등학교의 필수과목이 되어 있을 정도이다.

1-5-1. 단도직입으로

서양인의 토의법의 특징은 첫째로 문제에 대하여 단도직입적으로 파고든다는 것이다. 우리 같이 상대방의 의중을 알기 위해서 간접적으로, 아니면 멀리 돌아서 주위에서부터 탐색하면서 어떤 계기를 찾는 것과는 대조적이다. 초대면의 사람일지라도 용건이 있으면, 특히 비즈니스를 위한 대화라면 다짜고짜 용건을 꺼낸다. 그 안건에 대하여 자기의 주장은 이러이러한 데 상대방의 의견은 어떤 것이오 하고 질문해 온다.

'잘 부탁합니다.'와 같은 인사는 상대방의 호의를 소망하는 비굴한 태도로 받아들일 수 있으므로 주의해야 한다. 당당하게 의논할 수 있어야 제대로 인정을 받는다.

1-5-2. 논리적으로

둘째는 논리적으로 의논을 전개한다는 것이다. 그들이 즐겨 쓰는 삼단논법, 즉 A=B(대전제), C=A(소전제), 고로 C=B(결론)이다, 라는 논법을 강력히 주장한다. 일단 어떤 사상을 한 개념에 포함시켜 버리면 다음은 논리의 일관성을 추구하는 논법이다. 이는 법률적 해석에 유사한 경제적 합리성의 추구와도 같다.

그러나 형식만의 삼단논법으로 의논을 고집하는 경우도 있다. 본래 삼단논법은 그림 같이 ABC 모두를 성립하지 않는 것이다. 그럼에도 개념을 음미하지 않고 형식만으로 밀고 나오는 경우가 있으므로 주의해야 한다.

〈 삼단논법의 정오 〉

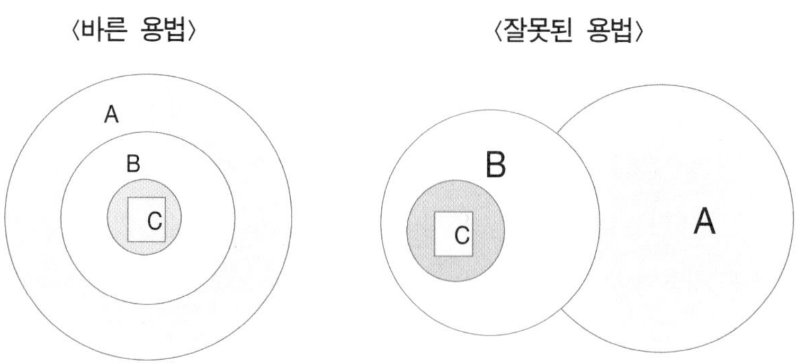

1-5-3. 예리한 추구

셋째로 서양인들은 이쪽 주장에 논지의 일관성이 없거나 개념규정에 애매한 점을 발견하면 예리하게 추궁해 온다. '왜(Why)'는 그들이 대단히 좋아하는 말이다. 우리들로서는 그렇게 까지 따질 것도 아닌데 꼬치꼬치 캐고 든다. 설령 문제에 중요성이 없어도 그렇다. 더구나 그 'Why'에 대답하지 못하면 전체 주장이 잘못된 것으로 받아들이는 경우가 적지 않다.

변론을 마치 게임으로서 승부를 겨루고 있는 것 같은 감이 들 정도이다.

1-6. 전문용어의 학습

일반적으로 비즈니스리더가 영화, 연극 등의 예술적인 언어나 또는 농담을 즉각 이해한다는 것은 쉽지 않다. 그러나 같은 전문 분야의 베테랑끼리라면 서로 상대방의 언어를 잘 모르더라도 어느 정도의 의사전달은 가능하다. 특히 기술자라 불리는 사람들 사이에 이런 예를 자주 본다.

1-6-1. 자연과학계의 이점

자연과학계의 과학자는 외국인과 의사교류를 할 때 이점이 있다. 첫째, 전문용어가 외국어인 경우가 많기 때문이다. 특히 연구개발이나 생산기술에 관계하는 사람들은 새로운 기술을 배우기 위해서 서적이나 문헌을 찾는 경우 상당한 수준의 외국어를 모르고서는 전문지식의 확대가 불가능할 정도로 적어도 전문용어에 관한 한 평소부터 외국어와 친숙해져 있다.

둘째, 설계도면, 원방서의 표시는 대체로 세계적인 표준에 따라서 이루어지므로 말이 그다지 통하지 않아도 도면이나 원방서는 알 수 있다.

셋째, 계산방법 또는 산식에는 만국공통의 것이 많다. 내용이 분명하지 않을 때에는 말을 하지 않아도 물리의 산식이나 화학방정식을 써 보이면 상대방이 납득한다. 장황한 말의 설명이 필요 없다.

넷째, 즉물적으로, 직접 대상을 접촉하거나 분해하여 구성분석을 검토하는 것도 가능하다. 또 갖가지 검사나 실험도 가능하다.

이와 같이 자연과학계의 사람들 사이의 전문분야에 관한 의사의 교류는 말이 서툴러도 충분히 가능하다. 말보다는 오히려 전문지식과 경험의 깊이가 더 문제이다. 전문지식과 경험의 수준이 다르다면 의의 있는 교류가 안 될 것이기 때문이다.

1-6-2. 사회과학계의 전문용어

사회과학계에서도 위와 비슷한 이점은 있다. 경영, 경리, 컴퓨터 등에는 외국어가 도입되어, 그 표현(아웃 풋)과 절차가 국제적으로 유사하다. 또 계산방법도 서로 이해할 수 있게 되어 있다.

그러나 사회과학 분야, 특히 인사, 노무, 영업 등 분야는 아직도 서로 이해하기 어려운 점이 많이 있다.

더욱 어려운 문제는 동일한 언어를 쓴다고 해도 그 말에 대한 해석이 다르거나 아예 발상부터가 다를 때가 많기 때문이다. 그러므로 지레짐작해서 오해하지 않도록 해야 할 것이다.

여하튼 비즈니스리더는 전문분야에 대한 조예가 깊고 그것을 통해서 외국어를 배우고 국제적 교류를 도모한다면 대단히 뜻있는 일이다. 물론 일반적인 회화가 능숙하다면 더할 나위 없지만, 외국인과의 교류를 깊이 오래 지식시키는 것은 전문적 지식과 경험의 깊이라는 것을 명심하기 바란다.

1-7. 말씨

상대방을 분석할 수 알라. 영리한 사람의 분석력은 신중한 사람의 자제력과 맞먹는다. 낯선 사람을 분석하려면 고도의 머리가 필요하다. 다른 사람들의 심성과 성품을 아는 것은 인생에서 가장 중요한 일이다. 소리를 들어보면 그 쇠의 성분을 알 수 있듯이 말을 들어보면 그 사람됨을 알 수 있다. 말은 사람의 올바른 정도를 나타내지만 그보다 그의 행동을 나타내는 표적이 된다.

그래서 말할 때 자신을 조심하라. 특히 경쟁자들과 함께 일을 때는 경계하기 위해 다른 사란들과 있을 때는 자신의 위신을 지키기 위해서 조심해야 한다. 이미 쏟은 말을 돌이킬 시간은 없다. 말할 때는 유언을 하듯 말을 하라. 말수가 적을수록 다툴 일도 적다. 비밀스런 것은 항상 신(神)의 체취 같은 신비로움을 지니고 있다. 말할 때 경솔한 자는 결국 승복당하고 만다.(발타자르 그라시아)

우리가 사용하는 말에도 그 사람의 습관에 의한 기호가 묻어나기 마련이다. 어떤 이는 문장과 문장을 연결하는 접속사 대신에 “저기...”를 말 앞에 붙이는 사람이 있는가 하면, “있잖아..”를 빼면 문장이 시작되지 않는 사람도 있다.

그렇다면 가장 많이 사용하는 말은 무엇일까? 셋 이상이 만나면 다른 사람을 안주삼아 밤새는 줄 모르는 사람이라면, 대부분 험담이나 부정적인 용어를 많이 말할 것이다. 자식 자랑이 유일한 낙인 사람이라면 자기 아이 자랑거리에 침 넘길 시간도 놓칠 것이고 시어머니 흉보느라 밥 타는 줄도 모르는 사람은 없는지 모르겠다.

말도 습관이다. 부정적인 말을 자주 하다 보면, 사고도 그렇게 변하고, 생활철학도 부정적으로 된다. 남 허물만 논하는 사람은 매사에 누군가를 도마에 올려놓기 마련이다. 그러기에 하루 중에 가장 많이 사용하는 말이 무엇인가 생각해 볼 필요가 있다. 말은 형체가 없고 무게를 느낄 수 없는 것이지만, 마음의 표현수단이며 사랑의 전달매체이다. 인간에게 주어진 매우 값진 보석 중에 하나이다.

궁극적으로 말은 사람의 인품이며, 사사이라고 할 수 있다. "한 마디 말로 천냥 빚을 갚는다"라는 속담같이 말로써 성공의 열쇠를 쥐는 사람도 있는가 하면, 말로써 자신의 무덤을 파는 사람도 있다.

이렇게 말이란 쓰이는 곳에 따라 약이 될 수도 이지만 독이 될 수도 있는 것이다. 인간의 생활에 있어서 말은 이와 같이 중요하므로 자기의 의사와 생각을 표현할 때, 자신의 말이 상대방이나 주위사람들에게 어떠한 영향을 미칠 것인가를 항상 염두에 두어야 할 것이다.

사람은 배우고 노력함으로써 교양을 높이고 자신의 인격을 풍부하게 할 수가 있지만, 모처럼 풍부하게 된 식경도 이것을 표현하는 수단인 말을 잘 사용하지 못하면 오해를 받거나 자신의 식견을 떨어뜨리는 것을 명심해야 한다.

1-7-1. 호감을 갖게 되는 말씨

호감을 받을 수 있게 말하는 요령은 언제나 상대방의 입장에 서서 그를 존중한다는 자세에서 시작된다. 그래서 아무리 서로 다른 의견을 가졌다 하더라도 서로의 공통점을 찾아내려고 노력하면 서로 화합할 수 있는 대화를 유지해 나갈 수 있다.

① 교양 있는 대화

같은 말이라도 기분좋게 받아들일 수 있는 언어를 쓸 줄 아는 사람이 있다. 그러나 원래의 뜻은 아니지만 어딘가 모르게 뒷맛이 나쁜 여운을 남기는 말을 하는 사람이 있다. 그래서 쓰고 있는 말씨에 따라 인품이나 교양이 반영된다는 사실에 항상 유의하여야 한다.

② 요령 있는 대화

말은 사실대로 이야기하는 것이 원칙이다. 그러나 상황에 따라서는 약간 미화하여 이야기하는 것이 듣기도 좋고 예의에 어긋하지 않는 경우가 있다는 사실도 알아야 한다. 지식을 과장시킨 외국어나 전문용어를 지나치게 구사하는 것도 상대방의 처지를 생각하지 않는 요령 없는 자기만의 만족에 지나지 않는다.

③ 재치 있는 대화

상황에 따른 적절하고 재치가 있는 말은 직장생활이 활력소가 될 수 있다. 감정을 순화시킬 수 있는 청량제의 역할을 하여주기 때문이다.

④ 상황에 맞는 대화

말하는 사람은 적극적인 태도를 취하되 듣는 사람에게 이롭지 못한 내용은 피한다. 또한 상대반의 반응을 보고 흥미가 없어 보이는 이야기는 오래하면 바람직스럽지 못한다. 항상 상황에 알맞은 화제의 선택을 신중히 고려하여야 한다.

1-7-2 경어

1) 경어의 사용

우리말에 있어서 경어의 사용법은 매우 어려운 것이며 중요시되고 있다. 경어가 사용되는 경우는 시대, 지역, 남녀별, 성장환경에 따라 여러 가지이다. 경어의 사용에는 일반적으로 정해진 기준이 있으므로 그것에 따르지 않는 사용법은 듣기에 매우 거북하고 상대방을 모욕하는 결과가 되기도 한다.

일반적으로 경어를 사용해야 할 사람에게는 당연하지만, 또한 친한 관계가 아닌 경우가 격식을 차릴 경우에 사용된다. 경어를 사용할 경우에는 자기보다 상급자, 사회적 지위가 높은 사람, 은혜를 베풀어 준 사람 등 언제나 듣는 사람과 말하는 사람과의 인간관계에서 구별되어 사용된다. 즉, 상하관계, 친분관계 등 사회적 · 심리적 거리감에 따라 경어의 사용은 달라져야 한다.

2) 경어의 종류

사회활동을 하면서 대내외적으로 많은 사람을 접촉하게 될 때 경어의 사용에 대한 올바른 지식과 마음자세가 항상 요구된다. 그러므로 일상생활을 통하여 항상 습관화시키고 상대방과 상황에 따라 자연스럽게 나오도록 유의하여야 한다.

(1) 존경어

존경어는 말하는 상대, 즉 듣는 사람이나 또는 화제 중에 등장하는 인물에 대한 경의를 나타내는 말로서, 그 사람의 소지품이나 행동에 대해서 사용한다.

- ○○○선생님, ○○씨
- ○○님
- ○○여사
- 귀하, 귀사
- 어느 분
- "사장님께서 가십니다."
- "훌륭하신 말씀입니다."

(2) 겸양어

겸양어는 말하는 사람의 입장을 낮추고 상대방이나 화제에 등장하는 사람에게 경의를 나타내는 말이다.

- 우리들
- 저희들, 저희
- 소생(小生)
- 여쭙다, 뵙다, 드리다.
- 전화드리겠습니다. 찾아뵙겠습니다.

(3) 공손어

공손어는 상대방에게 공손한 마음을 표현할 때, 또는 말하는 사람의 자기품위를 위하여 쓰는 경우를 말한다.

- 보고드립니다.
- 말씀해 주십시오.
- 안녕하십니까?

1-7-3 음성

1) 음성이미지

이상적인 목소리는 맑고, 부드럽고, 거침이 없고, 통과 음량도 좋고, 속도도 다양하다. 좋은 음성은 낮고 차분하면서도 음악적인 선율이 있는데, 전문가들에 의하면 음성이 좋은 사람들의 70~80%는 타고나는 경우이며, 20~30%는 발성연습을 통한 노력의 결과라고 한다. 연습과 훈련의 힘은 좋은 음성을 갖추는 데에 있어서 중요한 것이다.

2) 효과적인 음성의 사용요령

① 자세를 바로한다.

- 가슴을 올리고 배를 집어넣는다.
- 서 있는 자세에서는 두 발에 체중을 균등하게 분배한다.
- 앉은 자세에서는 두 발을 벌리고 절대로 꼬지 않는다.

② 다양하게 사용한다.

- 내용과 상황에 따라서 음성을 다양하게 사용한다.

③ 생동감있게 한다.

- 목소리를 항상 젊고 생동감 있는 이미지를 투사할 수 있게 한다.

• 활기있게 이야기하는 습관을 지닌다.

④ 음성을 낮춘다.

• 남을 매혹시키고 확신을 주거나 설득하려고 할 때, 또는 따듯한 목소리의 이미지를 주려면 항상 목소리를 낮게 낼 수 있는 연습을 한다.

⑤ 콧소리와 날카로운 소리를 없앤다.

• 콧소리 : 턱과 혀를 느슨하게 하고 목과 입을 열어서 소리가 입으로 나오도록 하는 것이다.
• 날카로운 소리 : 자세를 바로 하여 주고, 말 한마디 마다 아래의 두 갈비뼈와 배꼽선으로 된 삼각부분으로부터 여분의 힘을 받아 소리를 내도록 한다.

⑥ 음성을 잘 관리한다.

• 충분한 휴식으로 피로를 푼다.
• 목기침, 너무 많이 웃는 것을 피한다.
• 레몬즙이 든 따뜻한 차를 마신다.

1-7-4 말을 할 때

1) 말하는 목적

• 상대방을 즐겁게 해준다.
• 상대방을 설득하게 한다.
• 상대방에게 인지토록 해준다.
• 말을 통하여 인상을 남긴다.
• 상대방으로 하여금 행동을 일으키게 한다.

2)기본자세

- 눈
  - 듣는 사람을 정면으로 보고 경청하라.
  - 상대방의 눈을 부드럽게 주시하라.
- 몸
  - 표정은 밝게, 눈과 표정으로 말하라.
  - 자세는 등을 펴고 똑바른 자세를 취하라
  - 동작은 제스츄어를 사용하라.
- 입
  - 어조에 있어서 입을 똑바로, 정확한 발음을 하고, 자연스럽게, 상냥하게 대하라.
  - 말씨는 알기 쉽게, 친절한 말씨, 경어를 사용하라.
  - 목소리 : 빛깔은 한 톤 올려서, 적당한 속도, 맑은 목소리로 하며, 크기를 적당하게 하라.
- 마음
  - 성의와 선의를 가지고 하라.

3)말에는 테크닉이 필요한다.

- 상대가 누구인지, 무엇을 위해 말을 하려고 하는 것인지 확실히 알고 말을 해야 한다.
- 이해하기 쉽고, 상냥한 어조로 말을 해야 한다.
- 듣는 이의 입장을 중요시해야 한다.
- 듣는 이에 대한 감사의 마음을 표현하면서 해야 한다.

4) 호감을 느낄 수 있는 말

- 변화가 없고 신선미가 결여된 화제(話題)는 피한다.
- 소문이야기나 험담을 하지 않는다.
- 자기 이야기만 하는 일방적 행위를 금한다.
- 끊임없이 이야기하지 않는다.
- 전문용어, 외래어를 남발하지 않는다.
- 너무 낮거나 높은 음질, 음량을 사용하지 않는다.
- 좋지 못한 말버릇을 삼간다.
- 과장된 몸짓을 피한다.

5) 말할 때의 주의사항

- 탁구경기라고 생각하라.
- 품위 있게 말하라.
- 혼자만 이야기하지 말라.
- 자연스럽게 이야기하라.
- 상황에 맞는 적절한 표현을 사용하라.
- 입만으로 이야기하지 말라.
- 노래하듯이 가다듬어 이야기하라.
- 여유를 가지고 이야기하라.
- 장사꾼처럼 이야기하지 말라.
- 상대의 기분을 좋게 만들어라.

1-7-5 들을 때

1) 듣기의 기본자세

- 눈
  - 상대를 정면으로 보고 경청하라.
  - 시선을 자주 마주치면서 들어라.
- 몸
  - 정면을 향해 조금 앞으로 내밀 듯이 앉는다.
  - 손이나 다리를 꼬지 않고 앉는다.
  - 끄덕끄덕하거나 메모하는 적극적 경청태도를 취하라.
- 입
  - 맞장구를 치면서 들어라.
  - 질문을 섞어가면서 모르면 물어보라.
  - 복창해 주어라.
- 마음
  - 흥미와 성의를 가지고 들어라.
  - 말하고자 하는 의도가 느껴질 때까지 인내하여라.
  - 상대의 마음을 편하게 해주어라.

2) 상대방을 무시하는 경청법

- 건성으로 듣고 대답이 없다.
- 눈을 쳐다보지 않고 무관심할 때.
- 팔짱을 끼고 듣거나 손장난을 한다.
- 말을 중간에 끊는다.
- 말끝이나 실언을 트집 잡고 늘어진다.

- 말참견을 한다.

1-7-6 세일즈맨의 화법(예)

1)화법의 기본요소

- 내용 : 요점을 순서를 정하여 빼놓지 않고 말한다.
- 말씨 : 침착하고 자연스러운 말씨로 말한다.
- 음성 : 듣기 쉬운 자연스러운 음성으로 필요한 모든 사람이 들을 수 있도록 말한다.
- 태도 : 습관적인 버릇이 붙지 않은 태도로 남 앞에서 주저함이 없이 말한다.

2) 효과적인 화법

- 구체적으로(6하원칙에 입각) 설명한다.
- 실례를 잘 들어서 비교를 해 가면서 말한다. 비교는 상대방의 경험에 호소하는 것이 효과적이다.
- 신빙성 있는 숫자와 통계 등의 자료를 이용한다.
- 증명을 해서 말한다(왜냐하면, 때문에, 그런고로).
- 쉬운 말을 골라서 천천히 말하며, 적절히 Pause를 두어서 끊어진 말을 하여야 한다. 빠르게 말하면 경솔하고 침착하지 못해 보인다.
- 진실을 말한다. 상대방이 귀를 돌릴 경우 나의 이야기가 진실하지 못하기 때문이다.

3) 대화시 피해야 할 사항

- 경쟁사를 비방하지 말라.

- 회사나 해당인의 약점을 화제로 삼지 말라.
- 어려운 전문용어나 외래어 사용은 가급적 삼가라.
- 자기 자랑을 하지 말라.
- 정치나 종교에 관한 화제는 함가라.
- 타인의 스캔들을 화제에 올리지 마라.
- 과장된 표현의 화법을 쓰지 마라.
- 고객에게 가르치는 것 같은 태도는 버려라.
- 고객과 논쟁을 벌려서는 안 된다.
- 말하는 입장에서 자기주장만 늘어놓지 말라(항상 듣는 입장이 되라).
- 회사나 개인의 기본사항을 언급하지 말라.

4) 대화시 공간관리법

- 이성의 공간
  - 서로 정면으로 마주 보고 상대하는 공간이다.
  - 정면으로 마주 보므로 상대의 결정 등을 잘 알 수 있어서 본능적으로 긴장한다.
  - 이 공간을 활용하는 것으로써 초대면의 인사, 명함교환, 금전 수수 등이 있다.
- 정의 공간
  - 서로 정시하지 않고 약간 오른쪽이나 약간 왼쪽 또는 옆으로 나란히 한 상태의 공간이다.
  - 상대의 전부가 보이는 것이 아니어서 보이지 않는 부분에 대한 타협성이 생기기 쉽다.
  - 이 공간을 활용하는 것에는 판매 상담할 때, 계약 체결시, 클레임 처리를 할 때, 등이 있다.

- 공포의 공간
  - 자기의 시계에 들어오지 않는 뒷면공간이다.
  - 흔히 이 공간은 활용하지 않는다.
- 신비의 공간
  - 자기 머리위의 공간을 말한다.
  - 이것도 세일즈에서는 거의 활용하지 않는다.

Ⅱ-2. 효과적인 미팅

2-1. 회의에 대한 사고방식

미팅

상사로서 당신은 미팅들을 주관하게 될 것이다. 미팅을 효과적으로 만들어라. 미팅의 목적에 앞서서 해결하고 당신의 목적을 만날 것을 확신하게 하라.

기초적으로 미팅은 오직 4개의 목적을 가지고 있다.

① 팀을 창조하고 도화선을 장치해라.

② 정보를 강조하라.

③ 결정을 하기 위한 브레인스토밍 아이디어를 찾아라.

④ 결정을 하기 위한 정보를 모아라.

몇몇의 미팅들은 아마도 하나 혹은 더 많은 것들을 커버할 것이다. 그러나 당신은 당신의 목표한 것들을 알고 추가해야 한다. 만약 당신의 미팅이 정보를 강조한다면 그렇게 하고 좋지 않은 것을 버려라.

만약 이 토론이 당신이 원하는 정보에 관한 것이라면 그럼 그것은 다른 타입의 미팅이고 다른 목표를 가진 것 일 것이다. 4개 중 하나만 있으면 완벽하지 않다는 뜻이다.

몇몇의 미팅들은 당신의 팀을 서로 만나게 하고 묶고 사회적으로 만들고 서로를 찾고 팀 리더로서의 당신의 진실한 역할을 찾게 도와준다는 것을 알아라.

만약 당신이 당신의 미팅들이 효과적이기를 원한다면 전부 관리하에 있도록 관리하라. 여기에 우유부단한 민주주의는 없다. 당신이 상사이고 담당이다.

효과적이기 위해서 당신은 어떤 산만함, 조용히 있기를 거부하는 것 혹은 휴식을 취하는 것을 허락해서는 안 된다. 그들을 계속 따르고 움직이게 하고 당신이 할 수 있는 한 빨리 문밖으로 내보내라.

당신은 절대로 다른 비즈니스를 하지 말아라. 만약 그게 중요하다면 예정표에 올려놓고 중요치 않다면 그곳에 있어서는 안 된다.

'어떤 다른 비즈니스'는 남을 속이게 한다. 절대 허락하지 말라.

미팅들은 하루의 시작에 개최하지 말고 끝에 해라. 모든 이들이 집으로 떠나기를 원하기 때문에 미팅을 짧게 지켜준다. 하루의 시작의 미팅은 모든 이들이 이야기 할 시간과 본론에서 벗어날 시간이 있다. 물론 만약 이것이 유대를 맺는 미팅이라면 하루의 시작에 개최해도 좋다.

얼마나 많은 미팅들이 매일 일대일로 열릴 수 있는지 보아라.

미팅을 제시간에 시작해라. 절대 어떤 이를 위해 기다리지 말라. 절대 늦은 이를 위해 문제들을 되돌려 설명하지 말라. 만약 그들이 중대한 것을 놓쳤다면 그들은 다른 이들에게서 알 수 없고 후에 다음 미팅에서는 제 시간에 올 것이다.

유용한 팁 - 절대 미팅시간을 정확한 시간으로 정하지 말라. 3 : 10이 3시보다 낫다. 당신은 사람들이 언제나 더 늦지 않는 것을 찾게 될 것이다. 만약 당신이 이 이상한 시간을 이용한다면 3 : 35분을 시도해 보아라. 만약 당신이 매우 괴상하다면 말이다.

'미팅을 제시간에 시작해라. 절대 아무도 기다려주지 말라.'

당신은 시간을 정확하게 지키도록 결심하여라. 그들이 그렇게 하도록 하고 당신의 만족을 확실히 해라. 당신은 이것에 대하여 유세부리거나 공격적이 될 필요는 없다. 단지 단호하고 친절하고 완전히 관리하라.

모든 예정표의 끝에 행동계획을 세워라. 행동계획 없이는 그냥 잡담이다. 혹은 결심이거나, 만약 미팅이 너무 커진다면 여섯 명 이상 그들을 위원으로 세분화하고 당신의 위원에게서 리포트를 받아라.

그리고 모든 것 중에서 가장·중요한 것-당신의 마음속에 이것 하나를 새겨라-모든 미팅들은 모두 정확한 목적이 있어야 한다. 하루의 끝에 미팅에서는 당신은 반드시 목적을 만났는지 안만났는지를 이야기하여야 한다. 그리고 모든 미팅들을 불편한 의자에게 개최해라. 혹은 서서하게 되면 미팅의 스피드를 높여주게 될 것이다.

회의란 여러 사람이 모여서 토의하는 것을 말한다. 그러나 의의, 목적, 내용, 방법, 효과 면에서는 나라에 따라서 차이가 있다.

가장 대조적인 예로서 일본식 회의와 서구식 회의의 다른 점을 간단히 살펴보고자 한다.

2-1-1. 일본식 회의

일본의 회의는 당사자가 모여서 서로 간의 신뢰관계를 형성, 확립, 확인하는 것을 중요시한다. 회의에 제출되는 의제는 그것이 중요하면 중요할수록, 충분한 사전준비가 있다. 즉 회의에 제출되는 의제 및 그것의 해결책을 사무국에서 미리 충분히 다듬어야 하고 또한 사전에 참가할 사람들에게 설명해서 합의 또는 양해를 얻어 놓아야 한다. 이 절차를 무시하면 그것만으로도 회의가 성공하지 못할 가능성이 충분하다.

그 준비기간에 수정, 합의가 되어 있어야 한다. 만일 회의석상에서 참가자 중의 누군가가 반대하거나 보류하자는 의견이라도 나온다면 그 의안은 다시 사무국으로 반려되는 것이 보통이다. 가장 이상적인 회의는 미리 합의한 의제를 회의를 통해서 전원의 적극적 찬성을 공식적으로 확인하고, 권위 있는 사람으로 하여금 참석자의 사기를 도와주는 연설을 곁들이는 것으로 생각한다.

물론, 때로는 담당자 간에 심한 의견대립이나 격론이 벌어지는 회의도 있다. 그러나 그 문제를 반드시 해결해야 하는 것이라면 오히려 끝까지 파고드는 그런 방법은 취하지 않는다. 그것은 상호 신뢰를 해치는 것으로서 환영 받지 못한다. 결국 회의는 휴회(정회) 또 연기하고 누군가의 중개로 밀실이나 시간외에 따로 기회를 마들어서 실질적인 합의를 본 다음 다시 회의를 하게 된다.

2-1-2. 서양인의 회의

서양인의 회의는 전혀 다르다. 문제를 당사자끼리 모임 그 자리에서 철저히 토의해서 서로 자기의 아이디어나 주장을 개진하는 것이 보다 나은 합의와 해결을 가져온다고 믿고 있다. 대상으로 하는 의제를 중심으로 토의가 이루어지고 상대방의 기분을 고려하지 않고 더욱 활발한 의논이 있어야 훌륭한 회의로 생각한다.

〈 비즈니스 미팅의 비교 〉

구 분	일본식	서양식
목적	• 신뢰성의 확립(계속거래관계 형성)	• 과제의 토의(문제해결, 성과기대)
참가자	• 폐쇄적(속마음을 아는 사람) • 관계자 다수	• 개방적(초대면도 가능) • 당사자 소수
방법	• 정서적 소구	• 구성적 발상 • 논리적 전개
효과	• 당사자의 의향타진이나 결정사항의 확인	• 합의에 대한 절대적 효과

더구나 서양에서는 각자의 직무범위가 명확하고 그 범위 내에서 자기 권리와 책임으로 일을 처리하기 때문에 회의에 제기되는 문제가 각자의 이해와 관련되는 경우가 많다. 그러나 각자의 입장에서 이해가 대립하는 것은 당연한 것이고 그것을 서로 충분히 진술하는 가운데 타협을 도모하려고 한다. 따라서 서양에서는 자기를 주장할 수 있는 사람이 평가를 받는다.

2-2. 회의의 사전준비

서양에서는 회의가 실질적으로 활발한 토의의 장이 될 수 있도록 준비가 필요하다. 이 준비는 사무국의 직무이고 책임이다. 중요한 점을 열거하면 다음과 같다.

2-2-1. 안내는 일찌감치 한다.

회의개최의 안내이다. 특히 중요한 점은 참가자와 일시의 결정이다. 회의는 실질적인 해결 또는 합의를 이루는 것이 목적이므로 토의할 의제에 대한 권한과 책임이 있는 사람들(한정된 소수의 사람들이라도)의 참가는 불가결하다. 대리인으로서는 충분하지 못할 경우가 많다. 일정의 조정도 쉽지 않지만 날짜를 잡아 연락해야 한다. 또 토의할 의제와 문제점 정도는 연락해 두지 않으면 안 된다.

2-2-2. 자료의 준비

회의를 위한 자료준비이다. 해결해야 할 문제점을 회의에서 토의하여 해결책을 찾아야 하므로 토의될 문제에 필요하다고 생각되는 데이터를 수집, 선별·편집하고 의제의 내용설명, 문제점, 선택적인 대안을 첨부해서 참가자에게 배부하여야 한다. 중요한 회의에서는 자료만으로도 한권의 책이 될 분량이기도 한다. 그뿐 아니라 슬라이드, 파워포인트, 비디오카메라, 필름 등을 이용한 설명회(Presen-tation)를 준비하는 경우도 적지 않다.

시안에 따라서는 많은 시간과 경비를 들여 전문의 광고대리점을 이용할 때도 있다. 단시간의 효과적인 회의가 되도록 하려는 노력이다. 혹시, 회의에서 중요한 데이터가 준비되지 않은 관계로 주요한 결정을 할 수 없는 일이라도 생기면 사무국은 문책을 당한다.

2-2-3. 회의실의 준비

회의실의 준비이다. 참가자가 차분히 토의할 수 있도록 통일과 조화가 있는 색채를 비롯해서 안정된 분위기의 회의실이 되도록 한다. 이는 긴장을 풀고, 활발하고 예리한 토론을 중화하는 효과를 갖는다. 물론 국제회의 등에서는 마이크로폰, 이어폰이 각자의 자리에 준비된다. 휴게시간(Coffee Break)을 위해서 일정 수준 이상의 회의에서는 커피 서비스코너가 설치되는 것이 보통이다.

2-2-4. 통역의 문제

국제회의시에 통역의 문제이다. 그 회의에 적절한 통역을 선정하는 데 있어 가장 중요한 것이 언어 이외의 능력의 문제이다. 통역자는 발언하는 사람의 생활과 문화에 대한 경험과 지식이 있어야 한다. 더구나 의견이 상반되는 참가자 양편의 그것이 균형이 잡혀 있어야 한다. 어느 한쪽의 문화에 기울어져 있다면 통역의 내용이 일방적일 수 있고 오해를 사는 원인이 되기 때문이다.

통역 선정의 두 번째 문제는 회의내용과 관련한 전문용어를 효과적으로 사용할 수 있느냐 하는 것이다. 특히 전문가들의 회의인 때는 통역도 어느 정도의 전문지식이 있어야 하며 전문용어를 구사할 수 있어야 한기 때문이다. 그렇지 않으면 종잡을 수 없는 통역이 되어 빈축을 사게 된다. 여하튼 중요 회의에서는 권위 있는 기관으로부터 통역자를 소개받도록 하여야 한다.

2-3. 회의의 효과적 운영방법

회의를 단시간에 효과적으로 운영해서 일정한 결론을 이끌어 내려면 나름대로의 운영방법을 고려해야 한다. 회의진행에 중요한 역할을 하는 사람은 의장(Chairman)과 서기(Secretary)이다.

2-3-1. 의장의 권한

의안에 대한 찬반 논의를 활발히 하게 하고, 그런 가운데 하나의 컨센서스(Consensus)를 이루어내기 위한 의장의 책임은 중대하다. 의논의 흐름이나 진행방향을 보면서 중요한 포인트에서는 더 깊이 의견을 구하는 등, 의논의 가치판단을 하면서, 그때그때 적절하게 소정의 의사를 진행할 수 있는 능력이 필요하다.

이와 같이 의장은 의사운영에 책임을 가지므로 권한이 크다. 일반적으로 참가자는 손을 들거나 시그널 버튼(Signal Button)을 눌러서 발언을 신청하고 의장의 허가를 얻어야 비로소 발언할 수 있다. 의장은 의사(Gavel)를 가지고 개회, 폐회, 의사진행에 쓴다.

2-3-2. 의사록을 반드시 본다.

서기도 회의에서는 중요한 존재이다. 서기는 미리 정해져 있을 수도 있고 그 자리에서 정할 수도 있지만, 여하튼 회의의 내용은 서기가 기록하여 의사록(Minutes)을 작성한다. 의사록에는 회의의 결정사항, 의견유보자와 그의 의견, 후일에 취할 조치와 그 담당자 등을 기록한다.

참가자는 이 의사록에 의해 구속되는 것이므로 작성된 의사록을 반드시 보고, 이의가 있을 때는 정정을 신청하거나 문서로 이의를 제기할 필요가 있다.

2-3-3. 참가자의 책무

회의에 참가하는 사람의 가장 중요한 책무는 자기의 주장을 충분히 발표하고, 회의에 공헌하는 일이다. 구미에서는 회의 시 발언을 하지 않고 가만히 앉아 있는 사람을 '회의에 도움이 안 되는 사람'으로서 무시하거나, 경멸할 정도이다. 하물며 회의에서 졸기라도 하는 사람은 대단히 실례를 범하는 것이므로 초대면의 사람과 회의할 때는 주의해야 한다.

의장은 '의견이 없습니까?' '반대의견 없습니까?' 할 때도 있지만 '○○씨의 의견은 어떻습니까?'와 같은 친절함을 나타내지 않는다.

토의는 철저히 한다. 참가자가 납득하지 못하면 철저히 자기주장을 펴고 납득이 안 되는 점을 추궁한다. 의논하는 내용이 그다지 중요하지 않다거나, 우선도가 낮다거나, 시간이 없다거나 하는 것은 문제가 안 된다. 이러한 조정할 수 있는 사람은 의장뿐이다.

다른 참가자가 '그 정도로 해 둡시다.' 라는 말이라도 한다면 '그런 개인간섭 말아요.' 라는 핀잔을 들을 뿐이다.

어쨌든 활발한 토의가 이루어지고 대다수의 합의를 얻어서 일정한 결론을 얻어 내는 회의를 가장 훌륭한 회의로 생각한다.

물론 회의의 결론은 반드시 합의로 정해지는 것은 아니다. 의장의 알선에 의한 타협도 있고 다수결에 의한 채택도 있다. 결의사항에 반대한다면 그 뜻을 회의에서 분명히 주장하고, 동시에 반대 또는 유보의 의견을 의사록에 기록할 필요가 있다. 이는 나중에 문제가 생겼을 때 중요한 증거가 될 뿐만 아니라 구미와 같은 개인주의의 사회에서는 납득이 되지 않으면서 자기의 진심에 반해서 합의할 필요는 전연 없기 때문이다.

2-4. 토의의 발상에서 보는 특징

토의에 참가하는 구미 사람들의 특징은 논리적 전개와 구성적 발상이다. 아마도 그 근원은 구미의 개인주의사상에 기한 자기주장의 긴 역사에서 비롯된다고 본다.

2-4-1. 논리적 전개

서양에서는 철저히 의논할수록 좋은 토의로 생각하고, 논쟁을 마치 게임으로 즐기는 풍조마저 있다. 그러나 이 논쟁은 어디까지나 의제 그 자체에 대해서 이루어지기 때문에 '어제의 적이 오늘의 친구'가 되어도 조금도 이상하지 않다. 테마에 따라서 찬반이 있는 것은 당연한 것으로, 그것이 참가자들의 우호관계 손상을 주기는커녕 활발한 논쟁을 할 수 있는 사람이야말로 믿음직하고 머리가 좋은 능력자로 평가한다.

논리의 진행은 좋다·나쁘다, 유리·불리 등 이원적인 사고에 따라서 삼단논법적으로 추구한다.

2-4-2. 구성적 발상과 위상적 발상

가네야마 노리오(金山宣夫)는 토의의 진행방법에 대하여 서양식 발상을 구성적이라 하고 일본식 발상을 위상적인 것으로 설명하고 있다.

토의의 과정에서 미국 등에서는 문제를 해결하기 위해서 차례차례 새로운 제안을 하거나 새로운 아이디어를 만들어 내는 일이 중요하다고 생각한다. 그러나 일본에서는 상대방의 태도를 보고 상황을 판단하면서 상대방의 제안에 대해서만 좋고 나쁘고를 토의하며 자기가 먼저 새로운 제안을 하는 경우는 적다고 한다. 일본의 이러한 토의방법은 집단주의를 지향하고 공동체내 조화를 중요시하는 문화 속에서 살아 온 영향이라 한다. 서로의 신뢰관계를 더 중요시하고 그것을 해치지 않는 범위 내에서 자기의 주장을 받아들여 주기를 바라는 정서적 소구에 더 비중을 두는 것이 일본식이라 한다.

Ⅱ-3. 교섭의 기술

3-1. 글로벌한 교섭력은?

기업을 위한 훌륭한 외교관이란?

나는 당신이 당신의 회사를 위한 외교관이 되기 위해 'kiss butts'가 필요하지 않기를 바란다. 그러나 당신은 반드시 외교관이 되어야 한다. 회사는 당신을 때때로 미치게 한다. 그리고 다른 곳에서 당신은 끝이 보이지 않도록 행복하게 만들기도 한다. 모든 회사들이 좋은 점들과 나쁜 점들을 가지고 있다는 것을 받아들여라. 좋은 점들에 집중하고 그들이 좋은 감각을 가지고 비즈니스에서 가장 좋은 상사들 중의 한 사람을 고용하고 있는 것에 엄청난 자부심을 가져라.

당신이 어디에 가서건 무엇을 하건 당신의 회사에 대해 목소리를 높여라 이것은 당신의 본사로 되돌아 올 것이고 당신을 더욱 더 자랑스럽게 만들어 줄 것이다.

만약 당신이 불평을 받는다면 받아들여라. 그 사람에게 당신이 검사하겠다고 말해라. 이것은 당신의 본사로 되돌아 올 것이고 당신을 더욱 더 자랑스럽게 만들어 줄 것이다.

만약 당신이 불편을 받는다면 받아들여라. 그 사람에게 당신이 검사하겠다고 말해라. 그리고 그들에게 돌아와라.-그리고 검사해라.

외교관이 되겠다는 것은 당신의 회사가 당신에게 이점을 다시 선사하는지 - 그리고 당신이 그들을 위해 일하는 것이 얼마나 행복한지 질문을 가지게 될 것이다. 만약 이것이 좋고 당신이 이미 자랑스러워한다면 - 그러나 만약 당신이 의심을 갖는다면, 이것을 지속하기 전에 당신은 약간의 마음을 찾을 필요가 있을런지도 모른다. -

당신의 속 안에서 더 중요하게 쓰일지도 모른다. 그것에서 바뀌는 것이다.

그냥 당신이 손님들을 위해 여분의 마일을 더 가는 것처럼, 당신의 회사를 위해 여분의 마일을 가는 방법들을 찾아라. 이것은 당신이 Yes-person이나 Llackery나 Doormat가 되어야 한다는 것을 뜻하지 않는다. 당신은 강하고, 자랑스럽고, 독자적이고, 반항심을 갖고 있으면서 계속 당신의 회사를 위해 외교관이 될 수 있다.

3-1-1. 교섭력은 비즈니스리더의 자격요건

교섭이란 상대하는 두 사람 또는 2개조가 공통의 목적이나 문제에 대해서 토의하여 쌍방이 만족하는 합의점을 찾아내는 것을 말한다. 이는 일상생활을 비롯해서 거래, 정치, 경제 등 모든 분야에서 이루어지고 있다. 특히 이해가 대립되는 분야에서, 쌍방의 이해를 무력(강제)이 아닌 대화를 통하여 합의에 이르는 과정을 말하고, 그러한 해결능력을 교섭력이라 한다. 이것은 흔히 말하는 '정치력이 있다'는 표현의 '정치력'과 공통된 점이 있다고 본다.

교섭이나 교섭력은 국내에서도 물론 필요하지만 특히 글로벌비즈니스에서 문제가 된다. 국내의 비즈니스에서는 내국인끼리 신뢰, 장기적인 거래의 유지, 상부상조의논이 작용하기도 한다.

그러나 글로벌비즈니스 사회에서는 이해가 대립하는 거래, 계약은 모두 교섭(Negotiation)을 통해서 이루어지며 논쟁 또는 홍정으로 이루어진다.

아랍국가에서 겪는 홍정이 그 전형이다. 그들에게는 교섭도 하나의 게임이고 논쟁이므로 교섭력이나 교섭기술이 없다면 대등한 비즈니스의 당사자가 될 수 없다. 교섭력과 교섭기술은 영업사원이든, 경영자이든 외부와 교섭할 필요가 있는 모든 사람에게 불가결의 조건이다.

교섭력이란?

'힘'이란 목적을 달성하는 능력을 말한다. 튼튼한 신체, 무력, 높은 직위 - 이것들은 흔히 힘과 똑같은 의미로 해석되어 왔다.

일반적으로 미국의 힘은 강력하다고 한다. 그것은 병력으로 다른 나라의 군대를 압도하고 장비도 충실하며 전투 능력이 우수하기 때문이다. 또한 미국의 대통령은 거대한 힘을 장악하고 있다고 한다. 세계 최강국의 리더라는 지위에 있기 때문이다. 종종 「세계에서 가장 힘 있는 인간」이라고 불리는 것도 이 때문이다.

그런데 교섭에서는(국가간의 교섭은 다르지만) 신체의 힘이나 무력은 별로 관계가 없다. 더구나 교섭자가 높은 지위에 있는 인간이어서 그 점이 교섭에 상당한 영향을 미치는 경우는 그다지 많지 않다.

그런데 「힘」이 목적을 달성하는 능력을 말하는 것이라면 교섭을 하는 경우에 목적을 달성하기 위해서 어떤 힘을 써야 하는가? 답은 단 하나 - 상대방을 움직이는 일이다. 교섭이란 두 사람 혹은 그 이상의 인간들이 서로 부딪히는 일이다. 이 부딪힘 속에서 상대방을 움직일 수 있으냐 없느냐가 교섭에 있어서의 힘의 자질을 결정하게 된다.

교섭에 있어서의 힘이란 무엇인가 - 그것도 교섭자가 자신의 목적을 달성하여 바람직한 방향으로 교섭의 상대방을 움직여 가는 능력에 지나지 않는다. 키포인트는 상대방을 '움직이는 일' 더구나 '자신의 목적을 달성하는 데 바람직한 방향으로' 움직여 가는 일이다. 움직이려고 하면 상대방은 반드시 그에 대해서 반응을 나타낸다.

그 반응이 당신에게 불리한 것이라면 교섭은 깨지고 말 것이다. 어디까지나 이쪽의 목적에 따른 반응을 끌어내는 것이 중요하다.

한편 '교섭'은 '마음의 비즈니스'라고 한다.

수년 전, 교섭에 관한 한 세미나에서 나온 한 사람의 발언자가 교섭을 하는 마당의 환경에 대해서 이야기한 적이 있다. 그의 의견에 의하면 교섭이란 어떤 경우에나 깨끗이 소제가 되고 정리정돈된 방에서 진행되지 않으면 안 된다는 것이다. 예를 들면 벽에 걸린 그림이 조금이라도 비뚤어져서는 안 된다. 교섭의 상대방이 너절한 방이나 똑바로 걸려 있지 않은 그림에 정신이 팔려서 이쪽의 이야기에 집중할 수 없게 된다는 것이 그 이유이다.

심리학적으로 말하면, 인간은 습관적인 동작 이외에는 같은 시각 하나의 동작에만 집중한다. 그러므로 진지한 설명의 도중에 상대방의 비뚤어진 그림에 정신이 팔린다면 교섭자에게는 불리한 상황이 되는 것이다. 그러나 상대방이 결벽증의 완전주의자로서 모든 것이 정연히 정돈되어 있지 않으면 충분히 능력을 발휘할 수 없는 사람이라면 - 벽의 그림이 비뚤어지고 서류나 책이 난잡하게 흩어져 있는 재떨이에는 담배 꽁초가 수북이 쌓이고.... 이런 분위기속에서 그 상대방의 집중력이 혼란되어 평소의 능력을 발휘할 수 없다고 한다면 당신으로서는 이만큼 좋은 찬스가 있을까?

이와 같은 경우, '비뚤어진 그림'은 상대방의 집중력을 분산시켜 여느 때라면 발휘되는 능력까지도 약화시켜 버리고 교섭상 하나의 테크닉 같은 역할을 하고 있다.

모처럼 활용한 테크닉이 교섭자에게 불리한 작용을 하게 되어서는 어떠한 교섭도 눈 깜짝할 사이에 더구나 확실하게 실패하고 만다.

그러나 만약 상대방이 평소의 수완을 구사할 수 없을 만큼 '비뚤어진 그림'이 영향을 미쳤다고 한다면 이것은 교섭자 승리이다. 교섭의 첫머리에 양자가 똑같은 능력을 지니고 있을 경우, 상대방이 그 능력을 읽게 되면 말할 것도 없이 교섭자 자신이 능력을 증진시켜 상대방에 대해서 우위를 유지하게 되기 때문이다.

교섭이란 델리킷한 비즈니스이다. 따지고 보면 결국 그것은 마음의 싸움이다. 한창 치열한 싸움을 하고 있을 때 앞을 내다보고, 그러면서도 유효한 결단을 재빨리 내리기 위해서 아무리 사소한 것이라 할지라도 교섭의 결과에 영향을 미치는 결정타가 되는 것이다. 이젠 이해하게 되었으리라고 생각한다. 교섭의 있어서의 힘이란 양날의 검과 것이다. 그것은 미묘한 밸런스위에 이루어져 있는 힘이다. 그러므로 상대방을 겨누어 칠 때에는 실수하여 자기 자신까지도 상처를 입거나 하지 않도록 신중하면서도 만전을 기울여 다루지 않으면 안 된다.

3-1-2. 상대방의 교섭기술을 알아야 한다.

비즈니스리더의 중요한 자격조건이 교섭력인 이상 외교적 임무를 담당하는 모든 사람이 그 능력을 충분히 지니고 있다고 생각하는 것이 옳다. 물론 그 교섭력은 나라나 지역에 따라 차이가 있을 것이므로 국제비즈니스에서는 교섭하는 상대방의 교섭기술을 알 필요가 있다.

미국인은 이원론적으로 딱 잘라서 단순화하는 경향, 러시아인은 느긋하게 흥정하는 경향, 중국인은 세월없이 시간을 끌면서 값을 깎으려는 경향이 있다.

여하튼 국제적 교섭을 하는 경우에는 상대방의 행동양식과 사고

방법, 또한 동작, 표정, 태도 등 표현형식에 이르기까지 상대국의 교섭기술을 아는 것이 교섭을 하는 데 대단히 중요하다.

같은 'No'라는 대답도 나라에 따라서 그 범위가 넓기도 하고 좁기도 하므로 그것을 이해하는 것이 교섭을 진전시키는 데 관건이 된다. 나아가서 그러한 표현활동의 배경이 되고 있는 그 나라 사람들의 발상법, 가치관, 역사와 문화를 학습하는 것도 본격적인 중요한 교섭을 위해서는 반드시 필요하다.

3-2. 교섭의 준비태세

교섭이 어떤 목적이 있는 상대방과의 논쟁이라고 한다면 전략적 사고가 필요하다. 상대방이 나오는 태도에 맡긴다고 하는 소위 위상적 사고의 '무책의 책', '싸우지 않고 이긴다'와 같은 태도는 국내에서는 통용될지 모르지만, 글로벌비즈니스 사회에서 그런 태도는 결국 이니시어티브를 넘겨주는 것이 된다.

역시 교섭에 있어서는 미리 일정한 준비를 갖추는 것이 자기가 기대하는 결과를 얻는 길과 통한다. 그러면 구체적으로 어떤 준비가 필요한지 주된 것을 열거해 본다.

3-2-1. 교섭의 구상

교섭의 구상, 즉 목표를 분명히 하는 일이다. 교섭에서 이쪽이 획득하고자 하는 최종목표는 무엇인가, 그러자면 어느 정도의 희생을 각오하는가, 그로써 얻는 효과와 다음의 발전성은 어떤가와 같은 기본적 구상을 말한다. 이것이 신념이 될 만큼 확고할수록 교섭에 대한 열의도 강해질 것이다.

3-2-2. 정보의 수집

정보의 수집이다. 교섭에는 면밀한 준비가 필요하다. 그 중에서 가장 중요한 것이 정확하고 풍부한 정보를 얻는 일이다. 결정한 목표에 관계되는 정확한 데이터를 가급적 많이 수집해서, 목표에 적합한 통일적 기준에 따라서 분류·정리하는 것이 중요하다. 도움이 된다고 생각되는 데이터에 대한 재조사나 꼭 필요한 데이터의 집요한 추구는 참으로 유효한 정보를 얻기 위해서 반드시 필요하다. 정보력의 차가 후일의 교섭력의 차로 나타난다고 해도 과언이 아니다.

3-2-3. 전략의 입안과 결정

전략의 입안과 결정이다. 목표를 달성하기 위해서는 어떤 교섭방법이 있는지 널리 검토하여 몇 가지 선택 안을 작성한 후 비교·수정을 거듭해서 끝으로 결정해야 한다. 이 전략에서는 교섭에서 기대되는 성과와 반대급부의 예상, 교섭상대의 범위, 교섭의 내용과 한계 등이 결정된다.

3-2-4. 교섭자의 결정

교섭자를 결정하는 문제이다. 교섭의 성공 여부가 교섭자의 능력에 달려 있는 경우가 많다. 교섭자로서 자격의 하나는 비즈니스에서 원하는 목표와 전략을 충분히 이해하고 납득하고 있어야 한다는 것이다.

기본을 충분히 납득하고 있는 일이 교섭의 과정에서 실 수 없는 판단을 내릴 수 있는 힘이 되기 때문이다.

자격의 두 번째는 수집한 정보를 이해하고 자기 나름대로 정리된 정보체계를 구축하는 능력이 있어야 한다.

교섭이 중요하면 중요할수록 정보력이 힘을 발휘한다. 그러므로 그 정보를 필요할 때 활용할 수 있는 훈련과 준비가 필요하다.

세 번째는 자질의 문제이다.

교섭에 요청되는 일반적인 조건에 대하여는 뒤에 설명하겠지만, 자질 면에서 보면 사람들에게 호감을 주고 거부감을 주지 않는 밝은 성격의 소유자일 것과, 얼굴에는 나타내지 않지만 감수성이 강한 사람, 당당하게 자기주장이 가능한 사람이 가장 바람직한 타입이라 할 수 있다.

3-2-5. 교섭의 조직화

교섭의 조직화 문제이다. 교섭이 단독으로 이루어질 때는 기업 내에서의 조건문제는 있지만 조직화의 문제는 없다. 그러나 팀으로 교섭에 임할 때는 팀 내에서 충분한 커뮤니케이션이 있어야 한다. 교섭의 전술에 관하여도 검토가 있어야 하고, 교섭을 철저히 세워야 하는 것은 당연하다. 또한 팀 멤버끼리 역할을 분담해서 각자가 달성할 성과와 반대급부, 토의내용과 한계 등 개인별 전술도 검토하여야 한다.

3-3. 교섭에 필요한 기술

교섭을 전개해서 일정한 목적을 달성하려면 몇 가지 필요한 테크닉이 있다. 차례로 설명해 보면 다음과 같다.

3-3-1. 교섭의 전술

교섭이 일종의 논쟁이고, 상대방을 설득해서 이쪽 주장을 인정하도록 함으로써 목적을 달성하는 것이라 한다면 전술이 필요하다. '침묵은 금' 이니 '겸손의 미덕'은 글로벌비즈니스사회에서는 통하지 않는다. 앞으로의 해외진출을 위해서는 전술의 연구는 반드시 필요하다.

정공법으로서 정확한 정보에 기해서 사전에 상대방을 분석하고, 논리적으로 자기를 주장해서 상대방이 따라오게 하는 방법(논리법)이 있다. 상대방에게 따른다는 것은 곧 지는 것을 의미하므로 쉬운 일이 아니다. 그러므로 서로 논쟁능력이 백중한 경우에는 특별한 기술이 필요하게 된다. 전 절에서 설명한 구성적인 전개로 이니시어티브를 장악하는 것도 한 방법이다.

외교의 장에서는 여러 가지 전술이 있다. 허세·허풍(Bluff), 으름장(Threat), 끼워 팔기(Package : 유리한 것과 불리한 것을 포괄해서 해결하려는 전술), 바가지 씌우기(Bazzar), 가려먹기(유리한 것만 받아들인다), 반으로 나누기(이득半, 양보半) 등은 자주 쓰이는 전술이다.

엄포(몸가짐이나 태도로 위압한다), 제스처(책상을 치는 등), 호통 등도 자주 쓰이는 기술이다. 계획적으로 상대방을 함정에 빠뜨리는 모략이나 정보를 탐색해서 상대방의 약점을 잡고 자기에게 유리하도록 약점파악법 등도 있으나, 계속적 거래의 경우 상대방의 신뢰를 잃게 되므로 주의해야 한다.

또 일정한 거래재료를 미리 준비해 두었다가 새로운 잉어를 낚는 방법도 글로벌비즈니스에서는 흔히 쓰인다.

위의 것들은 교섭의 전술로서 쓰이는 방법이지만, 교섭의 과정에서 필요한 능력으로서 다음과 같은 것들이 있다.

3-3-2. 판단력

열심히 토론을 하다보면, 지금 어떤 상황에 있는지 모르게 되기도 하고, 테마가 목표에서 벗어나는 경우도 있다. 또는 주도권을 상대방에게 빼앗기고 자기 목적에 합당한지 어떤지 모르게 될 때도 있다.

이러한 상황을 항상 바르게 파악하기 위해서는 감정에 흐르지 않고, 냉정하게 의논의 진행을 알 수 있어야 한다. 그렇지 않으면 의외의 실패나 손해를 당하므로 주의해야 한다.

토의가 일방적 이니시어티브로 진행된다고 하더라도 일방적인 의견의 강요는 불가능하다. 상호간의 타협과 합의에 의해서 성립한다. 따라서 이쪽에서 준비한 제안이 그대로 받아들여진다는 보장은 없다. 논의하는 과정에서 수정도 필요하다.

교류에서는 이러한 때 기민한 판단력이 매우 필요하다. 어디까지나 목표와 전략을 잊지 않고, 그 범위 내에서 타협이 되겠는가 어떤가를 기민하게 판단해야 한다. 이 말은 최종의 회의에서도 해당

된다. 어느 정도까지가 서로 타협할 수 있는 한계선인가에 대한 판단이 서야 한다. 그에 따라서 전략목적이 일단 달성되었는지 어떤지를 판단하게 된다.

3-3-3. 인내력

국제적인 교섭에서는 특히 인내력이 필요하다. 서로간의 의사가 소통되지 않을 때도 있고, 다 된 일에서 시일이 지체되기도 한다. 또는 그다지 중요하지도 않은 것을 좀체 납득하지 않을 때도 있다. 더구나 발상이나 사고방식의 차이에서 감정을 격하게 하는 발언을 할 때도 있다.

이런 경우, 어디까지나 의제의 진전에 집중할 일이지 감정을 노출하는 일은 엄중히 삼가는 인내가 필요하다. 그렇지 않으면 애써서 다 성공한 교섭이 허사가 될 수 있다. 그러나 인내라고 해서 '침묵이 금'인 것은 아니며 토의에는 적극적으로 발언하는 것이 중요하다는 것은 거듭 강조한 바와 같다.

3-4. 유대인식 교섭술

야베 마사아키(矢部正秋)는 '유대식 교섭술'이라는 저서에서, 국제적인 교섭에 대단히 유용한 테크닉을 다음과 같이 열거하고 있다.

3-4-1. 일반적인 교섭술

① 정보를 사랑한다.

② 대국적인 생각을 갖는다.

③ 소프트한 교섭을 우선한다.

④ 정신이 맑아야 한다.

⑤ 농담을 적절히 활용한다.

3-4-2. 핸디캡이 있을 때의 교섭방법

① 관련되는 정보를 가급적 많이 입수할 것

② 좋은 교섭 분위기를 만든다.

③ 교섭은 조금씩 전개한다.

④ 때로는 모험도 필요하다.

유대인이 국제적 교섭에서 주목받는 이유는 무엇일까. 말할 것도 없이 유대인은 2,000년 동안을 나라 없는 유랑민으로서 세계 도처에 흩어져 살아 왔다. 국가도 무력도 없이 남의 나라에서 살아남기 위해 필사적으로 노력하는 가운데, 그들은 다른 민족에게서 볼 수 없는 몇 가지 무기를 갖게 되었다. 즉 ① 강한 인내력, ② 칠전팔기 해내고야 말겠다는 집념, ③ 자기에 대한 절대적인 신뢰, 곧 자신감, 천부적(?)인 장사꾼 기질 등이 그것들이다. 이 중에서 장사꾼 기질은 중세 유럽에서 그들에게 허락된 분야가 장사밖에 없었다. 유일무이한 생활의 수단인 장사를 수천 년 동안 하는 가운데 터득한 것이 유대식 교섭술이다. 유대식 교섭술이야말로 그들 생활의 수단이고 생존의 무기였다. 그들의 발상은 현실주의적이고 균형이 잡힌 합리주의에 바탕을 두고 있다. 결과로 그들은 세계적으로 유명한 상인을 많이 배출하였다. 이제 우리의 기업도 힘에 의해서가 아니라 교섭에 의해서 해외에 진출하려면 유대식 교섭술은 많은 참고가 될 것이다.

II-4 의사소통 훈련기법

의사소통에 따른 기법을 익히는 것은 인간관계를 개선시키는데 필수적인 요소들이다.

여기에서는 여러 가지 기법가운데 5가지의 기법을 소개하고자 한다.

① 관심을 기울인다.

② 의사를 확인한다.

③ 지각을 확인한다.

④ 자신의 느낌을 보고한다.

⑤ 피드백을 주고받는다.

4-1. 관심을 기울인다.

우리에게 말하고 있는 상대방에게 전적으로 관심을 기울여 주는 것은 그 사람과의 좋은 관계를 발달시키는데 매우 중요하다. 우리는 신체적으로 우리 앞에 앉아 있으나 우리가 말하고자 하는 내용에 대하여 전혀 관심을 보여주지 않기 때문에 그 사람과는 사적(私的)으로 의미 있는 대화를 더 이상 나누고 싶지 않는 경험을 한 일이 있을 것이다. 이런 경우 우리는 존엄성을 가진 한 인격체로서 보다는 한갓 물건으로 취급당하는 기분을 느끼게 된다.

상대방과 대화를 할 때나, 기타 상호작용을 할 때 시계를 보거나, 주변 사물에 시선을 집중시키거나 딴 생각을 하는 것과 같은 여러 가지 행동들은 그에게 관심을 기울이지 않는 행동이다. 사람이란 민감한 존재여서 이와 같은 여러 가지 대수롭지 않은 것 같이 보이는 언동(言動)까지도 감지하게 된다. 그 결과 그는 자신이 그 상대방에게 받아들여지지 못하고 있다거나 인정을 받지 못하고 있는 것처럼 느끼게 된다. 이런 경우 그 사람과의 좋은 관계 형성은 매우 어렵게 되는 것이다. 반면 관심기울이기 행동은 상대방으로 하여금 가치 있는 존재로 받아들여지고 있고, 존경받고 있으며 이해되고 있다는 느낌을 갖게 한다. 신체적 및 심리적으로 상대방에게 주의를 집중하므로 우리는 그에게 관심을 갖고 있다는 사실을 전달하게 되는 것이다. 효과적인 관심기울이기 행동을 통하여 우리는 상대방으로 하여금 보다 안전하고 평안한 느낌을 가지고 대화를 할 수 있도록 도울 수 있으며, 그와 더불어 쉽사리 친밀한 관계를 형성할 수 있게 된다.

관심기울이기 행동은 대략 다음과 같은 것을 내포한다.

① 좋은 자세

몸의 위치, 움직임, 표정 등이 관심도를 전달하기 때문에 우리들이 타인과 관계할 때 신체적으로 이완되고 평안하고 자연스러운 자세를 취하는 것이 대단히 중요하다.

② 온화한 시선의 접촉

상대방에게 부드러운 시선의 접촉을 유지함으로써 우리의 관심을 그에게 전달할 수 있다. 그렇다고 시종(始終) 상대방을 뚫어지게 응시하는 것은 오히려 그로 하여금 위협을 느끼게 하거나 기분 상하게 하는 결과를 초래할 것이다. 온화한 시선을 줌으로써 그의 언동에 주의를 기울이고 있으며, 그가 전달하고자 하는 의사의 내용을 경청하고 있다는 사실을 상대방에게 알릴 수 있다.

③ 상냥한 얼굴표정과 음색

유쾌한 얼굴표정, 격려적인 미소, 그리고 수용적(受容的)이고 친절한 음조는 상대방에 대한 우리들의 진정한 관심과 흥미를 전달하게 한다.

④ 즉각적인 언어 및 비언어적 반응

상대방이 전달하고자 하는 의사를 이해하려고 애쓰고 있다는 사실을 나타내는 언어 및 비언어적 반응들을 상대방의 언동 직후에 해주도록 하라.

다음으로 시범에 앞서서는 다음과 같은 지시를 해 놓는다.

"이제 훈련된 시범자들이 관심기울이기 행동들과 관심을 기울이지 않는 행동들에 대하여 시범을 보이겠다. 주의하여 관찰한 후 이들 중 어느 것이 관심기울이기 행동이며 어느 것이 아닌가를 식별해 보기 바란다. 시범자들의 어떤 행동이 관심기울이기에 적합한 행동으로 판정되었다면 이에 대한 이유를 구체적인 행동용어로 설명할 수 있어야 한다. 특히 자세, 시각적 접촉, 음조, 그리고 즉각적인 반응 등에 유의하여 잘 관찰하기 바란다."

시범자들은 다음과 같이 시범을 보인다.

첫째, 말을 하는 사람은 관심을 기울이지 않고 말을 듣는 사람은 관심을 기울이는 행동,

둘째, 말을 하는 사람은 관심을 기울이지 않고 말을 듣는 사람은 관심을 기울이지 않는 행동,

셋째, 말하는 사람과 듣는 사람 모두 관심을 기울이는 행동,

시범자들은 관심기울이기 행동이나 관심기울이지 않는 행동을

할 때, 지나칠 정도로 과장된 행동을 해 보임으로써 피훈련자들로 하여금 쉽사리 인상 깊게 그 특징을 식별하도록 해야 한다. 예를 들면 관심기울이지 않는 행동을 할 때는 의도적으로 조금 떨어져 있는 옆 사람에게 걸어가서 무엇을 물어 본다든지 아니면 상대로 하여금 이야기하게 하면서도 자기는 책을 분주하게 뒤지거나 책상 서랍을 뒤지는 등 상대방이 기분상해서 이야기를 도저히 할 수 없을 정도로 과격하게 할 것이다. 이렇게 함으로써 훈련의 효과를 높일 수 있다.

역할 놀이를 통한 연습으로서는 이제는 두 사람씩 짝을 짓게 한다. 그리고는 그 두 사람이 역할놀이로 실제 연습을 하게 한다. 먼저 말하는 사람은 관심을 기울이고 말을 듣는 사람은 관심을 기울이지 않는 역할놀이를 하게 한다.

역할놀이가 모두 끝나면 또 다시 두 사람이 이번 경험을 통하여 느낀 점, 깨달은 점, 앞으로 하고 싶은 행도 등에 대하여 잠시 동안 의견을 나누게 한다.

역할놀이가 모두 끝나면 전체집단으로 모여서 관심기울이기 행동이 효과적인 인간관계의 형성과 발달에 어떤 의미를 갖고 있는가에 대하여 논의하는 시간을 갖는다. 어느 정도 논의가 이루어졌다고 인정되면 훈련자는 관심기울이기 기법에 대한 용약을 한 후 다음 기법훈련으로 넘어간다.

한마디로 관심기울이기 행동은 효과적인 대인간의 상호작용을 강화해 줄 뿐만 아니라 인간관계의 형성을 촉진하는 게 필수적인 요소이다. 관심기울이기 행동은 이완된 자세, 적절한 시각적 접촉, 관심가진 얼굴표정, 수용적이고 친절한 음조, 즉각적인 반응 등으로 이루어진다. 우리들은 이와 같은 관심기울이기 행동을 통하여 상대방에게 대한 우리의 흥미와 존경을 전달할 수 있다.

4-2. 의사를 확인한다.

의사확인이란 상대방이 전달하고자하는 생각, 정보 또는 의견을 그가 의도한 바를 그대로 내가 정확하게 이해하고 있는가에 대하여 확인해 보는 하나의 기법이다. 우리는 상대방과 대화를 할 때, 때때로 그가 전달하려고 하는 메시지를 끝까지 정확하게 알아들으려고 하기 보다는 상대방의 말이 끝나기가 바쁘게 때로는 채 끝나기도 전에 우리 자신의 생각을 주장하기 위한 말을 준비하기에 신경을 쓰게 된다. 그 결과 상대방이 전달하고자 하는 의사의 앞부분만을 듣고 그것을 토대로 하여 우리의 생각을 주장하거나 아니면 그가 전달하고자 하는 진정한 의사를 정확히 이해하지 못한 채 우리의 주관적 가치관에 입각한 동문서답씩 반응을 보일 가능성이 많다.

의사확인은 주로 상대방의 메시지의 내용면에 관계한다. 정의적, 가치판단적, 또는 비언어적인 면에 대해서는 다음의 지각확인에서 다루게 될 것이다. 우리들은 흔히 타인의 메시지의 내용을 정확하게 이해하지 못하거나 잘못 이해했기 때문에 의사소통에 있어서 큰 문제가 야기되는 것을 보아 왔다. 의사확인은 이와 같은 오해들을 밝혀 줌으로써 의사소통 및 인간관계 증진의 기회를 제공해 준다, 효과적인 의사확인은 상대방의 말 내용에서 그가 전달하고자 하는 메시지를 정확히 알아들으려고 하는 진지한 태도와 열망에서 이루어진다. 의사확인의 목적은 상대방이 말하고 있는 내용 자체에 대하여 정확히 이해하려고 하는 동시에 그렇게 하기 위하여 애쓰고 있는 우리의 노력까지도 그에게 전달하려는 게 있다. 다시 말해서 상대방에게 그가 전달하고자 하는 메시지의 내용을 우리가 지금 어느 정도로 이해하고 있는지 또는 오해하고 있는지에 대하여 그에게 알려줌으로써 한층 더 정확한 의사소통을 가능케 하려는 것이다. 이와 같이 의사확인은 의사소통의 정확도를 증가시킬 뿐만 아니라 타인의 견해를 이해하려는 우리의 열망을 전달해 줌으로써 대인간의 간격을 좁히고 인간관계를 발달시키는 데 필요불가결한 하나의 기법인 것이다.

효과적인 의사확인은 구체적이어야 한다. 그리고 그것은 타인의 생각을 우리 자신의 생각으로 고쳐서 진술하는 형식으로 이루어져야 한다.

효과적인 의사확인은 언어적 속임수나 장난이 아니다. 이것은 타인의 진의를 진정으로 이해하려는 태도와 원망(願望)에서 이루어진다. 이와 같은 원망을 충족시키기 위하여 우리는 상대방의 진술이 우리 자신에게 어떤 의미로 이해되고 있다는 사실을 솔직히 그에게 밝혀 줌으로써 그로 하여금 그가 의도한 바와 우리가 이해하게 된 바를 비교, 검토할 수 있도록 기회를 주어야만 하는 것이다. 그럼에도 불구하고 우리의 일상적 대화에서는 상대방의 생각이나 의사를 정확히 이해하였는지 아닌지에 대하여 확인해 보려는 노력 없이 즉각적으로 동의 또는 반대 표시를 해버리는 경우가 허다하다. 효과적인 의사확인은 이러한 의사소통의 장애를 제거해 줄 뿐만 아니라 나아가서는 인간관계 자체를 촉진시키는 데 이바지하게 되는 것이다.

시범지시로서 "이제 훈련된 시범자들이 의사확인의 기법에 대하여 여러분 앞에 시범을 보이겠다. 주의 깊게 관찰한 후에 다음과 같은 세 가지 의사확인과 관련된 언행들을 변별해 보기 바란다."

시범자들은 다음의 세 가지 형식의 의사확인을 무작위로 선택하여 시범을 보인다.

① 상대방의 말이나 문장을 바꾸어서 물어보기.

② 너무 일반적이고 막연한 의사확인.

③ 구체적이고 효과적인 의사확인.

역할놀이를 통한 실습으로는 먼저 직업이나 가정생활에 관계되는 으로서 타인에게 의사전달하기에 어려움을 느끼는 문제를 하나 생각해 내도록 한다. 그리고 난 후에 세 사람이 한 조가 되어 각기 다음의 모든 역할을 차례로 맡아서 연습하도록 한다.

① 의사전달자 (생각을 표현하려고 노력한다)

② 의사수취자 - 조력자(위 세 가지 의사확인의 형식을 활용하여 의사확인을 한다)

③ 관찰자 - 조력자(어느 의사확인이 가장 효과적이며 그 이유는 무엇인가에 대하여 기록한다)

역할놀이 연습이 끝나면 세 사람이 상호간의 의견을 교환함으로써 도움을 주고받을 수 있게 한다. 연습은 첫째, 말이나 문장 바꾸기, 둘째, 일방적인 의사확인, 셋째, 효과적인 의사확인 순서로 이루어져야 한다.

역할놀이를 통한 연습이 어느 정도 잘 이루어졌다고 판단되면, 훈련자는 피훈련자들을 전체집단으로 모이게 하여 의사확인의 의미나 효과에 대한 질의응답이나 실습을 하는 동안 느낀 것이나 경험한 것에 대하여 의견을 교환케 할 것이다. 끝으로 이러한 의사소통의 기법이 인관관계의 형성과 발달에 어떻게 적용될 것인가에 대하여도 토의케 할 것이다. 위의 여러 가지 측면의 토의가 어느 정도 이루어졌을 때 훈련자는 효과적인 의사확인에 대하여 간단히 요약을 해서 설명한 후 다음 기법의 훈련으로 넘어 간다.

4-3. 지각을 확인한다.

지각확인이란 우리가 상대방의 느낌과 경험을 그것들이 일어나는 그 순간에 정확히 이해하고 있는가를 확인해 보는 하나의 기법이다. 이 기법은 메시지의 정의적 측면에 초점을 두어 앞에서 소개된 의사확인에 보충적 역할을 해주는 것이다. 지각은 보통으로 왜곡되기 쉬우므로 상대방의 느낌과 경험에 대한 우리들의 지각이 정확한지 잘못되었는지에 관하여 확인해 볼 필요가 있는 것이다. 타인의 느낌과 경험을 정확히 이해한다는 것은 그리 쉬운 일이 아니다. 정서적 상태나 경험은 언어와 함께 신체적인 동작과 생리적인 변화와 같은 비언어적 행동에 의하여 표현된다. 간혹 비언어적 행동이 타인의 느낌이나 상대방과 효과적인 의사소통을 하기 위해서는, 그의 신체적인 동작과 생리적인 변화를 주의 깊게 관찰함으로써 그가 현재 경험하고 있는 정의적 상태를 정확히 이해하는 것이 매우 중요하다. 상대방의 느낌과 경험에 대한 우리들의 지각은 보통으로 그 상대방의 말, 음조, 몸짓, 또는 얼굴표정 등에서 보다는 우리들 자신의 주관적인 느낌, 두려움, 혹은 소망 등에 의하여 좌우된다. 만약 우리들이 죄책감을 느끼고 있을 경우 우리는 상대방이 우리에게 분노하고 있거나 우리를 비난하고 있는 것처럼 지각하기 쉬운 것이다. 만약 우리가 열등의식을 가지고 있다면 타인들의 웃음을 우리에 대한 비웃음으로 지각하기 쉬운 것이다. 이와 같이 타인의 느낌이나 경험에 대한 우리들의 추측은 때때로 매우 불확실하다. 따라서 우리는 상대방의 비언어적 행동에 의하여 막연하게 추측해서 반응하는 대신에 그가 현재 경험하고 있는 정의적 상태에 대한 우리의 가정을 확인해 보아야 하는 것이다.

효과적인 지각확인은 인정이나 부인 또는 느낌과 경험의 원인에 대한 해석이나 설명을 하지 않고 다만 상대방의 느낌과 경험을 있는 그대로 우리가 이해하고 있는지에 대해서만 임시적으로 확인해 보려고 하는 선의의 노력이다. 이러한 선의의 노력이 ① 우리가 상대방을 한 인간으로 있는 그대로 이해하기를 원하고 있다는 사실을 그에게 전달하게 하면, ② 상대방의 느낌과 경험에 대한 그릇된 가정에 의하여 행동함으로써 후에 후회하게 될 우리의 언동을 미연에 방지해 주는 데 크게 도움을 주게 될 것이다. 그러므로 상대방의 느낌과 경험을 그것들이 일어나는 그 순간순간에 비판의 태도 없이 정확하게 확인 할 수 있는 능력을 기르는 것은 효과적인 의사소통을 위해서는 물론, 생산적인 인간관계 발달을 위해서도 극히 필요한 것이다.

시범지시 상황으로서 "훈련된 시범자들이 몇 가지 지각확인 행동을 해 보일 것이다. 시범이 끝나면 여러분들은 이에 대하여 반응을 보여야 한다. 시범자들 상호간에 이렇게 지각확인 행동을 교환했으며 어느 것이 효과적인 지각확인이고 어느 것은 지각확인 행동이 아니었든가에 대하여 주의 깊게 관찰한 후에 지적해 보기 바란다."

지시가 끝나면 먼저 시범자 A는 언어적 및 비언어적으로 태도와 느낌을 전달하는 말과 행동을 하고 시범자 B는 시범자 A의 느낌과 경험에 대한 지각을 확인해 보게 한다. 다음에는 역할을 바꾸어서 한번 다시 시범을 보이게 한다.

역할놀이를 통한 연습으로서는 5명씩 소집단을 구성하게 하고 그 중에 한 사람이 비언어적 방법으로 그의 느낌을 표현하게 하고 다른 한 사람이 비언어적 방법으로 그의 느낌을 표현하게 하고 다른 사람들은 확인하게 한다. 차례로 다섯 사람이 모두 한 후에는, 옆에 있는 두 사람끼리 짝이 되게 한다. 그리고서 그 중의 한 사람이 지적으로나 정서적으로 자신에게 의미 있다고 생각되는 어떤 문제에 관하여 이야기하게 하고 다른 한 사람은 상대방의 느낌과 경험에 대한 그의 지각을 확인하려고 노력하도록 한다. 다음에는 역할을 바꾸어서 다시 연습을 하게 한다. 연습이 끝나면 그들의 경험을 느낌 차원에서 분석 토의하게 하며 또한 이와 같은 지각적인 행동이 의사소통의 명료화에 어떤 의의를 갖는가에 대하여 검토케 한다.

2인조의 연습과 토의가 끝난 후에 훈련자는 피훈련자들을 전체 집단으로 모이게 한다. 그리고는 지각확인에 고나한 강의, 시범, 실습 등의 전 과정을 통하여 느낀 점, 학습한 것, 그리고 앞으로의 의사소통 및 인간관계의 실제에 어떻게 어느 정도로 도움이 되겠는가에 관하여 얼마동안 토의하게 한다. 토의가 어느 정도 이루어졌다고 판단되면 훈련자는 지각확인에 대한 내용을 간략히 요약하며 마무리 지운 후, 다음으로 넘어간다.

4-4. 자신의 느낌을 보고한다.

우리 인간은 감정적 존재이다. 느낌을 갖는다는 것은 우리 인간에게 있어서는 당연한 것이라는 뜻이다. 때문에 우리가 의식적으로 원하거나 결정한다고 해서 마음대로 느꼈다가 느끼지 않았다가 할 수 없다는 사실도 경험을 통하여 잘 알고 있다. 그럼에도 불구하고 느낌에 대한 부정적인 문화적 규범에 의하여 우리는 느낌을 있는 그래도 받아들이고 그것을 건설적으로 활용하는 방법을 학습하지 못한 채 오히려 그것을 억압하거나 무시하거나 부인하려고 한다. 그 결과 우리는 본의 아니게 과격한 언동을 하게 되고 정서적 부적응 상태에 빠지게 되며, 그러므로 인간관계 상태에서 우리 자신의 느낌과 아울러 타인들의 느낌을 보다 건설적으로 처리할 수 있는 방법을 습득하는 것은 매우 중요한 일이 아닐 수 없다.

Wallem(1967)에 의하면 우리 자신의 느낌을 처리하는 데는 다음과 같은 세 가지 방법이 있다.

① 느낌을 말로 보고하는 것.

② 얼굴이 붉히는 것과 같은 간접적 표현 또는 "자네는 말이 많아"와 같이 판단하기.

③ 기물을 파괴하거나 사람을 해치는 과격한 행동하기

위의 세 가지 방법 중에서 첫 번째의 것, 즉 느낌을 말로 보고하는 것이 건전한 인간관계 발달에 가장 효과적인 방법이라고 한다. 그러나 느낌을 말로 보고한다는 것과 느낌을 표현하다는 것을 혼동해서는 안 된다. 느낌을 말로 보고한다는 것은 우리들의 정서적 상태에 대한 정확한 정보를 상대방에게 제공해 주기 위하여 과격한 행동이나, 판단이나 강요함이 없이 느낌이 일어난 그 순간에 그에게 직접적으로 말로 진술하는 것을 의미한다.

그러나 자신의 느낌을 정확하게 전달하거나 상대방의 느낌을 이해한다는 것은 그리 쉬운 일이 아니다. 왜냐하면 첫째로 정서의 표현은 여러 가지 다른 형태를 취할 수 있기 때문이다. 느낌이란 신체적인 변화, 행동, 그리고 언어 등 다양한 모양으로 표현되는 것이다. 둘째로 어떤 특정한 느낌의 표현이 여러 가지 다른 느낌들에게 연유될 수도 있기 때문이다. 예를 들면, 얼굴을 붉히는 것은 그 사람의 기쁜 감정을 나타내는 것도 될 수 있거니와 불안하거나 부끄러움을 나타내는 것도 될 수 있는 것이다. 뿐만 아니라 특정한 한 가지 느낌도 경우에 따라서는 다른 방법으로 표현하게 마련이다. 때문에 우리는 보다 나은 이해를 돕고 오해를 미연에 방지하기 위하여 상호간에 자신의 느낌의 상태를 그 때 그때 구두로 보고하는 기법을 터득할 필요가 있다.

자신의 느낌을 구두로 보고하는 목적은 타인과의 관계를 개선하는 대화를 증진하려 함에 있다. 무엇보다도 상대방이 우리의 느낌을 고려하여 행동하도록 하려면 그에게 우리가 현재 어떤 느낌을 가지고 있는 가에 대하여 명확히 알려 주어야 한다. 부정적인 느낌은 타인과의 관계에 있어서 무엇이 잘못되어 있다는 신호의 역할을 해준다. 부정적인 느낌을 무시하는 것은 마치 우리의 신체가 과로하여 병이 나려고 하는 여러 가지 징후를 무시하는 것과 같다. 부정적인 느낌은 관계하는 두 사람이 상호간에 오해하거나 그릇된 의소소통을 하고 있지 않은가를 점검해 보라는 하나의 신호인 것이다.

자신의 느낌을 보고할 때 다음과 같은 사항에 유의할 필요가 있다. 즉 우리가 그렇게 느끼게 된 책임을 상대방에게 전가시키는 태도를 취해서는 안 된다. 그리고 우리가 그렇게 느끼지 않기 위하여 상대방으로 하여금 그의 행동을 변화하도록 강요해서는 안 된다. 차라리 우리의 그 때의 내적 상태를 상호간의 보다 나은 이해와 관계개선(關係改善)에 도움을 얻기 위한 다른 하나의 정보로서 있는 그래도 말로 보고하는 것이어야 한다.

시범사항으로 훈련자는 아래와 같은 지시를 해준 후 훈련된 시범자들로 하여금 세 가지의 느낌처리 방법에 대하여 시범을 보이게 한다.

지시 상황으로는 "이제 시범자들이 여러분 앞에 자신의 느낌을 구두로 보고하는 기법의 시범을 보이겠다. 시범자들의 말과 언행을 잘 관찰해 주기 바란다. 먼저 시범자 A가 시범자 B에게 느낌을 일으키기 위하여 어떤 말과 행동을 할 것이며 다음으로 시범자 B는 시범자 A에게 자신의 느낌을 말로 보고 할 것이다. 그리고는 두 사람이 서로 역할을 바꾸어서 되풀이 할 것이다. 언어 및 비언어적 행동에 유의하여 잘 관찰한 후 그것들이 ① 구두보고 인지, ② 간접표현이나 판단인지, 아니면 ③ 직접적인 과격 언동인지를 판별해 보기 바란다."

역할놀이를 통한 연습으로 이제는 옆 사람과 짝을 짓게 한다. 두 사람 중의 한 사람(A)이 자기 삶에 있어서 강한 느낌이나 확신을 갖게 된 의미 있는 개인적 경험에 대하여 이야기를 한다. 이야기를 들은 사람(B)은 그 이야기를 들으면서 자기 속에 일어나는 정서적 반응에 주의하도록 하라. 그리고는 그 느낌의 상태를 이야기하는 사람(A)에게 말로 보고하도록 한다. 그러고 나서 역할을 바꾸어서 비슷한 상호작용을 다시 해보도록 하라. 역할 놀이가 모두 끝나면 두 사람은 각자의 경험에 대하여 상호간의 의견을 교환하고 이와 같은 경험과 일상의 인간관계 경험과를 비교하여 토의하도록 한다.

전체토의 사항으로 이제는 전체집단으로 모이게 하고 10여분 동안 이때까지의 강의, 시범, 실습을 통하여 느낀 점, 깨달은 점 등에 대하여 의견을 교환케 하며 이와 같은 학습이 의사소통의 명료화와 인간관계개선에 어떤 도움을 줄 것인가에 대해서도 토의케 한 후, 훈련자가 요약하고 마친다.

4-5. 피드백을 주고받는다.

피드백이란 상대방에게 그의 행동의 결과가 어떠한 지에 관하여 정보를 제공해주는 것을 말한다. 즉 그의 행동이 나의 행동에 어떤 영향을 미치고 있는 가에 대하여 상대방에게 솔직하게 말로 알려주는 하나의 보고행위이다. 피드백 활동을 통하여 사람들은 그들의 행동이 타인에게 미치고 있는 영향에 대하여 학습할 수 있게 되는 것이다. 예컨대 피드백은 우리의 행동에 대하여 거울의 역할을 해주는 것이다. 거울을 통하여 우리의 모습을 알게 되듯이 우리는 피드백을 통하지 않고서는 우리의 행동이 어떠한 모습을 띠고 있는지 알 길이 없는 것이다. 따라서 그의 행동이 나 자신에게 어떤 반응을 불러일으키고 있는가에 대하여 상대방에게 직접적으로 이야기해줌으로 그로 하여금 그 자신의 행동이 어떤 결과를 초래하고 있는지에 대하여 알 수 있게 할 뿐 아니라 그가 원하는 경우 대인관계에 있어서 그의 행동을 개선할 수 있는 기회를 제공해주는 것이다. 그러므로 상호간에 피드백을 주고받음으로 타인들과 관계를 맺고 있는 나의 모습을 확인할 수 있는 동시에 나의 행동이 타인들에게 미치고 있는 영향에 관하여도 객관적으로 알 수 있는 되는 것이다. 그럼에도 불구하고 우리는 보통으로 피드백의 활용을 꺼려하고 있다. 그 주된 이유로는 나의 피드백이 상대방에게 제대로 받아들여질 것인가에 대한 불확실성 내지는 염려 때문인 것이다. 만약 모처럼의 힘든 피드백이 본의 아니게 상대방으로 하여금 마음을 상하게 하거나 화를 내게 한다면 오히려 그와의 관계가 멀어질 가능성도 없지 않기 때문이다. 사실은 피드백도 관계개선을 위한 선의에 입각하지 않고 다만 상대방을 해치거나, 징벌하거나, 적개심을 표현하기 위하여 주어질 때, 파괴적인 결과를 초래하게 된다. 뿐만 아니라 부정적이고 비판적인 피드백만을 계속적으로 주는 경우에도 그 결과는 파괴적이 된다. 그러므로 우리는 피드백을 줄 때 상대방의 긍정적인 면과 부정적인 면을 균형 있게 취급하도록 유의하여야 할 것이다. 우리는 타인으로부터 주어지는 부정적인 피드백을 통하여 우리의 비효과적인 행동을 개선할 수 있는 동시에 긍정적인 피드백을 통하여 특정행동을 계속 발달시킬 수 있기 때문이다. 그러므로 우리는 인간관계 개선에 도움을 받기 위하여 효과적으로 피드백을 주고받을 수 있는 능력을 길러야 하는 것이다.

효과적으로 피드백을 주는 포함되는 몇 가지 기본적 요소들이 학자들에 의하여 확인되었다(Mead, 1973; Schmuck 등 1972; Myers, 1976). 다음은 효과적인 피드백을 위한 몇 가지 지침이다.

① 피드백은 강요적이어서는 안 된다. 피드백은 상대방의 행동을 변화시키기 위하여 강요하거나 충고하는 것보다 단순히 생각이나 정보를 제공해 주는데서 그치는 식으로 이루어져야 한다. 피드백은 상대방의 행동에 대한 가치판단을 보류한 태, 주는 사람의 주관적인 지각적 정보로서 주어질 때 더욱 효과적으로 받아들여진다.

② 피드백은 받은 편이 능히 그것을 받아서 소화시킬 수 있는 준비가 되어 있을 때 주어야 한다. 피드백은 신뢰롭고 위협적이 아닌 상태에서 즉 상호간에 신뢰로운 관계가 이루어져서 받는 사람이 위협을 느끼지 않을 때 비로소 효과를 발휘하게 된다. 그러므로 피드백을 주기 전에 관여하는 양편이 득정한 피드백을 생산적으로 처리할 수 있도록 준비가 되어 있는가에 대하여 주위깊이 고려할 필요가 있다.

③ 피드백은 나타난 사실을 서술하는 방식으로 이루어져야 한다. 피드백은 특정행동 뒤에 숨어 있는 동기나 이유에 대하여 이야기하는 것 보다 나타난 사실에 대한 명백한 구두보고로서 이루어져야 한다. 서술적이 되기 위하여 피드백은 동기에 보다는 행동에, 추리보다는 관찰에, 그리고 일반적인 것보다는 구체적인 것에 초점을 두고 이루어질 때 보다 효과적이 된다.

④ 피드백은 시간적으로 행동이 일어난 직추에 주어져야 한다. 피드백은 시간을 두고 여러 가지 사실을 모은 다음 나중에 한꺼번에 하는 것 보다는 가능한 한 특정행동에 대하여 그것이 일어난 직후에 해줄 때 효과적이다.

⑤ 피드백은 변화개선이 가능한 것에 한하여 주어져야 한다. 아무리 구체적이고 분명한 피드백이라고는 하여도 인간의 힘으로 변화시킬 수 없는 것에 대하여는 속수무책일 수밖에 없다. 따라서 피드백은 받는 사람이 노력할 때 변화시킬 수 있는 행동에 한하여야 할 뿐 아니라 대안적 행동까지 제시해 줄 때 가장 효과적이다.

효과적으로 피드백을 주는 것도 중요하지만 피드백을 잘 받아들이는 것도 매우 중요하다. 피드백을 받을 때는 무시하고 화를 내고 공격하는 방어적 태도를 취하거나, 이미 그런 것쯤은 나도 알고 있고 또 고치려고 해보았다는 식으로 합리화할 것이 아니라 상대방의 피드백을 일단 받아들이고 그것을 건설적인 방법으로 스스로의 행동변화를 위하여 활용하려고 노력하여야 한다. 뿐만 아니라 피드백을 준 사람에게 힘들게 조언을 해준데 대하여 감사를 표하고 계속적으로 좋은 피드백을 주도록 요청하는 반응을 배주어야 한다.

시범 지시사항으로 "이제 훈련된 시범자들이 피드백을 주고받기에 대한 시범을 보이겠다. 잘 관찰한 후에 효과적인 것과 비효과적인 것에 대한 여러 가지 반응을 보여주기 바란다."

역할놀이를 통한 연습으로 세 사람이 한 조가 되게 하고 각자 다음과 같은 역할을 맡아 차례로 경험을 하게 한다.

① **피드백을 받는 사람** : 어떤 자극적인 행동을 해보인 후 상대방에게서 피드백을 받는다.

② **피드백을 주는 사람** : 자극적인 행동을 한 상대방에게 피드백을 준다.

③ **관찰자-조력자** : 두 사람이 피드백을 주고받을 때 잘 관찰한 후에 어떤 것이 효과적이고 어떤 것은 비효과적이었는가에 대하여 언급해주고 조력해 준다. 그러니까 세 사람이 차례로 모두 피드백 주는 역할, 피드백 받는 역할 및 관찰자-조력자의 역할을 한 번씩 하도록 시간과 기회를 주고, 역할놀이가 모두 끝나면 세 사람이 자기들의 경험에 대하여 상호간에 의견을 교환하도록 지도한다.

피드백과 전체토의 과정으로 역할놀이를 통한 연습이 모두 끝났다고 보여지면, 전체집단으로 모이게 한다. 그리고는 그들의 경험에 관하여 토의하게 하고 또 이와 같은 피드백 주고받기에 관한 기법이 인간관계의 형성과 발달에 어떻게 활용될 것인가에 대하여도 의견을 교환케 한다. 그리고 훈련자는 피드백 주고받기에 대하여 다음과 같이 요약을 해준 후에 마친다.

Best 15 - 비즈니스 협상의 예

① 무엇을, 언제, 어디서, 얼마나 독점적으로, 얼마나 많이?

위의 문제는 협상과정에서 반드시 해결되어야만 한다. 협상을 해나감에 따라 각 사항은 확장되거나, 축소되거나 혹은 서로 교활될 수도 있다. 그렇게하면 협상의 시작 단계에서는 생각지 못했던 해결책을 제시해 주기도 한다.

② 대기업이 대규모 계약을 체결하는 것은 아니다.

회사가 클수록 더 많은 경비를 써야만 한다. 이론상으로는 그 말이 옳으나 실제로는 그 반대이다. 회사가 클수록 더 많은 부서로 나누어져 있으며 그것은 곧 필요한 예산을 보충하기 위해서는 더 아껴쓰게 된다는 뜻이다.

작은 규모의 기업이 수천 억원짜리 계약을 한 사람에 의해 체결되기도 하고, 미국에서 손꼽히는 대기업이 5만 달러를 지출하기 위해 6개의 독립부서로부터 승일을 얻어야하는 경우도 있다.

③ 상대방이 먼저 말하게 하라.

조건이나 숫자를 정하는 데 있어서 상대방이 먼저 말하게 하는 것은 좋은 방법이다. 최소한 그 방법은 상대방의 생각이 어떠한가를 알려준다. 또한 상대방의 말하는 가격이 내가 처음 생각했던 판매 가격보다 훨씬 높은 경우도 많았다.

때로는 다른 가정을 세워두고 그에 따라 질문을 함으로써 상대방으로부터 가격을 알아낼 수 있다. "만일 당신이 이렇게 하고 우리가 저렇게 한다면, 그 일에 대해서 얼마나 지불할 수 있겠습니까?" "이 점을 빼고 저 점은 보충한다고 생각해 봅시다. 거기에 조금 더 보탤 수는 없을까요?"

④ 대범한 태도를 취하라.

당신이 조건이나 가격을 말해야만 하게 되면, 당신이 바라는 가격과 가장 가까운 거래를 상기시켜라. "우리 회사가 최근에 Y회사에 X를 팔았을 때는 S를 받았습니다."

이러한 방법에는 암시적인 도전이 없다. 그렇게 함으로써 상대방에게 방어적 태세를 갖추게 하지 않고 당신의 뜻을 전달할 수 있으며..상대방으로 하여금 높은 수준을 생각하게 만든다.

⑤ 심리적 흐름을 생각하라.

세계는 수백년간 심리적 협상 방법을 많이 사용하고 있다. 즉 겉으로는 아무렇지도 않지만 잠재적인 심리적 충격을 입고 있는 조항을 집어넣은 것이다. 이 효과를 상대방은 잘 알고 있지 못하기 때문에 협상에 있어서 큰 효과를 발휘한다. 이 방법-상대방이 원하는 것을 주며, 동시에 우리가 무엇을 얻어내는가? 상대방이 모르게 하는 것-을 이용함으로써 수많은 난관을 헤쳐나왔던 것이다.

⑥ 모든 것을 다 말하지는 말라.

어쨌든 협상은 더욱 혼란스러운 것이 되어가고 있으며, 그 요점은 상대방을 굴복시키는 데에 있는 것처럼 되어버렸다.

협상의 요점은 쌍방에게 모두 이로운 결론에 이르는 것이다.

협상을 양 당사자간의 경쟁으로 만들어 버리면 당신에게 해가 될 뿐니다. "받아들이던가 아니면 그만 두시오" "그것은 협상이 불가능합니다."라는 식의 말을 사용해서는 안 된다.

현재 이야기하고 있는 화제와 직접 연관이 없거나 덜 중요한 이야기는 꺼내지 말아야 한다. 그것이 본 주제와 상반되는 경우라면 말이다.

그러한 것은 역시 종종 자만심이나 허세의 결과인 경우가 많다. "그렇다면 당신은 이것은 할 수 없습니다." "그렇다면 우리는 그런 점은 배제해야만 합니다."라고 말하여라.

⑦ 거꾸로 협상하라

상대방이 어느 선에서 끝내고 싶어하는가를 미리 알아두면 도움이 된다. 이것은 "그가 얼마나 시간을 오래 끌까?" 하는 것과는 다른 문제이다. 당신은 상대방을 오래 시간 동안 몰아붙여서 어떤 협정에 도달할 수 있다. 하지만 그는 여러 갈래로 반박할 것이다. 협상에 있어서의 "요술점"을 찾아내는 가장 좋은 방법은 물어보는 것이다. – 다소간 간접적으로.

"다른 사람하고 당신의 제품에 대해 계약을 맺는다면 얼마나 판매하길 예상합니까?"

상대방은 대개 숫자를 약간 높여 부를 것이다. 하지만 우리는 그 숫자를 보증금을 정하는데 이용할 수 있다. 우리는 그들의 논리로 뒷받침하는 것이다.

⑧ 받아들이고 나서 수정하라. "하지만"을 사용하라.

상대방의 기분을 알아차려라. 이것은 세계에서 가장 오래된 심리적 기술이며, 인간관계의 모든 면에서와 마찬가지로 협상에서도 제대로 효력을 발휘한다. 당신이 실제로 상대방의 기분을 받아들이면, 마치 당신이 다른 무엇인가를 받아들인 것처럼 여겨진다. 앞의 문장을 지워버릴 수 있는 접속어는 유효한 협상 도구이다. : "네, 하지만...." " 당신 말뜻은 잘 압니다. 게다가 당신에게 찬성하지 않을 수가 없군요, 하지만...."

이 기술을 완전히 습득한 사람은 바위에서도 피를 짜낼 수가 있다. 그런 사람들은 협상을 마치 고해성사라도 하는 것처럼 만드는 기술을 갖고 있는 것이다.

⑨ 질문을 하라.

상대방의 말이 듣기 싫으면, 질문으로 반응을 보여라. 그 질문이 사실상 "왜 그런 말을 합니까?"라는 이상의 의미는 없더라도 말이다. 질문은 상대방으로 하여금 그의 입장을 좀더 생각해보도록 만들고 당신의 반응을 부드럽게 하며, 최소한 당신이 듣고 있는 동안에는 상대방이 계속 이야기하도록 만든다.

⑩ 상대방의 입장에 대해 질문은 하되 그것을 무시하지 말라.

내가 무슨 이야기를 했는데도 상대방이 내 말에는 신경을 쓰지 않는 협상도 많이 있었다. 귀머거리 상대방에게 이야기하고 있는 듯한 기분이 들 때가 가장 실망스런 협상이다.

벙어리처럼 말이 없는 것은 정당한 협상기술이며, "잘 모르겠습니다."는 합법적인 협상의 대응책이다. 하지만 상대방의 입장을 무시하거나 상대방의 말을 듣지 않는 체 하는 것은 실망감을 안겨 줄 뿐이다. 게다가 상대방이 자신의 입장에 대해 자꾸만 이야기를 하게 되면, 그의 입장은 더욱 경색될 것이다.

⑪ 상대방의 흥미를 이용하라.

또다른 효율적인 협상 수단은 나에게 그다지 중요하지 않으나 상대방에게는 중요할 수 있는 사항으로써 협상을 부드럽게 하는 것이다. 여기에는 협상과 직접 관계없는 혹은 관계가 적은 사항을 포함시킬 수도 있다.

예컨대 우리는 올림픽에 구하기 힘든 의자를 제공하는 제약에 합의를 했다. 그 의자와 올림픽은 특별히 관계가 있는 것도 아닌데 말이다. 또한 우리의 협상 상대방과 우리 회사의 의뢰인인 골프 선수와의 친선시합을 주선해 준 경우도 있었다.

이 기술을 가장 잘 터득한 사람들이 국회의원들이다. 그들은 댐 건설이나 부화장 설치를 하는데 있어서 그것과는 직접관계가 없으나 선거구민에게 이익이 되는-사항을 계약서 끝에 삽입하는 것이다.

당신이 비용을 들여 생산한 것이더라도 상대방에게 이익이 될 때에는 과감히 던져줄 수 있는 가능성을 절대 간과해서는 안된다.

⑫ 당신 자신에게 맞게 시간 계획을 짜라.

거래를 이루어야만 한다는 압박이 당신으로 하여금 가장 이익이 되는 것이 아닌 말이나 행동을 하게 만든다. 당신의 데드라인이 현실적이고 절대적(이런 경우는 거의 없다) 이건 혹은 희망사항이건 간에 상대방이 그것을 알지 못하게 하라. 만일 상대방이 그것을 안다면, 그쪽에서는 다른 것을 더 이상 알 필요가 없는 셈이다.

반대로 상대방의 데드라인은 당신이 알아낼 수 있는 가장 귀중한 정보 중의 하나이다.

시간 - 혹은 시간의 흐름 - 은 당신의 가장 귀중한 동맹자가 될 수 있다. 근심과 갈망은 협상에 대한 과잉 반응을 보이도록 만든다. 협상을 천천히 하는 것보다 빨리 하기가 더 쉬운 법이다. 당신 자신이 이러한 압박에 굴복하지 않게 하고, 오히려 다른 사람들의 그러한 태도를 이용하라.

거의 결말에 이르렀으나 아직 해결되지 않은 문제들이 남은 협상들의 경우에는 나는 항상 다음날로 연기를 한다. 그렇게 하면 최소한 내 머리가 맑아질 뿐 아니라, 상대방은 하룻밤을 더 그 생각을 하며 보내기를 싫어할 수도 있으므로 종종 주요한 사항을 양보하기도 한다.

또한 최종 거래에 이르기 위해 모든 점에 있어서 합의를 해야 하는 것은 아니라는 사실을 기억해 둘 필요가 있다. 우리가 체결한 협정 중의 상당수는, 기본적인 합의가 계속되는 한 특정 문제들은 장래에 해결될 것이라는 점을 명기한 것도 많이 있다.

⑬ 감정을 이용하라.

형식적으로 책상가에 둘러앉아 벌이는 협상은 거의 없다. 사실상 대부분의 사업문제나 불일치 - 노동조합의 파업 위협에서부터 "누가 이 5백 억원의 비용을 지출할 것인가? 하는 문제에 이르기까지 - 는 어떤 식의 협상을 통하면 해결된다. 이러한 협상이 더욱더 비형식적이 될수록 감정이 차지하는 부분이 커지게 된다. 이러한 불화의 내용에 대해 감정조절을 잘하는 사람이 결국 커다란 승리를 거두게 된다.

⑭ 상대방이 부수적 문제 빠지게 하라.

효과적인 협상은 명확한 목표를 요구한다. 계속해서 수단에 대한 이야기를 하면서도 마음속으로는 목표에 대한 생각을 끊임없이 하고 있을 능력이 필요한 것이다. 스스로는 훌륭한 협상가라고 자랑을 하면서도 실제로는 그렇지 않은 듯한 사람을 만난 경우에는 주변적인 사항에 대해서 그에게 승리를 안겨주어라. 그가 부수적인 문제에 빠져들게 하고 '마지못해"양보를 하게 만들고, 그가 승리를 안고 집으로 돌아가게 하라.

⑮ 솔직하게 대처라라.

솔직함, 이것은 적절히 사용되면 내가 아는 협상기술 가운데 가장 강력하고, 가장 효율적이며, 가장 덜 사용되는 기술이다. 협상에 극도로 팽팽해지고, 막 손아귀에서 벗어날 순간이거나 실패로 끝나려 한다면, 이때의 솔직함은 다시금 협상을 계속하게 할 뿐만 아니라 상대방을 무장해제시키기도 한다. "이것 봐요, 난 진심으로 이 협상을 타결 짓고 싶소." "이것은 내게 매우 중요합니다."

극복할 수 없을 것 같았던 난관이 와해되기 시작할 것이다. 그리고 전에는 생각할 수도 없었던 화해가 드디어는 가능해질 것이다.

Business Leader's Strategy

III

비즈니스 에티켓

Global Business Strategy

III 비즈니스 에티켓

에티켓의 위상

우리의 일상생활에 있어서는 나름대로의 행동기준이 있다. 이러한 행동기준 중에서 가장 중요한 것이 그 사회에서 전통적으로 존중되어 온 예의범절, 즉 에티켓이다.

이 에티켓은 사회마다, 민족마다, 국가마다 다르고 또 시대에 따라서 그 시대 기준에 맞게 새로 생기고 소멸하며 변화한다.

오늘날 에티켓을 지킨다는 것은 국제사회의 일원으로서 대단히 중요한 일이다. 우리들은 항상 가까이에 있는 가족만이 아니라 친구나 안면이 있는 사람, 상사 등과 접촉하며, 매일매일의 일상 상에서 사람과 접촉하지 않는 날이 하루도 없다. 에티켓을 지키지 않고 반대로 다른 사람들의 조화를 파괴하며 신경을 자극하면서 정신을 교란시킨다는 것은 비사회적인 행위일 것은 물론이다. 따라서 이와 같은 행위를 예사롭게 하는 사람은 사회의 일원으로서의 자격을 지니지 못한다.

여러 가지 분야의 에티켓은 사회에 대한 연대적인 정신에서 나타난다. 그것은 양식(良識)이자 기틀인 동시에 사회생활을 쾌적하게 이룩하기 위한 윤활유이다. 때문에 에티켓을 지키는 나라는 살기 좋은 나라이며, 문화정도가 높은 나라이다.

또한 국제사회에서 우리의 에티켓 위상이 점차 높아지는 가운데 비즈니스리더들이 국제적인 에티켓 감각을 자연스럽게 갖춘다면 앞으로 국제적으로 활동하는데 도움이 될 것이다.

Ⅲ-1. 글로벌에티켓에 대한 사고방식

1-1. 비즈니스 프로토콜

1-1-1. 에티켓이란?

'에티켓(Etiquette)'이란 말은 원래 프랑스말로 '꼬리표' 또는 '티켓'을 뜻하는 말이다.

프랑스의 루이 13세의 비(妃)이며, 루이 14세 초기까지 섭정한 안 도트리시가 궁정인이나 각국 대사의 주요 순위를 정하고, 그에 수반하는 예식의 절차를 정한 후 그 내용을 적은 티켓을 나누어 준 데서 시작되었다. 루이 14세 때에는 이것이 완전히 정비되었다. 그러나 루이 16세 때 그 엄격성이 해이해지고 또한 혁명으로 인해 일단 쇠멸했으나 나폴레옹이 다시 이를 부활시켰다고 한다.

이러한 궁정 예절은 후에 영국 및 스페인 왕실 등 서구사회로 파급되었으며, 결국 부르조아 사교계의 관례를 준수키 위해 지급되었던 바른 행동을 적은 에티켓이 오늘날 '옳다고 생각되는 행위'나 '바른 처신'이라는 어의로 변천되어 일반인에게까지 보편화된 것이다.

그러나 이러한 예(禮)의 사상은 서양보다 앞서 동양에서 발달하였다. 공자는 예기(禮記)라는 책에서 '사람을 바로 하는 법 가운데 예보다 필요한 것은 없다'고 강조하고 있다. 그러면서도 공자는 사회 관습상의 예의는 지켜야 하지만 그 때문에 인간행동이 너무 번거로워져서는 안 된다고 '이 의례나 의식은 지나침이 없도록 간소하게 하라'고 경고하여 그 현명함을 오늘에까지 전하고 있다.

우리나라에도 예의범절이란 말이 있다.

사전에 나타난 것을 보면 '예의란 예절과 의용(儀容)이라고 한다. 다시 의용의 뜻을 알아보면, 몸을 지키는 태도라고 한다. 그리고 범절은 모든 절차, 또는 모든 행사' 라고 적혀 있다. 에티켓을 한마디로 표현하다면 '이런 경우에는 이렇게 한다'는 형식을 말한다. 그러니까 예의범절인 것이다. 예의만으로 에티켓이라고 말할 수 없으며, 범절만으로도 에티켓이라고 말할 수 없다.

1-1-2. 비즈니스 프로토콜이란?

프로토콜(Protocol)이란 원래 외교의례라는 말이다. 이제 국제적 교류는 외교관에 한하지 않고 국제비즈니스리더에게도 중요한 문제이다. 외국에서의 행동은 그 사람만의 일로 그치지 않고 출신국이나 근무하고 있는 기업의 이미지에도 영향이 크기 때문이다.

프로토콜이란 용어는 공적인 장소에서 쓰고 매너, 에티켓 등의 용어는 사적인 장소에서 쓴다는 구별이 있었으나, 오늘날에는 엄밀히 구분해서 쓰는 사람이 적다.

또 터부, 해서는 안 되는 것, 해야 하는 것, 하면 좋아하는 일, 습속, 습관에 관한 것도 포함하는 말로 쓰이고 있다. 그것은 프로토콜이 그 곳의 습관과 밀접한 관계가 있고, 지역에 따라서 다르기 때문이다.

다만, 세계 공통 또는 외교나 국제적인 비즈니스에서 쓰이는 프로토콜은 대체로 서양식이라 해도 무방하다.

1-1-3. 적극적으로 현지에 융화하라.

'로마에 가면 로마법을 따르라'는 말은 외국에 나가는 경우 필요한 마음가짐이다. 그러나 부임하기 전에 현지의 에티켓 전부를 다 알고 갈 수는 없다. 또 현지의 습관에 따른 생활양식으로 모두를 바꿀 필요까지는 없을 것이다. 그런 의미에서 최소한도 무엇을 해야 하고, 무엇을 해서는 안 되는가 정도를 알면 될 것이다.

최근에는 국제관계 정보를 얼마든지 입수할 수 있고 또 경험을 쌓은 사람들로부터 의견을 들을 기회도 많다. 우선 이러한 정보에 흥미를 갖는 것이 중요하다.

우리가 상식으로 생각하고 있는 것은 외국에서도 대체로는 통한다. 그러나 의심스러운 것, 모르는 것은 주저 없이 현지 사람들에게 물어 보는 태도가 필요하다.

지나친 결벽증이나 완벽주의는 좋은 것이 못 된다. 실패는 성공의 기반 정도로 생각하면서 일상생활에서 체험을 쌓는 것이 필요하다. 아무것도 말하지 않고, 아무것도 안하는 태도에서 벗어나 적극적으로 현지 사람들 사이에 뛰어드는 것이 그들의 에티켓을 이해하는데 최고의 교과서를 얻는 것이 된다. 지나치게 주저하고 겸손해 할 것이 아니라, 당당하고 침착한 태도로 외국인을 상대할 수 있도록 경험과 훈련을 쌓아야 한다.

Ⅲ-2. 기본적인 에티켓

2-1. 인사법

인사는 국적과 시대를 막론하고 인간관계의 가장 기본적인 절차이고 관습이다. 그러나 나라와 직위에 따라 그 방식과 절차에는 차이가 있는 것이다. 일상생활 속에서 자연스럽게 습관처럼 배어 있기 때문에 자칫 잊고 지나치기 쉬운 격식과 방법 등을 자연스럽게 익혀둔다면 좀더 세련된 사람으로 행동할 수 있을 것이다.

2-1-1. 소개

서로 소개한다는 것은 아주 간단하고 쉬운 일이지만, 실제로는 뜻하지 않게 소개를 하거나 받게 되었을 때 당황하게 되는 경우가 많다. 소개를 하는데 있어 기본적인 예의를 알아두면 당황하지 않고 세련되게 그 순간을 이끌어 갈 수 있다.

사람을 소개할 때에는 'A씨 입니다(This is Mr. A)'하는 방식과 'A씨를 소개합니다(May I present Mr. A?)'하는 방식의 두 가지가 있다. 이때에는 소개말 속에 소개되는 사람의 신상을 간략하게 알려주는 것이 좋다.

소개된 두 사람은, '처음 뵙겠습니다.'라고만 하는데 외국 사람과 인사할 때는 'How do you do? 라고만 하지 말고 반드시 상대방의 성을 Mr.나 Miss, Mrs.의 존칭을 붙여서 부르는 것이 정식이다.

그러므로 소개받을 때나 소개를 할 때에는 상대방의 이름을 주의해서 들어두어야 한다.

- 응접실이나 연회의 석상에서는 사람을 소개할 때에는 사회적인 지위 등을 참작하여 일정한 순서를 밟아 소개해야 한다.
- 지위가 낮은 사람을 먼저 소개한다. 연령에 차이가 있을 때에는 연소자를 먼저 소개한다.
- 쌍방이 동년배로서, 사회적인 지위도 대체로 같을 경우에는 자기와 친소관계를 고려하여 순서를 정한다.
- 한쪽이 남성이고 다른 한쪽이 여성일 경우에는 남성을 먼저 소개한다. 이 방법은 서양식에 지나지 않는다. 지위나 연령을 고려하여 여성을 먼저 소개하는 것이 동양식이라고 할 수 있다.

2-1-2. 소개를 받는 방법과 태도

1) 소개를 받는 방법

사람을 소개 받을 때에는 일정한 에티켓이 있다.

- 소개를 받을 때 신발을 신고 의자에 앉아 있을 경우에는 쌍방이 모두 일어선다. 그러나 이것은 동성(同性)에 한에서 그렇다.
- 여성이 남성을 소개받을 때에는 원칙적으로 일어나지 않아도

좋다. 그러나 이것은 서양식에 불과하다. 우리나라의 여러 풍속으로 미루어 본다면 아무래도 일어나는 것이 예의일 것이다.

- 여성이 자기편에서 의뢰하여 남성에게 소개를 받을 때에는 그 여성은 반드시 자리에서 일어난 후에 소개를 받아야 한다.
- 소개를 받을 때에는 상대방이 자기보다 지위가 낮다든지, 또한 연소자라 할지라도 저고리의 단추를 해친 모습이나 담배를 피워 문 자세대로 받아서는 안 된다.

2) 소개를 받을 때의 태도

다른 사람에게 소개를 받을 때에는 잠자코 있어서는 안 된다. 명함도 제시하지 않았을 뿐 아니라, 악수도 하지 않고 무표정해서는 안 된다.

다른 사람에게 소개를 당했을 때는 물론, 다른 사람을 소개받았을 때에도 자기가 어떤 사람이라는 것을 상대방에게 이해시키기 위해서 또한 알려주기 위해서 한마디의 인사말은 있어야 한다.

- 「처음 뵙겠습니다. 저는 ㅇㅇ사의 ㅇㅇㅇ이라고 합니다.」「ㅇㅇ회사의 사장입니다. 잘 부탁합니다.」
- 「홍길동입니다. 잘 부탁합니다.」「인사가 늦었습니다. 저는 ㅇㅇㅇ라고 합니다.」
- 「김선생님입니까?」「저는 출판사의 ㅇㅇㅇ라고 합니다.」「이ㅇㅇ입니다. 뵙게 돼서 기쁩니다.」
- 「ㅇㅇㅇ선생님이 아니십니까! 존함은 지면을 통해서 잘 알고 있습니다. ㅇㅇㅇ입니다.」「그렇습니까! ㅇㅇㅇ입니다.」
- 「ㅇㅇ 선생님이시군요. 기자가 언제나 말씀했어요. 앞으로 잘 부탁해요.」「감사합니다. ㅇㅇ다.」

-「저는 소설을 쓰고 있는 ○○○입니다.」「아아. 그렇군요. 우선 여기 앉으셨다가…」

-「전 음악 공부를 하고 있는 ○○○ 이예요. 앞으로 잘 부탁합니다.」「응, 언젠가 발표회를 하지 않았습니까! 어디 가서 차라도 드실까요. 그럼 이쪽으로 갑시다.」

3) 각종 파티 등에서의 소개법

① 만찬이나 오찬모임에서

- 주빈에게는 모든 손님을 소개한다.
- 안주인은 손님과 인사를 주고받은 후 주빈이나 지위가 높은 사람에게 소개한다.
- 지위가 높은 사람이 다른 곳에 있을 경우 안주인은 손님을 동반하고 그곳까지 가서 소개한다.
- 외국인이 참석한 경우 안주인은 대화가 가능한 사람을 소개한다.
- 손님이 많을 때는 전부 소개할 필요가 없으며, 단 외국인은 가능하면 참석자 전원에게 소개한다.
- 정식만찬 시에는 남자 손님을 필히 파트너에게 소개한다. 안주인이 소개할 상황이 아니라면 남성이 스스로 여성에게 가서 자기소개를 해도 상관없다.

② 리셉션장에서

- 주빈에게는 모든 손님을 소개한다.
- 리시빙 라인에서의 접객이 끝난 후에 도착한 손님은 안주인이 주빈 있는 곳으로 안내하여 소개시킨다.
- 처음 온 손님을 안주인이 먼저 도착한 손님들에게 소개시켜

준다.

- 칵테일파티에서 처음 온 손님을 소개하는 것은 대략 10~20명 정도가 적당하다.
- 손님이 무리를 이루고 있을 때는 처음 온 손님을 그곳으로 데려가 소개한다.

③ 영국식소개

영국에서는 파티나 모임의 주최자가 참석자를 반드시 소개해야 한다. 반면, 프랑스 등 유럽에서는 주최자에 의한 소개 없이도 평소 안면이 있는 사람 또는 이전에 정식으로 소개받은 사람을 통해서 소개받기도 한다.

④ 대륙식소개

유럽, 중남미에서는 소개에 매우 높은 비중을 두고 있다. 자기 스스로 하는 소개를 대단히 나쁜 방식으로 여기므로 주최자나 다른 사람을 통해 소개 받는다. 소개를 부탁하는 대상은 주최자나 정식으로 소개받는 사람 누구라도 상관없고, 남성은 필히 참석한 모든 여성, 연장자 및 손윗사람에게 소개를 해야 한다. 여성의 경우에도 나이가 어린 사람은 연장자 전원에게 소개하도록 되어 있다.

4) 명함을 줄 때와 받을 때

명함의 시초는 프랑스의 루이 14세 때라고 전해진다. 루이 15세 때에는 현재와 같은 동판인쇄의 명함을 사교에 사용했다고 한다. 또 중국에서는 예로부터 친구 집을 찾아간 경우, 친구가 부재 시에는 자기 이름 쓴 것을 놓고 오는 관습이 있었다고 한다. 이렇듯 오랜 역사를 갖고 있는 명함은 예전부터 사교 및 사회생활에 있어 자신을 대신해주는 역할을 해왔다.

- 남에게 소개를 받거나 소개를 받을 때에는 보통 명함을 교환하는 것이 상례이다.
- 명함의 교환은 먼저 소개를 당한 사람이 제시하며, 그 후에는 소개를 받는 사람이 그 명함을 받고 자기의 명함을 꺼내주는 것이 순서이다. 꺼내줄 때에는 오른손으로 주되, 상대방이 잘 볼 수 있도록 명함을 거꾸로 준다. 또한 명함을 받고 뒤집어 보는 것은 실례이다.
- 상대방이 제시한 명함을 곧 받아야 한다. 제시하는 사람의 손에 명함이 든 채로 기다리게한다는 것은 실례이다. 우선 그 명함을 받은 다음에 자기의 패스포트를 뒤져 명함을 찾아서 주어야 한다.
- 명함을 받고 한번 훑어보지도 않고 주머니에 넣어 버리는 것은 실례이다. 또한 담화하는 도중에 그 명함을 만지작거리다가 무의식중에 둘로 접거나 말아 버리는 것은 실례 중에서도 큰 실례에 속한다.

그 외 실제적인 요령은 다음과 같다.

① 명함을 줄 때

- 자신을 소개하면서 준다.
- 반드시 서서 준다.
- 명함은 넉넉히 준비하여 자유로이 교환할 수 있도록 한다.
- 인사가 끝난 후 느닷없이 주는 것은 예의에 어긋난다.

② 명함을 받을 때

- 서서 받는다.
- 받은 명함은 명함지갑에 넣어 깨끗이 보관한다.

- 받자마자 앞면에 낙서하지 않는다.
- 명함을 정리할 때 여백에 3W(When, What, Where)에 관련된 메모를 남겨둔다.

③ 사교용 명함

서양사회에서 사용되어 온 사교용 명함은 Mr.나 Mrs. 또는 Mr. and Mrs.의 존칭을 붙여 이름만 인쇄했다. 그러나 최근에는 실용적으로 주소나 전화번호 등을 넣기도 하는데, 이것은 정식이 아니므로 이런 경우에는 명함 우측 하단에 작은 글씨로 넣는 것이 좋다.

사교용 명함은 꽃이나 선물을 보낼 때, 파티의 날짜와 시간을 적어 초청장 대신으로 쓸 때, 축의·사의·조의 등을 표시하는 메시지 카드로 사용한다.

④ 업무용 명함

업무용 명함에는 성명과 회사의 주소, 그리고 회사 내에서의 직위를 적는다. 미국에서는 사장이나 중역용과 일반사원용이 다르다고 한다. 예를 들면, 사장이나 중역용은 명함 중앙에 이름을 넣고 하단에 직위와 회사명을 쓴다. 반면, 사원용은 명함의 중앙에 회사명을 쓰고, 성명과 소속부서, 그리고 회사 주소 등을 좌측 하단에 넣고 남자의 경우는 Mr. 존칭을 붙인다고 한다. 우리의 경우에는 직급에 상관없이 각자의 이름만 다른 명함을 쓰는 것이 보통이다.

2-2. 악수

악수는 비즈니스 사회의 격식과 사람간의 친근한 정을 함께 담고 있는 인사법으로서 사교활동의 문을 여는데 매우 중요한 행위이다. 서양에서는 악수를 사양하는 것은 실례로 여기므로 외국인과 만났을 때는 친분의 정도를 떠나 형식으로라도 그에 응해야 한다. 악수를 할 때에는 정중하고 경건한 마음으로 해야 하며, 자연스러운 표정과 바른 자세를 취하는 것이 중요하다.

2-2-1. 악수의 순서

악수를 할 때에는 절까지 할 필요는 없다. 다만, 상대방의 눈을 주시하면 된다. 악수를 하면서 절을 동시에 한다는 것은 서양의 풍속과 우리나라의 풍속을 병용하는 것이므로, 지나친 인사에 속한다. 그러나 국가를 대표하는 대통령과 같은 인사와 악수를 할 때에는 악수를 하면서 절을 하는 것이 에티켓이다.

서양 사람들은 소개를 받으면 대체로 쌍방이 악수를 한다. 악수는 원래 서양의 풍속이므로, 우리나라에서는 절만 해도 좋다. 악수를 교환하느냐 안하느냐의 여부는 당사자들의 자유이다. 그러나 사교상의 에티켓을 위하여 다음과 같은 악수하는 방법은 알고 있어야 한다.

손을 먼저	나중에 손을
여성	남성
지위가 높은 사람	지위가 낮은 사람
선배	후배
연장자	연소자
기혼자	미혼자
남성(연장자 또는 파티의 호스트)	여성

2-2-2. 악수요령

악수를 할 때에는 반드시 일어서서 상대방의 눈을 보면서 해야 한다. 그리고 부드럽게 미소를 지은 채, 손을 팔꿈치 높이만큼 올려서 잠시 상대방의 손을 꼭 잡았다 놓는다. 이때에도 형식적으로 손끝만 잡는다거나 또 자기 손끝만을 내미는 일은 실례가 되고, 너무 세게 잡아서도 또 잡은 손을 상하로 지나치게 흔들어서도 안 된다.

아는 사람을 만났을 때는 악수에 대비해서 오른손에 들었던 물건을 왼손에 미리 고쳐들고, 왼손잡이도 악수는 오른손으로 하는 것이 예의이다.

상대방이 웃어른이라면 먼저 절을 하고 난 다음에, 어른의 뜻에 따라 악수를 한다. 이때에도 허리를 굽힌다거나 두 손으로 손을 감싸 안을 필요는 없다.

특히 외국인과 악수할 때에는 상대방이 '절'이라는 인사법을 모른다는 것을 명심하고 허리를 꼿꼿하게 세워 그야말로 상호 대등하게 악수를 나누는 것이 좋다.

2-2-3. 악수의 예절

악수를 할 때는 남녀 모두 장갑을 벗는다. 여성은 정장용 팔꿈치까지 긴 장갑을 끼었을 때와 거리에서는 장갑을 벗지 않아도 되지만, 남자는 아무리 추워도 오른쪽 장갑만은 벗어야 한다. 그러나 상대가 악수를 하려고 손을 내밀고 있는데, 그제야 장갑을 벗으려고 하여 상대방을 기다리게 하기보다는 차라리 장갑을 벗지 못하는 것에 대해 양해를 구하고 장갑을 낀 채 악수하는 편이 낫다.

유럽이나 중남미 여러 나라에서는 신사와 숙녀가 악수를 할 때, 남자가 부인의 손을 잡고 상반신을 앞으로 굽혀 정중한 태도로 손가락에 입술을 가볍게 대는 풍습이 있는데 이것은 기혼 부인에 대한 전통적인 인사법이다.

2-2-4. 그 외의 인사법

1) 목례

목례는 가볍게 머리를 숙여 경의를 표하는 것으로 머리나 상반신을 굽히는 것은 상대방에 대한 존경의 정도에 따르는 것이 좋다. 여성은 남성에게 악수가 아닌 가벼운 목례와 미소로 첫인사를 해도 자연스러우며, 이런 경우 남성도 여성과 함께 응하도록 한다. 그러나 소개를 받은 남성이 작별인사를 할 때에는 악수로 응하는 것이 한결 예의바른 태도이다.

2) 손에 하는 입맞춤

서양의 사교모임 등에서 기혼 여성에 대한 존경의 뜻으로 여성의 손에 남성이 가볍게 입맞춤 하는 인사는 자연스럽게 이루어졌었다. 그러나 오늘날에는 미국은 물론 영국의 왕실에서 조차 이런 행위가 구태의연한 관습으로 여겨져 많이 사라졌다.

3) 포옹

포옹은 반가움과 친밀함을 담아 온몸으로 표현하는 애정의 표현이기도 하거니와 만남에 대한 즐거움을 자연스레 교감하는 인사법이다. 지금도 구미제국, 특히 라틴계나 슬라브계 나라에서는 친척 또는 친구를 오랜만에 만났을 때 서로 포옹하며 양볼에 입을 맞추는 인사를 나눈다.

2-3. 호칭

에티켓에서 호칭만큼 까다롭고 어려운 것은 없는 듯하다. 우리나라 사람만큼 호칭에 대해 신경 쓰고 예의를 갖추는 국민도 드물 것이다. 에티켓의 본질은 상대를 존중함으로써 편안한 인간관계를 유지하는 것에 있는 것이므로 에티켓의 본질을 염두에 두고 상대에 따라, 상황에 따라 올바로 가려 쓸 필요가 있다.

일반적인 호칭에 관한 에티켓을 살펴보면 다음과 같다.

- 친구나 동료처럼 대등한 위치에 있는 사람이라면 자연스럽게 이름을 부른다. 그러나 회사내에서는 이름 뒤에 '씨'자를 붙여 부름으로써 상대를 존중함은 물론 사무실 내의 공적인 질서를 유지하도록 한다.
- 나이와 지위가 다르더라도 상급자로부터 어떻게 불러달라는 말이 있게 되면 그에 따라 호칭하도록 한다.
- 사회적 지위가 높은 사람이나 전문 직업인, 손윗사람에 대해서는 그에 맞는 경칭을 사용하도록 한다.

2-3-1. 호칭의 표기방법

성명을 모두 적는 것이 올바른 예의이다. 그러나 서양의 경우에는 우리와는 달리 이름의 순서가 다르고 다소 길기 때문에

Middle Name(중간이름)이나 Personal Name(개인이름)을 생략하는 것이 보통이다.

- **영국** : 자신이 성(姓)이외에는 모두 생략해도 무방하다.
- **미국** : Middle Name(중간이름)이나 Personal Name(개인이름) 중 하나만 생략한다.
- **프랑스** : 본명과 성(姓)순으로 쓰며 부인은 남편의 성 앞에 Madame의 호칭을 붙인다.
- **스페인과 중남미** : 서면상의 이름표기는 남자의 경우 모친의 성을 붙인다. 기혼 여성은 본인의 이름 뒤에 반드시 'de'와 함께 남편의 성을 붙이는 것이 예의이다.

2-3-2. 경칭

보통 일반인에게 사용되는 경칭으로는 Mister(Mr.), Mistress (Mrs.), Miss, Master 등이 있다. 영국의 경우에는 'ESQ(Esquire /원래 준 남작에 속하는 Gentry. 즉 신사라 할 수 있는 신분에 대한 경칭)'라도 하는데, 이는 말하는 사람이 스스로 지위를 낮춤으로써 상대방에게 경의를 표하는 것으로 단, Sir의 경우에는 사용상에 제한이 따른다.

- 나이나 지위가 비슷한 사람끼리는 사용하지 않는다.
- 여성에게는 호칭을 하지 않는다.
- 여성은 상대방이 아무리 지위가 높아도 동년배의 남성에게는 사용하지 않는다.
- 이외에도 일반인이 아닌 왕족이나 주요 공직자, 고위관리직에게 쓰는 경칭으로 Majesty, The hono(u)rable(약자로 The

hon) 등이 있다.

2-4. 서열

서열이란 모임에 참석한 사람들의 순위를 말하는 것이다. 통상적으로 공식적인 서열과 관계상의 서열 두 가지로 나눌 수 있다.

공식적인 서열은 신분별 지위나 관직에 따라 공식적으로 인정되어 있는 서열을 말하며, 관례상 서열은 사회적 예의로 정해놓은 서열을 말한다. 사실 공식서열은 나라에 따라 성문으로 규정하고 있어 별 문제가 없는 편이지만, 관례상 서열은 공적인 것보다 사적인 의미의 비중이 큰 편이므로 그 관계가 복잡하고 애매하다.

공식서열과는 달리 관례상 서열은 사람과 장소에 따라 정해야 하므로 그리 간단하지 않다. 그러나 기본적인 기준은 아래와 같다.

- 부부동반인 경우 부인의 서열은 남편과 같다.
- 연령을 중시한다.
- 미혼 여성은 기혼여성보다 서열이 낮다.
- 외국인을 상위로 한다.
- 높은 직위 쪽의 서열을 따른다.
- 남성보다 여성을 우대한다. 단, 남성이 한 나라의 대표자격으로 참석한 경우에는 예외가 된다.
- 주빈을 존중한다.

2-4-1. 우리나라의 서열관행

서열을 결정할 때에는 그 사람의 현 직위 외에도 연령, 행사와의 관련성 정도, 관계인사 상호간의 관계 등을 검토하여 결정해야 한다. 우리나라에는 정해진 공식서열은 없지만 일반적 기준을 삼고 있는 비공식 서열을 소개하면 다음과 같다.

① 대통령 ② 국회의장
③ 대법원장 ④ 국무총리
⑤ 국회부의장 ⑥ 감사원장
⑦ 부총리 ⑧ 외교통상부장관
⑨ 외국특병전권대사, 국무의원, 국회상임위원장, 대법원 판사
⑩ 3부 장관급, 국회의원, 검찰 총장, 합참의장, 3군 참모총장
⑪ 차관, 차관급

2-4-2. 외국 주요 국가의 서열관행

① 대통령 ② 부통령
③ 하원의장 ④ 대법원장
⑤ 전직 대통령 ⑥ 국무장관
⑦ 유엔사무총장 ⑧ 외국대사
⑨ 전직 대통령 미망인 ⑩ 공사급 외국 공관장
⑪ 대법관 ⑫ 각료
⑬ 연방 예산국장 ⑭ 주유엔 미국대표
⑮ 상원의원

1) 영국의 경우

① 여왕 ② 귀족
③ 캔터베리 대주교 ④ 대법관

⑤ 요크대주교　　　　　　⑥ 수상

⑦ 하원의장　　　　　　⑧ 옥새 상서

⑨ 각국대사　　　　　　⑩ 시종 장관

2) 프랑스의 경우

수상이 HOST하는 경우

① 외교단장(교황청 대사)　　② 대사

③ 상원의장　　　　　　④ 하원의장

⑤ 각료

Ⅲ-3. 국제 옷차림 에티켓

말끔하고 정돈된 옷차림은 자기 자신에게 쾌적할 뿐만 아니라 다른 사람에게도 호감을 주어 사회생활을 아름답게 가꾸어 나갈 수 있다.

과거에는 옷차림에 대한 에티켓에 관심을 기울이지 않았다. 심지어 지하철이나 가두에서는 물론, 극히 예의가 갖추어져 있어야 할 결혼식이나 영결식에 있어서도 사람들의 옷차림은 단정치 못하였다. 그 원인으로는 옷차림의 에티켓에 관한 지식과 이해하는 문화적 수준이 낮았기 때문이다.

이 땅에서 서구 옷차림인 양복을 입어 온 지도 100여년(효시 : 구한말의 개화파 정치가 서광범, 1882년)이 되어가고 있는 즈음에 옷차림에 대한 역사적인 전통의 장점과 외국풍속의 장점은 한국인으로서의 입장에서 통일시켜 거기다 우리들 자신의 창의를 덧붙이지 않으면 안 될 것이다.

한마디로 옷 입는 예절은 돈을 얼마나 많이 들이느냐에 있는 것이 아니라, 얼마만큼 자신의 이미지에 맞으며 그 장소에 적합한 옷을 올바르게 입느냐가 중요하다. 즉 T. P. O.(Time, Place, Occasion)에 적합한 옷을 입고 가는 것이 바로 에티켓이다.

더욱이 '국제화 시대'임을 공언하고 나선 오늘날, 우리의 옷차림 문화나 위상 역시 세계수준에 걸맞게 끌어 올려야 할 것이다.

의복을 왜 입는가?

- 신체의 보호, 즉 생존성과 실용성에 있다.
- 도덕적 의미, 즉 윤리성과 예의성에 있다.
- 인간을 아름답게 장식하기 위하여 있는 것이다. 즉 장식성과 개성화의 수단이다.

3-1. 남성의 옷차림

3-1-1. 한복의 에티켓

1) 작업복

작업복은 편리하면 그뿐이다. 그러니까 깨끗할 수도 없고 정중하게 할 수도 없으므로 여기에는 에티켓도 별도로 있을 수 없다.

2) 평상복과 출입복

평상복으로 가정에서 한복을 입는 사람들이 요즘에 이르러서는 많아졌다. 한국식 주택생활에 있어서는 한복이 어울리고 편리한 모양이다. 그러나 값과 빨래와 바느질 등에 애로가 있어 좀처럼 그것을 원해도 구하지 못하고 있는 사람도 많다. 아무튼 바깥에서 피로 했던 신심(身心)을 집에 돌아와서 한복으로 갈아입으면 여유 있고 편리하여 그 피로가 이내 달아나는 성싶다.

평상복은 방문객을 접대하는 경우 간이예복(簡易禮服)의 역할을 겸한다.

집에 있을 때 한복을 입고 지내는 사람은 그 에티켓으로서 맨발인데 손님이 찾아왔다면 양말이나 버선을 신고 손님을 맞아들여야 할 것이다.

3) 한복의 특징

- 한국적인 윤리와 사상이 담겨진 옷이다.
- 원칙적인 미의식(美意識)에서 만들어졌다.
- 고도의 격식이 갖추어진 옷이다.
- 옷 속에 담겨져 있는 한국적인 생활 정(靜)하고, 유(幽)하고, 명(明)하고, 담(談), 초연(超然)하였던 한민족의 정취를 바탕으로 한다.
- 생리적 기능, 도덕적 기능, 신분계급 표시의 기능이 크게 작용하였다.
- 한복과 더불어 크고 작은 장식의 발달과 장신구에 담긴 문양이 다양하게 발전하였다.

이와 같은 특징으로 발달된 한복은 시대적 흐름에 따라 삼국시대, 통일신라시대, 고려시대, 조선시대에 이르러 오늘에 이르고 있다.

3-1-2. 양복의 에티켓

양복에서 평상복이라고 하는 것은 우리들이 보통 통근·방문·여행할 때 입는 옷을 말한다. 그러니까 정식 양복이라면 저고리·조끼·바지 등 세 가지를 모두 갖춘 것이라야 한다. 미국 사람들은 조끼를 잘 입지 않는다. 그것은 넥타이를 나타내기 위해서다.

양식의 예복 종류와 부속품에 대한 지식과 그 기본적인 에티켓은 다음과 같다.

1) 모닝

정확히 말하면 모닝코트이다. 이것은 원래 오전 중에 입는 것으로서, 서양에서는 오후나 야간에 입었다면 예의에 벗어난 것이다. 그러나 오늘날 우리나라에서는 아무 때나 입고 있다. 말하자면 만능예복(萬能禮服)이라고도 할 수 있다.

모닝의 부속품은 다음과 같다.

- 와이셔츠 칼라와 별도로 된 것으로서, 카후스는 빳빳하게 풀을 먹인 싱글, 카우스·버튼으로 끼우게 된 것을 말한다. 빛은 흰 빛이다.
- 칼라는 싱글의 빳빳한 선 칼라와 세미소프트의 더블을 말한다. 소프트·칼라는 안 된다.
- 카후스·버튼은 금이 이상적이다. 그렇지 못할 경우에는 백진주도 좋다.
- 넥타이는 세로 맨다. 경사 때에는 검정 바탕에 줄무늬가 있는 것이 정식이지만, 밝은 회색에 줄무늬가 있는 것도 무방하다. 그러나 붉은색·노랑이나 초록색은 금물이다. 조문에

는 검은 색으로 정해져 있다.

- 양말은 흑견(黑絹)이 좋다.
- 구두는 검은 단화, 검은 색 이외에는 금물이다.
- 손수건은 백마(白魔)가 좋다.
- 외투는 검은 색 또는 짙은 쥐색이 좋다.
- 마후라는 백견(白絹) 또는 흑백의 줄무늬가 있는 것이 좋다.

〈 남성 비즈니스 정장 〉

감청	• 비즈니스 복장으로 가장 적합하다. • 다소 차가운 느낌을 줄 수도 있지만 깔끔하고 분명한 인상을 줄 수 있다. • 셔츠와 넥타이를 코디네이션하기도 쉽다.
회색	• 청색 계열과 함께 대표적인 비즈니스 복장이다. • 나이와 관계없이 무난하다.
검정	• 예복에 가장 적합하다. • 정중하고 성실하게 보인다. • 다양한 타이나 포켓치프 혹은 구두의 코디네이션으로 범용성 있는 복장 연출이 가능하다.
밤색	• 부드러운 느낌과 함께 세련된 멋을 풍긴다. • 연출하기가 다소 어려운 색상이다. • 회색과 녹색이 섞인 밤색은 누구에게나 어울린다.

2) 턱시도

이것은 약식의 야회복이다. 턱시도란 명칭은 미국에서 부르는 이름이고, 영국에서는 스모킹이라고 부른다. 관극(觀劇)·콘서트·바지가 모두 검은색이다.

3) 연미복

정식야회복을 말한다. 우리나라에서는 입기 힘든 옷이다. 연미복이란 이름은 저고리 뒷자락이 제비의 꽁지처럼 되어 있기 때문에 지어진 이름이다.

〈 넥타이의 종류 〉

레지맨틀	보통 2~3색을 이용한 넥타이로 영국연대기의 줄무늬를 디자인 한 것이다.
스트라이프	군기의 모습을 딴 것으로 일반적으로 가장 많이 착용한다.
로열 크레스트	타이 가운데에 스트라이프가 들어가는 것이다.
크레스트	클럽타이라고도 부르는 것으로 타이 가운데 문양이 들어가는 것이다.
플랫	작은 무늬이다.
물방울(도트)	크기에 따라서 완전히 개성의 차이를 보인다. 일반적으로 도트는 쉽게 맬 수는 없지만 상당히 세련된 무늬이다.
무지(솔리드)	단색의 넥타이로서 주로 공식석상 같이 품위 있는 모임에 어울린다.

3-2. 여성의 옷차림

3-2-1. 한복의 에티켓

우리나라 여성의 복장은 아직도 한복이 우세하다는 말에는 이론이 없다. 더욱이 전통을 자랑하는 여성의 한복은 세계적으로 유명하여 아름답기가 일품이다. 그런데 외출옷은 양장을 입는 여성도 거의 한복을 입는 것을 볼 수 있는데 가정에서의 통상복으로도 한복을 입는 여성이 많다. 우리나라의 여성은 한복을 입어야만 몸의 단점을 감출 수 있다고 본다. 짧은 저고리에 긴 치마를 입으면 허리가 길고 하체가 짧은 결점을 감추는 것도 한복이다.

1) 예복

예복에 무난한 색깔은 흰색과 옥색을 많이 택한다. 색깔 다음에 중요한 것은 마름질을 잘해서 단정함과 조촐하고 정중한 맛을 풍겨야 한다.

조문(弔問)에는 백색 또는 흑색 치마저고리가 좋다. 울긋불긋한 빛깔이나 어지러운 무늬가 있는 옷을 입었다면 그것은 에티켓에 벗어난다. 그러나 경사 때의 예복은 다소 화려해도 무방하다.

2) 외출복과 연회복

외출복이나 연회복이 화려해도 무방하다고 해서 너무 짙고 난잡한 빛깔이나 난잡한 무늬를 택하는 점에 대하여는 좀 생각해야 하겠다.

한복은 색깔과 마름질 여하에 따라 그 조화가 좌우된다. 옥색이나 흰 저고리에 남호장과 은색바탕에 자줏빛 호장 같은 것은 우리의 풍토적 자연과 조화된 아름다움을 더 한층 빛낼 것이다.

3) 액세서리

짧은 치마를 입었을 경우에는 부로지·장갑·양말·구두·핸드백 등의 액세서리를 갖출 수 있다. 한복에 모자는 금물이고, 긴 치마에 양말을 신을 수도 없다. 그리고 짧은 치마에 귀고리를 할 수도 없다.

3-2-2. 양장의 에티켓

1) 이브닝드레스

남성의 연미복에 상당하는 호화로운 옷이다. 야간의 정식연회 때 입는 것으로 정해져 있으므로 낮에 이브닝드레스를 입으면 에티켓에 벗어난다. 원피스로 만들어진 것인데, 소매가 없고 가슴과 등을 많이 내놓아 살이 드러내는 것이 이 드레스의 특징이다.

이브닝드레스의 액세서리는 다음과 같다.

- 모자를 별로 쓰지 않는다.
- 모자를 쓰지 않을 때에는 좀 호화로운 헤어스타일을 하는데, 리본·조화(造花)·보석 등으로 장식한다.
- 장갑은 꼭 필요하다. 얇은 가죽이나 헝겊으로 만든 긴 것. 빛은 흰 빛이 어울린다.
- 귀고리·목걸이·반지 등 보석으로 만든 것을 쓰는데, 경우에 따라서는 모조품(模造品)을 사용해도 무방하다.
- 양말은 엷은 살색이 좋다.
- 구두는 하이힐. 금빛이나 은빛의 샌들이 정식이다.
- 핸드백은 금사·은사·레이스·비wm 따위로 만든 소형의 부드러운 느낌을 주는 것이 좋다.

2) 예장대용(禮裝代用)

자주 입지 않는 예복을 길흉사 두 가지용을 별도로 마련하는 것이 비경제적이라고 하여 최근에는 아무데서나 입을 수 있는 예장 대용이 있다. 그 한 가지는 검정빛 심플한 원피스로서 거기에 칼라를 바꾸어 달고 벨트에 변화를 주어 변화시킨 것이다.

3) 외출복

외출복은 정식의 에프터눈 드레스와 홈드레스의 중간에 있는 모든 옷이 이에 속한다. 몰론 거리를 걸을 때에만 입는 옷이 아니고 방문복 또는 통근복도 된다.

4) 외투

외투는 드레스와 알맞은 것을 입어야 한다. 그러나 드레스만큼 많이 가질 필요는 없고, 가급적이면 넓은 범위에서 입을 수 있는 스타일과 색합(色合)을 선택하는 것이 현명하다.

3-2-3. 여성 비즈니스 우먼 슈트

1) 상의(Jacket)

상의의 모양이나 깃의 유무에 따라 갈라리스, 클로버 리프, 코트, 사파리, 쇼프(볼레로), 버튼리스, 스탠드칼라, 스펜서, 테일러드(더블브레스트, 싱글 브레스트) 재킷이 있다. 이 중 칼라리스와 쇼트, 버튼리스 재킷은 깃이 없고 테일러스 재킷은 남성복과 비슷한 모양이 특징이다.

착용 시 주의사항은 다음과 같다.

- 유행에 치우친 어깨 모양은 피한다.
- 너무 큰 꽃무늬나 스포티한 체크무늬는 피한다.

- 소매 길이는 손목에서 손 쪽으로 **1~2cm**쯤 내려오는 것이 좋다.

2) 하의(Skirt & Pants)

- 스커트가 일반적이나 정장 느낌의 바지도 에티켓에 어긋나지 않는다.
- 스커트는 무릎 길이로 활동하기 편하도록 주름이 잡힌 것이 좋다.
- 상의의 색상과 디자인을 고려하여 그에 맞는 스커트나 바지를 입는다.

3) 비즈니스 슈트

- 상의와 스커트(또는 바지)는 상·하 같은 소재, 같은 무늬여야 한다.
- 크리스천 디올이 발표한 여성스러움을 강조한 클래식 슈트와 코코 샤넬이 디자인한 슈트 혹은 그와 유사한 슈트의 총칭인 샤넬 슈트가 가장 대표적이다.
- 그 밖에 커트소, 카디건, 퀼로트, 텔라드, 숏쇼, 플리츠, 스커트, 볼레로, 턱시도, 플레어스 커트, 페탈 칼라, 팬츠 슈트가 있다.
- 턱시도 슈트는 남성의 **Formal Wear**인 턱시도를 여성용으로 만든 것이고 팬츠 슈트는 하의가 스커트가 아닌 바지 복장이다.

4) 액세서리

사람 앞에 나설 때에는 액세서리에 대한 에티켓을 알아두지 않으면 안 된다. 거의 모든 액세서리는 옷차림의 포인트이기 때문에 때와 장소에 맞추어야 한다.

특히 경사 때와 조사 때는 혼돈했다면 큰 실례가 될 것은 물론이다.

기본적인 내용을 살펴보면 다음과 같다.

- **귀금속** : 액세서리는 특히 클래식 스타일의 비즈니스 복장에 필요하다. 그러나 남성의 경우 필수적인 액세서리 이외에 보석이나 다이아몬드가 박힌 넥타이 핀이나 반지의 사용은 오히려 품위가 없어 보인다. 또한 루비나 에메랄드 등 반짝이는 화려한 색상의 보석은 사용을 삼가고 금 또는 은으로 통일시킨다.
- **안경** : '크팅크스패트'라는 콧등에 올려놓은 부분의 청결 유지
- **가방** : 두껍고 반짝이는 가죽 소재로 봉제된 검정색이 전형적임
- **핸드백** : 작은 핸드백과 서류가방은 구분 소지, 구두·지갑·벨트는 같은 종류의 세트로 마련하는 것이 세련되어 보인다.
- **구두** : 옥스퍼드 슈즈(끈으로 매는 구두의 총칭) 여성의 경우 앞뒤가 트이지 않은 일반적인 구두에 뒤 굽 높이는 2인치
- **윙팁(Wing Tip)슈즈** : 구두 앞쪽에 날개 모양의 W자로 누빈 장식과 신발 끝을 구멍으로 모양을 낸 구두. 낮에는 좋으나 저녁에는 신지 않는다. 나이든 사람은 피한다.
- **벨트** : 서스펜더와 동시착용 금지
- **양말** : 검은색상이 기본, 슈트 색상과 같은 계열
- **손수건, 포켓치프**

Ⅲ-4. 호텔이용의 기본

호텔(Hotel)은 원래 수도원이 갖고 있었던 '병원(Hospital)'의 개념에서 비롯되었다. 중세의 숙박시설은 수도원을 중심으로 발달하였는데, 이 당시의 수도원은 침식제공은 물론 병을 치료해주는 병원의 기능도 함께 하고 있었다. 이로 인해 병원과 호텔은 같은 맥락으로 이해되었고, 후에 호텔은 'Hospital'의 어원을 기본으로 하여 숙박만을 위한 시설로서 독립적으로 분리되어 발달하게 되었다. 오늘날 지구촌이 하나의 경제블럭을 형성하고, 교통의 발달로 유동이 편리해진 만큼 비즈니스맨들의 호텔이용은 보편화되어졌다.

4-1. 예약

사전예약이 기본이다. 예약시에는 성명 및 성별, 도착일시와 출발예정일시, 연락처, 지불방법 등에 대해 정확히 알려주며, 비행기를 이용할 경우에는 비행기편까지 알려준다.

호텔에 도착하면 먼저 프론트에 가서 등록카드를 작성한다. 가족동반을 제외하고는 한 사람씩 각자 작성하는 것이 원칙인데 주소를 자세하게 적는 것이 중요하다. 성명 기입시에는 반드시 Mr.나 Mrs. Miss 등을 붙여야 한다. 등록카드 작성이 끝나면 객실을 배정받고 벨맨의 안내에 따라 움직이면 되는데 이때 개인의 짐은 벨맨에게 건네도록 한다.

4-2. 객실이용과 호텔의 기본 서비스

1) 열쇠

외출시에는 프론트에 맡긴다. 도난의 위험이 있을 수 있으므로 프론트에 맡기는 것이 가장 안전하다.

2) 욕실의 이용

해외 호텔의 경우 욕실에 배수구가 없는 곳도 있으므로 샤워시 주의해야 한다. 샤워커튼을 이용, 욕조 안에서 샤워하는데 커튼 끝을 욕조 안으로 오게 한 후 먼저 찬 물을 틀고 더운 물로 온도를 맞춘다. 욕실에는 대개 3개의 타월이 배치되어 있는데 가장 작은 것을 이용해 비누칠을 하고 가장 큰 것으로 몸의 물기를 닦는다.

3) TV, 전화

객실 TV에는 일반 채널과 호텔 자체의 채널 2가지가 있다. 자체 채널은 호텔마다 조금씩 다르므로 객실에 비치되어 있는 프로그램 안내서나 이용안내서를 참고하면 된다. 호텔에서 사용하는 전화는 자동으로 계산되며 체크 아웃시 지불하면 된다. 흔히 알고 있는 모닝콜(Morning Call)서비스를 이용할 수도 있는데, 이를 신청할 때에는 'Would you give me morning call 7o'clock?' 식으로 프론트에 부탁하면 된다.

4) 룸서비스와 미니바

차나 식사를 객실 내에서 하고자할 때에는 룸서비스를 이용하는

데 객실에 비치되어 있는 메뉴를 보고 전화로 주문한다. 아침 일찍 식사를 해야 할 경우 전날 밤에 행거 메뉴(Hanger menu)에 미리 주문해 놓고 문밖의 문고리에 걸어두면 된다.

객실의 냉장고 위에는 미니바(Mini Bar)가 갖춰져 있다. 음료나 주류, 안주나 가벼운 스낵류를 갖춰 놓은 것으로 이를 이용한 후에는 비치되어 있는 계산서에 직접 표시하고 체크아웃시 계산하도록 한다.

5) 팁(Tip)

18세기 영국의 어느 술집 벽에 '신속하고 훌륭한 서비스를 위해 지불은 충분하게'라는 문구가 붙어 있었다. 이 문구가 후에 'To Insure Promptness(신속하게 하기 위하여)'로 바뀌었고, 이의 머리글자만을 따서 'Tip'이 되었다고 한다.

우리나라에서는 아직 팁에 대한 개념이 보편화되어 있지 않고 봉사료라는 명목으로 계산서에 10%가 붙어 호텔 이용객들이 일률적으로 지불하고 있는 상태이다.

- **룸서비스** : 계산서의 15% 정도를 준다. 주문한 음식을 가져왔을 때 자연스럽게 준다. 'Delivery Charge'라고 하여 아예 계산서에 명시되어 있는 경우에는 따로 주지 않아도 된다.
- **도어맨** : 문을 열고 닫아주는 정도라면 굳이 팁을 줄 필요는 없고, 차를 주차해 주고 가져다주면 각각 1달러 정도씩 주면 된다. 자동차 열쇠를 주고받을 때 건넨다.
- **벨맨** : 코인으로 50센트 정도를 주면 되는데 큰 짐을 들어다 줄 때에는 1달러 정도 준다.

- **프론트 직원** : 별도의 팁을 줄 필요는 없지만 특별 서비스를 제공해 준 경우나 그밖에 도움을 받아 감사의 뜻을 전하고 싶다면 5달러 정도면 알맞다.
- **웨이터** : 식사비용의 10%를 준다. 계산서를 줄 때나 테이블 위에 올려놓아도 괜찮다.
- **소믈리에** : 주문한 술값의 15%를 준다.

Ⅲ-5. 레스토랑 에티켓

1765년 불랑제(Boulanger)라는 사람이 파리에서 양고기와 소고기 등으로 만든 수프를 판매하면서 'Boulanger sell magical restratives (블랑제가 신비의 스테미너 요리를 팝니다)'라고 광고했다.

이 요리는 곧바로 시민들에게 상당한 호응을 얻었지만 공교롭게도 이 레스토랑은 파리의 레스토랑조합에 가입하지 않았던 모양이다. 레스토랑조합에서는 레스토랑 문을 닫으라고 강요했고, 불랑제는 끝까지 레스토랑 문을 열어 음식을 팔았다.

이 일이 장안의 화제가 되었고, 오히려 이 Restratives는 더 유명해지게 되었다. 급기야는 이 소문을 듣고 루이 15세까지 이 요리를 즐겨 먹었다고 한다. 바로 이 Restratives가 변해 오늘날 'Restaurant'가 된 것이다.

식사에티켓이 중요하다는 것은 누구나 다 알고 있다. 하지만 실수는 있을 수 있다.

레스토랑의 식탁이 단순히 식욕을 돋우고 채우는 곳만이 아닌 사교의 장이 될 수도 있는 점을 염두해 둔다면 까다로운 형식과 절차라는 생각이 달라질 것이다.

5-1. 레스토랑의 일반적인 에티켓

1) 에티켓은 자기보호 및 안전이다.

식사시에는 예상치 않은 실수를 하기 쉽다. 상처를 입거나 옷을 더럽히거나 손을 데거나 테이블에 물이나 와인을 쏟는 등 여러 가지 사례가 많이 발생하게 된다.

웨이터가 요리를 서브할 때에 반드시 좌측에서 우측으로 코스마다 서비스 형태가 달라질 수 있다.

식사를 하는 동안 지나치게 손짓을 많이 하거나 상체를 좌우로 많이 움직이면 웨이터가 서브하려고 하는 음식과 충돌하여 뜨거운 커피나 수프를 뒤집어 쓸 수가 있다. 뿐만 아니라 서양요리의 기본은 각 코스마다 포크와 나이프가 준비되어 있다. 만약에 동석한 사람 중에서 나이프를 들고 손을 흔들며 대화를 하는 버릇이 있다면 주위 사람은 불안하기 짝이 없을 것이다.

2) 레스토랑은 사전예약과 시간관념이 중요하다.

손님과 함께 식당에 갔을 때 레스토랑의 사정으로 인하여 기다리게 되면 그만한 실례가 없을 것이다.

예약할 때의 요령은 먼저 명확히 성명을 알려야 하고 함께 식사를 할 인원수와 도착시간을 통보해야 한다. 시간관념은 대단히 중요하다. 시간을 지키는 일은 테이블 에티켓에 있어서 가장 기본이 된다. 또한 요리의 내용도 대략 상의를 해 두는 것이 좋다.

모처럼 예약을 했어도 당일이 되어 급한 용무 또는 상황의 변화로 못 가게 되는 경우도 생긴다. 이러한 경우에는 취소의 전화를 해주어야 한다. 일반 레스토랑에서는 예약시간에서 30분 정도가 지나면 그 예약은 취소된다. 그렇기 때문에 그 이상으로 늦어질 경우에는 시간을 연기하는 전화를 해주는 것이 에티켓이다.

다음에 중요한 것은 예약을 할 때 꼭 알려주어야 할 것이 디너의 목적이다. 예를 들면 약혼자의 생일이라든지 외국의 귀빈이라든지 축하 또는 대화를 위주로 한 모임 등의 목적을 말하여 주면 그 레스토랑 지배인은 이에 적절한 사전준비를 하게 된다.

3) 고급 레스토랑은 정장을 하여야 한다.

디너에서의 복장은 정하여 있지는 않지만 몇 사람이 동석하여 식사를 하는 자리에서 다른 사람에게 불쾌감을 주지 않기 위하여 최저의 선은 지켜야 한다. 만약 정장을 하지 않았을 때는 그 나라의 전통복 같은 것은 지장이 없으나 일류 호텔 레스토랑에 스포티한 운동복 차림이나 등산복 또는 넥타이를 하지 않은 차림으로 입장하면 거절당하는 수도 있다.

이것은 나 하나만을 위한 장소가 아니고 대중을 위한 장소이기 때문이다. 이러한 경우 "모자를 벗어 주시겠어요?" "정장을 하고 오시겠습니까?" 등 질문을 받거나 간혹 준비를 못한 고객을 위하여 식당에서 몇 벌의 상의를 준비하여 두었다가 대여해 주는 곳도 있다.

4) 레스토랑에서는 안내원의 안내를 받아야 한다.

고급 레스토랑일수록 반드시 입구에 안내원이나 지배인이 고객을 영접하게 된다. 이 때 “몇 분이십니까?” 또는 “예약을 하셨습니까?”라는 등의 질문을 한다. 예약이 되었으면 준비된 테이블로 안내하거나 그렇지 않으면 적당한 빈자리로 안내하게 된다.

안내원을 무시하고 자기 마음대로 좌석을 택하면 레스토랑에서는 매우 곤란하게 되는 수가 있다. 예를 들면 그 테이블이 다른 사라에게 예약된 것이라든가 그렇지 않으면 손님이 한곳에 집중이 되게 되면 웨이터에게 일이 과도하게 몰려 서비스에 지장이 생겨서 결국은 손님이 손해를 보게 된다. 안내를 받지 않고 여기 저기 기웃거리게 되면 다른 사람에게 방해가 되기도 한다. 이러한 점을 감안해서 안내원의 안내가 꼭 필요하며 안내받은 테이블이 마음에 들지 않으면 ‘저쪽은 안 되겠어요?’하고 희망을 나타내면 안내원이 알아서 조정하여 드리기도 한다.

그러나 정식 초대인 경우에는 미리 정해져 있다. 손님이 가만히 있어도 초대 측에서 지정좌석을 안내해 준다.

5) 좌석을 정할 때에는 손님 중에서 누가 제일 중요한 분인가를 생각해야 한다.

레스토랑에서 식사를 할 때 좌석이 좋은 곳에 정해질 때와 나쁜 곳에 정해질 때가 있다. 이에 따라 기분이 달라질 수 있으며, 또한 같은 요리일지라도 좌석에 따라서 그 맛이 달라지는 것은 어찌할 수 없는 일이다. 보통 주빈은 가장 나이가 많은 부인이 된다. 호스트와 초면인 손님이나 사회적인 지위가 높은 사람, 유명한 사람이 주빈이 될 수도 있다. 주인의 친척, 친구, 가족은 물론 말석에 앉아야 한다. 남자와 여자는 좌석을 섞어서 앉는다.

가장 중요한 여자 주빈은 남자주인(Host)의 우측에 앉고 그 다음 중요한 여자 손님은 남자주인의 좌측에 앉는다. 가장 중요한 남자 주빈은 여자주인(Hostess)의 우측에, 다음 남자 주빈은 여자주인의 좌측에 앉게 된다. 세 번째로 중요한 여자는 주빈 남성의 우측, 세 번째 남자는 주빈 여성의 우측에 앉게 된다. 부부가 초대를 받았을 때는 보통 떨어진 곳에 대각으로 앉게 된다.

6) 웨이터가 맨 먼저 빼어주는 교자가 최상석이다.

웨이터가 없을 때는 남자가 주빈 또는 여자들의 의자를 뒤로 물려줘야 한다. 사람들의 왕래가 많은 통로 쪽이나 출입문에서 가장 가까운 곳은 말석이다. 상석을 지정받았을 때 지나칠 정도로 사양하는 것은 오히려 실례가 될 수도 있다.

7) 여성의 착석 시 남성이 도와준다.

여성을 먼저 앉게끔 남성이 도와주는 이유는 피로하기 쉬운 여성을 될 수 있는 한 편히 해주는 배려이다. 참석자 가운데 노령의 어른이나, 윗사람, 여성이 있으면 그들이 앉을 때까지 의자 뒤에서 기다리는 것이 좋으며 의자에 앉을 때는 좌측으로부터 들어서야 한다. 인원이 많을 때에는 사전에 좌석이 정해져 있으므로 꼿꼿이 세워 가볍게 의자 등에 기대어 마음의 긴장을 풀고 손은 불필요한 동작을 멈추고 가볍게 무릎위에 놓는 것이 좋다.

8) 테이블과의 간격은 주먹 두 개 정도 떨어져 앉는다.

식사의 시작이 되는 순간에 의자의 거리를 고치는 행동은 좋은 에티켓이 아니다. 테이블에서 한 사람이 차지하는 거리는 대략 60cm~70cm의 정도이다. 따라서 식사 중 몸을 움직이는 범위는 70cm를 넘지 않는 것이 좋다.

9) 여성의 핸드백에 등과 의자 사이에 놓아둔다.

식당에 들어 갈 때에는 가방, 모자, 외투, 우의 등을 가지고 식탁까지 들어가시면 안 되니 보관소(Check Room)에 맡겨야 한다. 식당은 어디까지나 식사하는 곳이므로 식사하는데 지장이 되는 것을 가지고 들어가면 안 된다. 그러나 여성의 경우 핸드백은 예외다.

이때 핸드백은 의자에서 등 받침대와 등 사이에 놓는 것이 가장 자연스럽다. 의자의 뒤가 뚫려 있는 경우에는 부득이 의자의 우측 다리 옆에 가지런히 붙여 놓는 방법도 있다. 이런 경우에 대비하여 의자의 등받이나 테이블에 걸어 놓을 수 있는 걸이(Hanger)를 핸드백 속에 넣고 다니는 방법도 좋을 것이다.

핸드백이나 기타 휴대품을 식탁 위에 놓아두는 것은 좋지 않다.

10) 냅킨은 모두가 착석한 뒤 무릎위에 편다.

착석하자마자 냅킨을 성급하게 펴는 것은 분위기를 깨뜨려 좋지 않다. 테이블 전체를 둘러보고 전원이 착석 후 안정된 상태에 들어가면 냅킨을 펴지 않은 상태로 무릎 위로 가져와 조용하게 편다. 반으로 접어진 쪽을 자기 앞으로 놓는다.

냅킨은 양복조끼 단추에 걸거나 와이셔츠의 목 부분에 걸치는 것은 점잖지 않다. 이러한 방법은 열차식당이나 비행기에서 좌석이 흔들릴 때 이용되는 것이다.

식사 전에 인사소개가 있거나 연설이 있을 때는 끝날 때까지 냅킨을 펴지 않는 것이 상례다.

11) 메뉴를 천천히 보는 것도 에티켓이다.

식탁에 앉자마자 주문하지 말고 머리를 써가면서 이것저것 선택한다는 것은 그 레스토랑이 제공하는 여러 가지 요리에 대하여 더 잘 이해하게 되는 식용도 돋울 수 있으며 최고의 음식이 무엇인가도 감지하게 된다. 일반적으로 고객이 알아두어야 할 메뉴의 구성을 보면 전채(Appetizer), 수프, 생선요리, 육류요리, 샐러드, 디저트, 음료 순으로 구성되어 있다.

대개 이러한 순서에 입각하여 각 코스마다 한 가지씩 선택하여 가면 좋은 식단이라고 할 수 있으나, 일품요리는 '생선요리'와 '고기요리'가 중복되면 너무 무거운 식단이 되기 때문에 두 가지 요리는 겹치지 않는 것이 좋다.

일품요리 이외에 조리장이 특선한 정식이 있다. 정식을 주문하면 이것저것 주문할 필요가 없으며 전채요리에서 커피까지 포함되어 있다. 계절에 따라서 또는 재료의 입하사정에 따라 매일 변화될 수 있으며 비교적 경제적으로 식사를 할 수 있는 것이 특징이다.

다음에 중요한 와인선택이다. 와인리스트는 와인의 종류를 산지별로 나눈다. 그의 큰 이유는 산출되는 지방에 따라 와인의 성격이 다르기 때문이다. 또한 와인리스트는 와인 수확연도가 가까운 상표부터 먼저 쓰여져서 순차로 오래된 연대에 따라 기재된다. 이와 동시에 비교적 품질이 낮은 것으로부터 높은 품질의 명주의 순으로 기재되어 있기도 한다.

12) 웨이터는 고객의 수족이다.

웨이터는 고객을 위하여 존재하며 고객에게 식사의 즐거움을 드리기 위한 여러 가지 일을 하므로 웨이터가 옆에서 보고 있는 것을 거북하게 생각하실 필요가 없다.

간혹 어떤 고객은 웨이터를 부를 때 손가락을 튕겨서 "탁"하고 소리를 내는 것은 점잖은 에티켓이 아니다. 웨이터를 부를 때는 가볍게 손가락만 쳐들어도 된다.

우수한 웨이터는 손님의 눈 움직임과 손님의 태도만 보아도 곧바로 고객의 옆으로 다가서도록 훈련되어 있다.

고급 레스토랑에는 헤드웨이터가 있다. 고객이 레스토랑에 입장할 때부터 나갈 때까지의 고객의 안전과 식사의 제반편의를 제공하는 것이 헤드웨이터의 임무일 뿐 아니라, 레스토랑의 요리에 대해서도 조리장과 같은 식견을 갖고 있으므로 요리를 선택할 때나 요리를 즐길 때 조언을 충분히 듣는 것이 가장 좋다.

5-2. 상황에 따른 에티켓

1) 사전예약으로 즐겁게 시작한다.

사전예약을 해두면 편리할 뿐 아니라 식사를 즐겁게 할 수 있다. 예약 시에는 이름, 연락처, 일시, 인원, 그리고 중요한 접대인 경우라면 예산까지도 미리 알려준다. 예약시간은 반드시 지키도록 하며, 늦어질 경우 사전 연락이 없으면 예약 자체가 취소되므로 미리 전화연락을 해둔다.

2) 테이블의 착석

대개의 레스토랑에서는 매니저가 테이블까지 안내해 의자를 빼준다. 이 자리가 상석이므로 그 모임의 주빈이나 여성이 먼저 앉도록 한다. 입구에서 먼 곳, 벽을 등지거나 전망이 좋은 곳이 상석이며 통로 쪽이 말석임을 좌석 배치의 기본으로 알아두자.

3) 계산은 자리에서

계산은 커피나 식후 주를 거의 마신 후 적당한 때에 앉은 자리에서 하도록 한다. 각자 내는 경우라도 그 자리에서는 한 사람이 대표로 내고 밖에서 정산을 하는 것이 예의이다. 팁은 계산을 끝낸 후 계산서를 다시 줄 때 남의 눈에 띄지 않게 자연스럽게 주도록 하며, 이때 수고의 표시로 악수를 건네는 것도 좋은 방법이다.

상황에 따라 발휘하는 재치 있는 에티켓을 살펴보면 다음과 같다.

① 식사중의 실수

이런 경우 웨이터나 지배인을 불러 도움을 청한다. 가능한 다른 사람들이 모르게 조용히 오른손을 들어 신호를 보내도록 한다.

② 뜨거운 음식이나 상한 음식을 먹었을 때

무심코 먹은 음식이 너무 뜨거울 때에는 찬물을 먹는다. 주변에 물이 없을 때에는 뱉도록 하는데 종이냅킨에 싸서 그릇 한쪽에 놓아둔다.

③ 고기나 뼈가 목에 걸렸을 때

생선가시가 걸렸을 때는 물을 마시거나 냅킨으로 입을 가리고

기침을 한다. 손가락으로 입에서 꺼내는 것도 실례가 되지 않으며, 이때에도 역시 다른 손이나 냅킨으로 입을 가리도록 한다.

④ 기침, 재채기, 코풀기

기침이나 재채기가 나오려 하면 손수건 또는 냅킨으로 코와 입을 먼저 가리도록 한다. 코를 풀고 싶을 때에는 양해를 구하고 자리를 뜬다. 자신의 손수건이나 휴지를 사용하며, 냅킨은 원래 사용하지 않는 것이다.

⑤ 식사 중 피해야 할 화제

식사 중에 대화를 하면서 천천히 먹는 것이 서양인들의 식습관이다. 이때 피해야 할 화제와 좋은 화제를 살펴보면 다음과 같다.

피해야 할 화제	좋은 화제
• 개인적인 문제	• 시사뉴스
• 건강에 대한 문제	• 날씨
• 배우자 관계	• 여행
• 종교, 인종, 정치	• 스포츠
• 금전문제	• 문화, 음악, 예술
• 성적인 문제 등	• 취미 등

Ⅲ-6. 방문 에티켓

방문은 상대방과의 경계를 누그러뜨리고, 서로의 교제를 깊게 하는데 지대한 역할을 한다. 상대방에게 친밀감을 느낄 수 있는 경우는 많이 있지만, 방문도 그중 하나로 친밀감을 느낄 수 있는 가장 자연스러운 계기가 될 수 있다.

남의 집을 방문한다는 것은 결과적으로는 그와 같은 질서와 일과를 일시적이나마 변동시키는 것이므로 이쪽의 형편만 생각하고 계획을 세워서는 안 된다. 방문의 에티켓은 상대방의 형편을 생각하는 데서부터 시작된다.

남의 집을 방문할 때 아무런 예고도 없이 불시(不時)에 방문하면 상대방에 대하여 실례가 된다. 특히 정부고관이나 큰 회사 사장이나 중역, 기타 사회적인 지위가 높고 분주한 업무를 보고 있는 사람을 방문할 때에는 용무가 무엇이건 간에 먼저 방문하겠다는 약속을 해야 할 것은 물론 상대방의 형편을 고려해야 한다.

6-1. 약속하는 방법

1) 전화

상대방의 형편을 알아보기 위해서는 먼저 전화를 이용해도 무방하다. 자기보다 사회적인 지위가 높은 사람에게 전화를 걸 때에는 상대방을 직접적으로 전화로 부르지 않는 것이 에티켓이다. 상대방을 전화통이 있는 데까지 오게 한다는 것은 큰 실례이다. 따라서 상대방의 가족이라면 그 사람에게 용건을 전하여 형편을 문의하는 것이 좋다.

2) 편지

편지를 이용할 때에는 봉함에 반신용(返信用) 우표나 엽서를 동봉해야 한다. 상대방의 사회적인 지위가 이쪽과 동등할 경우에는 왕복엽서 같은 것을 이용해도 좋다.

3) 전보

급한 일이라면 전보를 쳐도 좋다.

‘내일 오후 2시 방문 경기’

(이것은 친한 친구나 지위가 동등한 사람과의 사이에 치는 경우)

‘7일 오전 열시 방문하겠습니다. 이귀자’

(이것은 윗사람에게 보내는 경우)

때에 따라서는 용건을 첨부할 필요도 있을 것이다. 무엇 때문에 방문하는가 하고 궁금히 여길지도 모르기 때문이다.

6-2. 방문일과 시간

보통의 용건으로 방문하는 경우, 방문에 적합한 날은 일요일을 제외한 날이 좋다. 공휴일도 피하는 것이 원칙이다. 상대방이 위크 데이(Week Day)라 해도 집에 있을 경우에는, 특히 일요일이나 공휴일에는 방문해서는 안 된다. 그러나 상대방이 샐러리맨이나 학교의 선생, 그리고 노동자의 사택(私宅)을 방문할 때에는 일요일이나 공휴일도 무방하다.

‘이삼일 안으로 방문하겠습니다.’, ‘일간 방문할까 합니다.’ 이와 같은 불확실한 예고, 또는 약속을 하는 방법은 옳지 못하다. 왜냐하면 이쪽이 방문할 때까지 상대방에서는 집을 비게 한다거나 다른 사람과의 약속을 할 수 없기 때문이다.

방문하는 시간은 이른 아침이나 식사시간 또는 야간을 피하는 것이 에티켓이다.

상대방의 직업적인 용건 이외의 일로 직장을 방문할 경우에는 하오 한시나 두시를 택하는 것이 좋다. 부득이한 사정으로 오전 중에 방문할 경우에는 오전 열 시경을 택하는 것이 좋다.

6-3. 방문하는 장소

방문하는 용건의 여하를 불문하고 그 사람의 자택으로 방문하는 것이 정식일 것이다. 그러나 시간의 절약과 형식의 간소화를 존중하는 현대생활에 있어서는 약식의 방문 장소가 얼마든지 있다.

6-4. 불시(不時)의 방문

어떤 집을 막론하고 현관에는 언제 어떤 사람이 방문할지도 모른다는 예감이 있으므로, 용건에 따라서는 예고도 없이 불의에 방문을 해도 상대방에게 불유쾌한 감은 주지 않을 것이다. 취직이나 입학을 축하하기 위하여 불의의 방문을 했다고 해서 예의를 모르는 사람이라고 하지는 않을 것이다. 오히려 즐겁게 맞아들일 것이다.

몇 천원에 지나지 않은 선물을 사가지고 가면서 예고까지는 하고 방문을 한다면 후일에 '이까짓 것을 가지고 오면서'하고 비웃을지도 모를 일이다. 이런 경우에는 예고 없이 방문하고 곧 돌아서는 것이 상책이다.

- 연말이나 연시의 방문
- 부탁 받은 일에 대해서 보고할 때
- 반가운 소식을 전할 때
- 인근까지 왔던 길에 방문하고 싶을 때

이와 같은 경우에는 방문하겠다는 예고를 할 필요가 없다.

6-5. 방문후의 감사의 인사

사람을 방문하고 그 후 반드시 감사의 편지를 보내야 된다는 것은 없다. 그러나 다음과 같은 경우에는 방문 후 이삼일 후에 반드시 감사의 인사를 적은 편지나 전화를 하는 것이 에티켓이다.

- 누군가의 소개장을 가지고 방문을 했을 경우
- 마음과 정성을 다한 환대를 받았을 경우
- 부탁한 것을 승낙해 주었을 경우
- 어린애를 데리고 방문하여 그 어린애가 괴로움을 끼쳤을 경우
- 너무 오래 앉아 있어서 괴로움을 끼쳐 사과가 필요할 경우

이와 같은 경우에는 대개 엽서를 써도 무방하지만, 봉함을 쓰는 것은 한층 더 정중한 인사로 될 것이다.

모든 감사장이나 답례는 그 일이 있은 후 며칠 안으로 보내는 것이 좋다. 일주일 이상이나 지난 후에 보내는 것은 내지 않은 것보다는 좋겠으나, 에티켓 상으로 볼 때에는 그리 좋다고는 말할 수 없다.

Ⅲ-7. 서신에티켓

우리나라에서는 옛날 흰 종이에다 붓으로 글을 써서 상대방에게 보내는 것이 에티켓이었다. 오늘날에는 컴퓨터와 통신의 발달에 따라 이제 편지는 향수를 불러일으키는 것이 되어 버렸다. 전화와 팩스가 있어 연락이 수월해지고 컴퓨터 통신이 대중화된 지금 애써 편지를 쓰는 수고를 들일 필요가 없는 것도 사실이다. 그러나 아무리 과학화된 시대라 하더라도 예나 지금이나 말로 전하기엔 어려운, 또는 마음속에 묻어 두었던 말을 자연스럽게 전달할 수 있는 방법 중에 편지만큼 좋은 것이 없다.

사람이 매일 우편배달에 관심을 가지고 우편 투입함을 보게 되는 것은 보통 열다섯 살부터라고 한다. 이 습관이 전 생애에 걸쳐 계속되는 것은 사회에서의 교제가 계속되고 있기 때문이다. 그러나 편지에 연결된 기대의 정도는 연령에 따라 다르다. 대체로 청소년 시대는 낭만적이며, 장년시대와 그 이후의 시대는 현실적이다. 따라서 편지에 대한 에티켓 즉 편지를 써서 보내는 사람이 지키지 않으면 안 될 에티켓은 발신인의 연령과 편지를 받아 보는 사람의 연령에 따라 정해지는 것이다.

물론 이런 경우의 연령은 그 연령과 직접 맺어지는 직업·사회적인 지위·경우·성적·성별 같은 것을 포함한 것이다.

7-1. 편지를 쓰는 요령

1) 방법에 대하여

서투른 글씨를 남에게 보인다는 것은 괴로운 일이 아닐 수 없다. 그러나 편지를 전람회에 내놓은 것이 아니고, 단 한사람의 상대방에게 읽히면 족하다. 글씨는 서툴러도 글씨에서 그 사람다운 표정이 엿보이고, 진심으로 말하듯 쓰고 에티켓만 잘 지켰다고 한다면, 이것은 훌륭한 편지다.

- 붓글씨나 펜글씨를 정성들여 써서 훌륭한 글씨로 나타내고자 하는 것은 대단히 좋은 일이기도 하다. 따라서 편지의 에티켓은 글씨 쓰기에서 시작된다고 해도 과언이 아닐 것이다. 그러나 이삼년 글쓰기를 배워서 글을 잘 쓰게 되지 않으면 편지를 쓰지 않겠다고 선언하는 사람이 있다고 한다면 그것은 틀린 생각이라고 하지 않을 수 없다. 글씨가 서툴다고 해서 에티켓에 벗어난다는 공리(公理)는 아무데도 존재하지 않기 때문이다.
- 붓이나 펜으로 쓰는 자체(字體)에서 해서(楷書)·행서(行書)·초서(草書)의 세 가지가 있는데, 편지는 그 중의 어느 것을 택해도 무방하지만, 행서와 초서의 중간 것을 택하는 것이 일반적이다.
- 글씨를 흘려 쓰는 방법에도 일정한 법칙이 있으므로, 자기 멋대로 흘려 쓰면 국어사전에도 없는 글을 쓰는 것과 같아 타인을 그것을 읽을 수 없다.
- 글씨를 잘못 써서 다시 고쳐 쓸 때에는 까맣게 지우지 말고 그 글자 위에 가는 줄을 두 줄 긋고 그 옆이나 아래에다

바른 글자를 쓰는 것이 원칙이다. 그러나 한 장의 편지에 글자를 많이 지우고 고친 데가 있다든지, 두 줄이나 세 줄을 지웠을 때에는 귀찮은 일인지도 모르겠으나 다른 종이에 옮겨 써야 하는 것이 에티켓이다. 지운 글자가 많은 편지를 보내면 결과적으로 볼 때 상대방을 소홀히 취급했다는 것과 같은 인상을 주게 되므로 실례가 되는 수도 있다. 특히 격식에 맞춘 편지, 이를테면 연하장이나 조문(弔問)을 위한 편지에는 지워 버린 글자가 한 자도 있어서는 안 된다.

2) 편지의 내용을 쓰는 순서

- 첫머리에 편지를 받을 사람을 쓴다.
- 계절을 말하고 상대와 주변의 안부를 묻는다.
- 자기의 안부를 전한다.
- 용건을 말한다.
- 상대편의 안녕을 빌며 끝맺음을 한다.
- 날짜를 쓰고 자기 이름을 쓴다.

7-2. 편지의 종류

1) 친구간의 편지

친구간이니 만큼 대화 하듯이 일상의 소식을 전하는 것이 주된 목적이므로 특별한 격식을 차릴 필요는 없다.

2) 업무용 편지

구구절절한 사연은 자제하고 용건을 간결하게 적어 쉽게 알 수 있도록 하는 것이 중요하다. 또한 다른 편지와는 달리 손으로 직접 쓰는 것보다는 워딩하여 보내는 것이 더욱 좋다.

3) 감사의 편지

진심으로 우러나오는 감사의 뜻을 꾸밈없이 적도록 한다. 선물을 받거나 은혜를 입은 날로부터 2~3일 내로 신속하게 보내야 한다.

4) 사교편지

사교에 관한 것으로 다소의 격식을 갖추는 것이 좋다.

5) 소개편지

사무적 혹은 사교적인 일로 자기가 아는 사람을 제3자가 만나고 싶어 할 때가 있다. 소개편지란 그런 경우 제3자를 그 사람에게 홀로 보내어 소개시킬 때 작성하는 것이다. 여기에는 반드시 책임이 따라야 하며, 상대방에게 실례가 되지 않도록 각별히 주의해야 한다.

소개편지는 겉봉을 봉하지 않은 상태에서 건네주는 것이 예의이며 편지를 받은 사람이 그 자리에서 봉투를 가져간다.

사교적인 소개편지는 상황에 따라 다르다. 남성이 여성에게 소개될 때는 직접 편지를 가져가지만 남자끼리거나 여성이 소개될 경우에는 대개 우편을 이용한다.

7-3. 국제서신

국제서신은 펜팔처럼 국제적으로 친분을 나누는 교우관계를 위해서도 필요한 것이지만 비즈니스맨에게는 업무상 꼭 필요한 절차가 될 수 있다. 따라서 국제서신을 쓸 때에는 충분히 예의를 갖출 필요가 있으며, 사적인 이유로 쓰는 편지라 하더라도 문법이나 철자가 틀리지 않도록 기본형식을 지키는 것이 매우 중요하다.

1) 발신인의 주소와 날짜

발신인의 주소와 날짜 표기는 첫 페이지 상단 우측에 적는다. 날자는 반드시 전체를 쓴다. 즉 September를 Sep. 로 표기하는 것은 상용문서 이외에는 실례가 되는 일이다.

2) 머리말

첫머리에 수신자의 직함이나 경칭을 표기한다. 머리말 뒤에 쉼표를 찍는 개인편지와는 달리 사무용 편지에서는 콜론(:)을 찍는 것이 예의이다.

- Sir/Deer Sir(Madam) 잘 모르는 사람이나 경의를 표할 사람에게 사용한다. 단체나 회사 앞으로 쓸 경우에는 'Deer Sir'라고 표기한다.
- Deer Mr./My Dear Mr. 지인이나 친구에게 사용하는 사적인 표현이다. 부인에 대해서는 'My'를 쓰지 않는다.
- Deer/My dear Mr. 매우 친밀한 사이에만 사용되는 표현이다.
- 군인 혹은 기타 관직명을 이용하는 경우 My deer Governor, My General이라고 표현한다.
- 외교문서에는 프랑스어를 사용하는 것이 관행으로 되어 있다.
- 공식문서에서 고위직에 있는 사람에게 사용하는 약식 및 정식 머리말은 각각 정해져 있다.
- 본문은 용건을 간략하고 알기 쉽게 서술한다.

- 맺음말은 본문 말미에 적은 인사말로 각각의 경우에 따라 일정한 어구가 정해져 있다.
- 모르는 사람에 대한 표현. Yours truly / Yours faithfully / Yours sincerely
- 지인이나 친구에게 사용한다. (Yours very) truly / (Yours very) sincerely
- 매우 친밀한 친구나 친척에게 사용. (Yours) affectionately / Loving yours / Devotedly / With love
- 지위가 높은 관료, 'I have the hono(u)r to remain your Majest's most obedient servant' 등과 같은 정식 맺음말이 정해져 있다.

서명은 자신의 손으로 직접 적은 것으로 그 편지에 대해 모든 책임을 지겠다는 의미가 내포되어 있다.

① 방식

- 자신의 성명 전부를 적거나 본명만 적는다. 단, 법률상의 문서나 정식 문서인 경우 성명 전체를 적어야 한다.
- 본명은 약자로 하고 성(姓)으로 서명한다.
- 서명에는 경칭을 약자로 하여 붙이지 않는다.

② 공문서, 비즈니스 문서에서의 서명

자신의 성명을 모두 적든가 본명을 약자로 하고 성만을 적으면 되는데, 서명 밑에 반드시 워드로 성명 전체를 표기하도록 한다.

③ 미국 공문서에서의 서명서식

서명 밑에 반드시 관직명을 표기하는데, 콤마(,)는 사용치 않도록 한다. 대리인이 서명하는 경우에는 'FOR'를 붙인다.

3) 수신인의 주소성명

수신자에 대한 경칭, 이름, 직책 등은 편지 첫 페이지의 왼쪽 아래에 적는 것이 원칙이나 상업문에서는 왼쪽상단에 적는데 오른쪽의 날짜보다 조금 내려온 위치가 좋다.

4) 겉봉적기

이름과 주소를 적는데 발신인과 수신인 모두를 앞면에 적는 것이 좋다. 수신인의 주소를 가운데에, 발신인의 주소를 왼쪽 상단에 적도록 한다.

Ⅲ-8. 파티 에티켓

파티나 사교모임에서 세련된 매너와 말솜씨로 상대방의 환심을 산다면, 비즈니스에서도 능력 있는 사람임을 짐작하게 한다. 이제 우리나라에서도 파티나 사교모임들이 빈번해지고 자연스러워진 만큼 그에 걸맞은 에티켓을 갖춘 신사숙녀다운 행동이 필요시 되고 있다.

파티에서의 주의사항을 살펴보면 다음과 같다.

- 적극 참가한다.
- 친목을 넓힌다.
- 먼저 자기소개부터 한다.
- 자리를 빠져 나올 때에는 어색하지 않게 한다.

8-1. 주인으로서의 에티켓

- 적어도 1주일 전에 초대장을 보내거나 초대의 뜻을 알리고 손님의 참석 여부를 미리 확인해 둔다.
- 주인은 현관이나 입구에서 손님을 맞고 여주인은 조금 떨어진 곳에서 맞이한다.
- 손님이 오면 별실에서 서로 인사를 나누게 하고, 안면이 없는 사람들끼리는 인사를 나눌 수 있는 자리를 주선하거나 주인이 직접 소개하여 서로 자연스러운 분위기를 느낄 수 있도록 한다.
- 식사시 음료수는 손님의 오른편 뒤에서 권하며 요리는 왼편에서 권한다. 또 식사가 끝난 후 손님의 빈 그릇은 오른쪽에서 내가도록 한다.
- 과일이나 빵 등을 함께 준비할 때에는 손님의 기호에 따라 선택할 수 있도록 여러 가지 것을 준비하는 것이 좋다.
- 부드럽고 즐거운 화제로 식사 분위기를 리드하며 진행하는 것도 주인의 역할임을 잊어서는 안 된다.
- 손님에게 음식을 무리하게 권하는 것은 예의가 아니며, 친절한 마음을 지나치게 표현하는 과잉 서비스도 손님을 부담스럽게 할 수 있으므로 적당히 대접하도록 한다.

8-2. 손님으로서의 에티켓

- 빠른 시간 내에 참석 여부를 알리고 부담스럽지 않은 범위에서 가벼운 선물을 준비해 가 는 것이 좋다.

- 함께 초대받은 사람이나 초대된 시간에 따라, 초대의 목적에 예의에 벗어나지 않는 적절 한 옷차림으로 방문하는 것은 기본이다.
- 밝은 얼굴과 정중한 태도를 유지하며 부담스러운 이야기는 되도록 피하는 것이 좋다.
- 식사 중에는 되도록 자리를 뜨지 않도록 한다.
- 식사가 끝나면 바로 일어서지 말고 주인이 다른 장소로 안내하거나 참석자들 대부분이 식사를 마쳤을 때에 천천히 함께 일어서는 것이 좋다.

8-3. 파티의 형식

1) 만찬

각종 파티 중에서 가장 비중 있고 그 격식과 절차가 엄격한 것이 만찬이다. 만찬은 형식에 따라 공식(Formal), 비공식(Informal)으로 나눌 수 있다.

정식 만찬은 가장 공식적인 것이고, 비공식 만찬은 초청장 또는 구두(口頭)로도 초대가 가능하나 옷차림은 턱시도를 통례로 한다. 비공식 만찬은 서양에서의 가장 실질적인 만찬이다.

2) 만찬석상에서 지켜야 할 예절 몇 가지

① 파티에서는 손님을 기다리며 식전주로 칵테일이나 셰리(Sherry)가 제공되곤 하는데 이를 한꺼번에 마셔서는 안된다. 카나페나 그 외의 간단한 음식정도가 제공되는 경우가 있으므로 천천히 여유를 두고 마시며 너무 많이 마시지 않도록 한다.

② 식사가 준비되면 안주인을 따라 들어가는 것이 일반적이다. 여자 손님이 먼저, 그 뒤를 남자 손님이 따라 들어가는 것이 보통인데, 최근에는 약식이 되어 여주인이 주빈이나 서열 1번의 손님 부부를 안내하고 가면 다른 손님들이 따라 들어간다.

③ 식탁 위에 이름표가 있거나 자리가 지정된 경우라면 해당 자리를 찾아 앉고, 그렇지 않은 경우에는 남자 주인과 여주인이 마주앉고 그 옆으로 남녀 번갈아 앉는다. 이때에는 의자 왼쪽으로 들어가 앉으며 남자는 자신의 오른쪽에 있는 의자를 뒤로 당겨 여자 손님의 앉기를 도와주어야 한다. 나올 때는 앉을 때와 마찬가지로 의자의 왼쪽으로 돌아 나오는 것이 바람직하다.

④ 영국식탁에서는 식사가 서브되면 곧 먹기 시작하는 반면, 미국은 모든 손님에게 서브될 때까지 기다리는 것이 일반적이라고 한다. 그러나 서양요리는 뜨거운 요리건 찬요리건 가장 먹기 좋은 온도일 때 손님에게 제공되므로 자기에게 요리가 나오는 대로 먹어도 실례가 되지 않는다. 다만, 5-6명 정도가 모인 조촐한 파티라면 전원에게 모두 서브된 후 함께 식사를 하는 것이 좋으며 윗분의 초대를 받은 경우는 더욱 그렇다. 약식만찬에서는 음식을 더 부탁해도 괜찮으나 정식만찬에서는 음식을 더 청하는 것이 오히려 실례가 된다.

〈프랑스식 배치〉

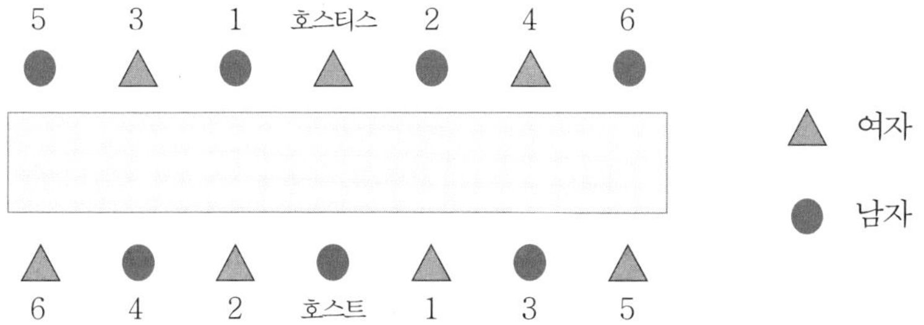

〈영국식 배치〉

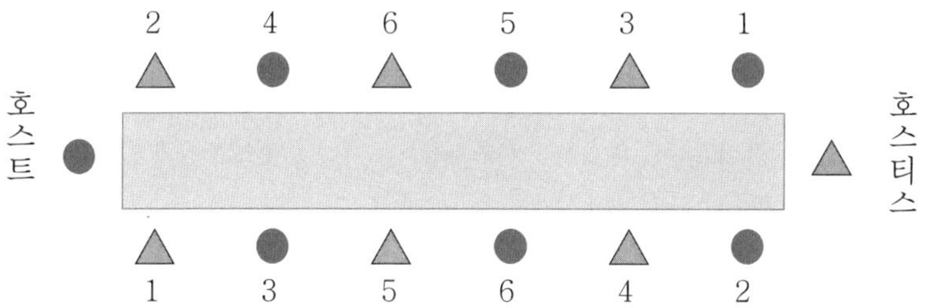

3) 오찬과 조찬

오찬은 정식이나 약식이나 그 예법은 만찬과 같은데, 만찬에 비해서는 훨씬 약식이다. 예를 들면, 오찬 때 여주인은 손님을 맞이하기 위하여 굳이 입구에 서 있지 않아도 되며, 특별한 경우가 아니면 샴페인은 내지 않는다.

프랑스식 조찬은 커피에 밀크를 탄 '카페오레(cafe au lair)'와 빵, 계란에 과일 정도로 가볍게 나오고, 미국식은 오렌지 주스, 오트밀, 콘플레이크서 햄, 베이컨, 토스트, 커피와 계란이 나온다. 그리고 영국식은 미국식에 대구나 훈제 청어 등 생선이 더 나오고, 커피 외에 홍차도 나온다.

4) 칵테일파티

칵테일을 중심으로 하는 식전 파티로서, 여러 종류의 카나페를 곁들여 손님을 대접한다. 결혼식, 창립 기념, 환영 또는 환송, 개업 축하 동물을 위하여 크리스마스나 신년에 주로 많이 열리나 마음에 맞는 친구들끼리는 특별한 이유 없이 열기도 한다. 파티시간은 식사 전이 보통인데 지정시간 내라면 언제가도 좋으며, 보통 20분 내지 30분 정도 있으면 된다.

초대받은 사람이 언제 파티에 참석하든, 또 언제 돌아가든 상관없다는 것이 칵테일파티의 특징이다.

5) 리셉션

리셉션이란 원래 지위가 높은 정부의 공직자나 외교관이 공식적으로 베푸는 칵테일파티에 한해 쓰던 용어였다. 그러나 오늘날에는 대부분 특정한 사람이나 중요한 사건을 축하 또는 기념하기 위해 베푸는 공식적인 모임을 가리킨다.

음식은 칵테일파티와 마찬가지로 준비하며, 옷차림은 칵테일파티와는 달리 주최자 혹은 주빈의 신분과 개최목적에 맞게 하는 것이 에티켓이다.

6) 파티 장에 나가기 전의 마지막 체크리스트

구분	남 성	여 성	남 / 여
머리	• 면도는 잘 되었는가. • 면도 후 수염은 잘 정돈 되었는가.	• 화장을 신중히 하였는가. • 눈썹 소제는 하였는가. • 귀걸이, 목걸이는 잘 닦아 광택이 나는가. • 스카프에는 얼룩이 없는가.	• 머리카락은 단정히 자르고 빗었는가. • 얼굴은 깨끗한가. • 귀는 깨끗한가. • 목은 씻었는가.
몸	• 와이셔츠는 깨끗한가. • 칼라와 소매 끝은 다림질을 했는가. • 넥타이는 얼룩지지 않은 것으로 단정히 매었는가.	• 향수는 필요한 최소량을 사용하였는가. • 블라우스나 스웨터 위에 화장이 묻지는 않았는가. • 슬립이 스커트 바깥으로 나오지는 않았는가.	• 몸은 깨끗이 씻었는가. • 탈취제는 사용하였는가. • 속옷은 갈아입었는가. • 옷에는 얼룩이 묻거나 그 매듭이 느슨하지 않는가. • 손수건은 다 있는가. • 어깨 위에 비듬이 떨어져 있지는 않은가
손		• 손톱 소제는 단정하면서도 세련되게 하였는가.	• 손은 씻었는가. • 손톱은 깨끗하고 모양은 양호한가.

손		• 핸드로션을 발랐는가.	• 반지는 깨끗하고 비누 때가 끼지 않았는가. • 시계줄 모양은 양호한가.
다리와 발	• 양말은 깨끗한가. • 양말을 바싹 당겨 신었는가. • 레이스 매듭은 단정한가.	• 팬티스타킹은 줄이 나가지 않았는가. • 재봉선이 있는 경우, 그 선은 올곧이 나 있는가.	• 구두는 깨끗이 닦였는가. • 구두 굽에 닳은 흔적이 있지는 않은가
핸드백이나 서류가방			• 가죽제품

Ⅲ-9. 댄스 에티켓

9-1. 댄스의 성격

댄스의 성격을 분류하면 전시용 사교댄스, 경기용 사교댄스, 사교용 사교댄스로 나눌 수 있다.

1) 전시용

이것은 댄스 교사라든지, 데몬스트레이터라고 하는 직업적인 사람이 일정한 파트너와 충분한 연습을 쌓아 가지고 여러 사람에게 구경을 시키기 위한 것으로서, 매우 복잡한 스텝을 사용할 뿐만 아니라 보통으로는 흉내도 내기 힘든 재주를 부린다. 예를 들면 직업권투와 비슷한 것이다.

아마추어가 운동 삼아서 하는 권투라면 간혹 실수를 하여도 그만이겠으나, 프로 권투에서는 명예와 관록과 수입에도 자칫 잘못할 경우에는 치명상을 받기 쉬운 일이라 오락적인 기분이 섞일 수 없는 것처럼 전시용 댄스에 있어서도 데몬스트레이더는 숨 막히는 긴장 속에서 이것을 진행한다. 데몬스트레이션 댄스는 무대 위에서도 하고 무도장 복판에서도 하는 스테이지 댄스로서, 특수한 부름에 속하는 것이다.

2) 경기용

이것은 경기대회에서 뽑힌 선수끼리 재주를 다투는 댄스이다. 여러 손님에게 화려하고 황홀한 느낌을 주어 인기를 끄는 것이 목적이 아니고 심사위원에게 잘 보여서 되도록 많은 득점을 얻는 데에 그 목적이 있다. 따라서 모든 이론에 맞고 댄스의 규격에서 조금이라도 벗어나는 일이 있으면 안 된다.

이것도 일정한 파트너와 오랫동안 연습을 한 뒤에 그 파트너와 단둘이서 추는 것이다.

3) 사교용

한 자리에 모인 여러 사람이 누구나 구별 없이 춤을 추는 댄스를 말한다.

여기서는 전시용이나 경기용으로 추는 춤에서 보는 것과 같은 어려운 스텝은 사용하지 않고 사용해서도 안 된다.

댄스에서도 목적이 있으나, 그보다 사교를 더 중요시하는 것이므로, 댄스는 단순히 사교의 수단으로만 춘다는 것을 잊어서는 안 된다.

따라서 상대방에게 부담이나 고통을 주는 것은 에티켓 위반이다.

9-2. 댄스의 요령

댄스는 기술과 에티켓이 각각 50%라고 하여 에티켓이 얼마나 중요한지를 실감케 한다. 이 두 가지는 어느 것 하나 모자라도 안 된다. 그러므로 두 가지가 다함께 몸에 적어 버리도록 익숙해져야 한다.

- **잘 보라** : 파티 같은 데서 자연스럽고도 아름답게 또는 침착하게 추는 사람을 발견하면 그의 포즈·스텝·리드하는 법 등을 자세히 관찰하여 참고하는 것이 좋다.
- **잘 배우라** : 기술이 훌륭한 교사에게서 부지런히 배울 필요가 있다. 교사는 자기의 결점을 기탄없이 지적하여 주지만 다른 사람들은 충고해 주지 않기 때문이다.
- **잘 추라** : 잘 보고 잘 배운 뒤에는 한번이라도 추어 볼 일이다. 한 사람하고만 출 것이 아니라, 되도록 많은 파트너와 추는 것이 좋다.

그러나 횟수만을 많이 거듭하기보다는 한 곡 한 곡 잘 반성하면서, 자기의 밸런스는 좋았던가 하는 점을 항상 비판하면서 추는 것이 더욱 중요하다.

Ⅲ-10. 지역별 비즈니스 에티켓

10-1. 미국

10-1-1. 조찬회, 회의, 복장

미국인은 허세를 부리지 않고 합리적이고 능률적(Businesslike)인 태도를 좋아한다. 일로 인한 시간의 약속은 틀림없이 지키기를 바란다. 점심은 회사 내의 카페테리아나 간편한 레스토랑에서 먹을 때가 많다. 또 점심을 들면서 회의나 상담을 할 경우도 적지 않다.

조찬회(Breakfast Meeting)도 미국에서는 성행한다. 아침식사를 겸해서 1시간 전후로 한다. 아침식사 시간에 만난다고 해서 상대방을 가볍게 보고 그러는 것은 전혀 아니다.

피차간에 시간이 잘 나지 않을 때 조찬회가 된다. 조찬회에서의 식사는 유럽과는 달리 달걀과 육류가 나온다.

미국의 비즈니스맨은 회의를 할 때 장황한 개회사를 좋아하지 않는다. 간단한 인사말로 끝내고 곧바로 일에 관한 이야기에 들어간다. 통상 명함을 가지고 다니기는 하나 앞으로 연락을 취할 필요가 있다고 생각하는 사람에게만 교환한다. 그렇다고 무시한다거나 하는 저의는 결코 없다. 미국 사람들의 경우 사무실에서는 그다지 복장에 신경 쓰지 않고 평상복을 입을 때가 많다. 또 주머니에 손을 찔러 넣고 있거나, 책상에 걸터앉거나, 다리를 올려놓기도 하지만 아무렇지 않게 생각한다.

많은 미국 사람들은 영어 이외에는 할 줄 모르고, 상대방은 당연히 영어를 안다고 보고 빠른 속도로 말한다. 또 미국류의 비즈니스방법과 생활양식이 어디에서든지 통용된다는 생각을 가지고 있는 사람이 적지 않다.

한편 지역이 광대하여 동부와 서부, 프로스트벨트(Frostbelt)와 선벨트(Sunbelt)의 차이는 크다. 그들은 결코 우리와 같이 세계적인 정세동향에 민감하지 않다. 신문을 보더라도 자기네들 기사가 대부분이다.

10-1-2. 비즈니스우먼, 선물, 초대

미국에서는 많은 여성들이 남성과 같은 대열에서 일하고 있다. 비즈니스 면에서는 레이디 퍼스트라기보다 오히려 남녀가 같은 일을 하기를 바라며 특별취급을 받는 것을 싫어한다. 그러므로 비즈니스에서는 동등한 대우를 하는 것으로 생각해야 한다. 다만, 직장에서 비즈니스우먼의 사적인 것을 묻는 것은 터부이다. 물론 상대방이 먼저 화제를 제공했을 때는 다르다.

미국에서는 뇌물과 조금이라도 관계가 될 듯한 사항은 예리한 감시를 받는다. 직무상으로 거래처로부터 금전을 받는 것은 말할 것도 없지만, 선물이나 서비스의 제공을 받는 것만으로도 의혹의 눈길이 쏟아진다. 선물은 수천원 정도의 것 이외에는 허용되지 않는 분위기이다. 또 기업의 임원이 되면 그러한 수수가 없었다는 것을 문서로 매기말에 신고할 정도이다. 그러나 개인적으로 자기 집에 초대하기도 하고 초대를 받기도 한다. 레스토랑에서 식사한 다음 한 잔 하기도 하고 뷔페 파티도 흔히 있다. 그러나 일반적으로 알코올 도수가 약한 것을 마시면서 환담과 식사를 즐긴다.

초청을 받으면 꽃다발이나 포도주 같은 것을 부인을 위해 준비한다. 초대를 받은 다음에는 인사장을 보내는 것이 매너로 되어 있다. 개인 간의 선물은 크리스마스에 친한 사람끼리 성행한다. 상대방이 좋아할 만한 것을 사서 직접 자기가 포장해서 카드와 함께 보낸다. 외국인의 경우, 도착이나 이별의 기념으로 자기 나라의 물건을 보내면 좋아한다. 미국인들은 선물과 마찬가지로 레스토랑, 관극, 여행에의 초대도 더러 있다.

10-2. 유럽

한마디로 유럽이라 하지만 앵글로색슨, 라틴계, 동유럽, 러시아 등은 각각 다른 매너가 있다. 여기서는 일반적인 특징을 알아본다.

유럽은 미국과는 달리 오랜 역사를 가지고 있고 근대사회의 프로토콜(Protocol)이나 국제적 에티켓을 형성하였다는 자부심이 있어서 격식을 존중하는 일이 많다. 앞에서도 설명이 있었으므로 여기서는 다른 지역과 다른 특징을 간단히 설명한다.

10-2-1. 비즈니스와 개인생활을 구별한다.

우선 비즈니스와 개인생활(Private)을 확실히 구별하고 그것을 중요시한다. 식사시간이나 커피 브레이크를 소중히 생각하고, 비즈니스 시간 내에 끝낸다. 하기휴가는 심신의 회복을 위해 오랜 기간이기를 바란다. 비즈니스는 필요악이므로 효율적으로 해치우고 가족생활, 종교, 지역, 취미와 같은 생활을 즐기는 풍조가 있다.

10-2-2. 형식을 중히 여긴다.

일반적으로 형식을 존중하기 때문에 남의 이름을 부를 때도 경칭, 학위, 직함 등이 있으면, 생략하지 않고 성(Family Name)과 함께 불러야 한다(미국의 사무실 등에서 초대면이라도 금방 퍼스트 네임만 부른다).

직함과 성명을 빠짐없이 완전히 기재한 명함을 교환하는 것도 실습이다. 사무실에서의 복장도 통상 정장을 입는다. 여성은 바지를 입지 않는다. 공장의 현장을 제외하고는 주머니에 손을 넣은 채 이야기하거나 비품이나 책상에 다리를 걸치거나, 껌을 씹는 일은 예의범절이 잘못된 사람으로 생각한다. 인사도 보통 가볍게 악수하는 정도이고 끌어안고 감정을 나타내는 일은 별로 없다. 목소리를 크게 하거나 거친 말씨는 교양 있는 사람이 할 짓이 아니라고 본다.

식사시의 매너나 초대시의 에티켓을 중요하게 생각하고 파티, 디너, 연극에서의 예의와 형식을 존중한다. 주최자의 역할로서 해야 할 일, 참가자의 복장, 파티에서의 좌석순서, 회의진행순서, 매너 등이 모두 정해져 있다는 것은 이미 학습한 대로이다.

10-2-3. 국가나 지역에 따른 차이

각 나라들은 각기 다른 역사가 있고 문화가 있으므로 테이블 에티켓에서나, 파티, 선물에서나, 또는 약속시간이나 인사법에서까지 미묘한 차이가 있다.

예를 들면, 약속시간에 관해서 일반적으로 시간엄수에다 사전의 예약이 필요한 것으로 되어 있으나, 남 라틴계에서는 긴 점심시간은 제외해야 한고, 시간도 잘 지키지 않는 나라가 있다. 인사는 보통은 악수이지만 동유럽에서는 포옹하고 서로의 볼에 키스를 교환한다.

비즈니스 상의 선물에 관해서, 북구를 중심으로 한 지역에서는 미국만큼은 아니라도 엄격한데 비해서 남구의 일부에서는 상당히 자유스럽고, 더구나 동구의 일부에서는 뒷거래로 주는 선물이나 팁이 있어야 된다고 한다.

식사에 관하여, 대륙식과 영미식 아침식사의 차이는 다 아는 것이지만, 충분한 시간이 있어야 하는 라틴계의 나라들과 비교적 단시간에 끝내는 북구계의 나라들과도 차이가 있다. 식사의 내용은 더욱이 각각 다르고 이에 따라 매너도 각양각색이다.

10-3. 아시아

10-3-1. 아시아의 특징

아시아만큼 여러 인종, 문화와 종교를 가진 지역은 없다. 더구나 오랜 역사가 지나는 동안 서로 영향을 주고받았기 때문에 일률적으로 말하기 어려울 정도로 복잡하게 얽혀 있다. 인종적으로 분류하면 키가 큰 인도·유럽계와 키가 작은 아시아, 말레이계로 나눌 수 있겠으나, 문화적인 면에서는 나라에 따라서 각기 많은 차이가 있다. 그러나 서구와 비교하면 기후풍토에 기인한다고 생각되는, 섬세한 감정, 소극적이고 조심스런 태도, 예의 바른 것 등을 일반적인 특징으로 들 수 있다. 또 상호 신뢰관계를 소중히 하고, 약속을 지키고, 상대방의 체면을 손상하지 않도록 배려한다.

이러한 경향은 동아시아에서 특히 볼 수 있다. 인사의 특징으로는 일부의 나라에서 악수를 하기도 하지만 절을 하는 지역은 여기뿐이다. 또한 음식을 먹을 때 젓가락을 쓰는 것도 특징이다.

10-3-2. 테이블 에티켓, 복장, 선물

유럽과 비교해서 테이블 에티켓의 특징은 우리나라, 중국, 일본 기타 동남아시아를 중심으로 독자의 것이 있다. 젓가락, 밥공기, 대접 같은 식기를 쓰고, 그것을 들고 마신다. 쌀밥을 주로 해서 많은 부식을 함께 먹는 등 유럽과는 많은 차이가 있다. 우리나라, 중국, 일본에는 정찬, 연회에서의 정식 예법이 원래 있었으나, 최근에 와서 일반에서는 거의 사라져 가고 있다.

복장은 긴 역사 속에서, 동북아시아를 중심으로 독특한 것이 개발되어 왔고 장소, 행사에 따라 구별해서 입으며, 이에 따른 각각의 예의가 있었다. 그러나 현재에 와서는 일부 사람들만이 입는 것 같고, 또 관혼상제 같은 특별한 행사에서나 볼 수 있는 민족의상이 되어 가고 있다.

비즈니스에서는 식사를 제외하면 서구화하여 복장, 업무, 디너, 파티 등에서 아시아식인 것은 별로 없고 언어도 글로벌비즈니스에서는 영어를 쓰고 있다. 비즈니스에서의 선물은 거의 금지에 가까운 곳에서 사의를 받기 위해서는 회의가 필요하다고 생각하는 곳까지 있어서 다양하다.

개인간의 선물은 나라에 따라서 다르지만 일반적으로 구미보다는 성행한다. 특히 가정을 방문할 때에는 간단한 선물을 지참하는 것이 통례이다.

자택으로 손님을 초대하는 일은 구미보다는 드물고 오히려 레스토랑으로 손님을 초대하는 경우가 더 많다. 선물은 나라에 따라서 다소 다르지만 일반적으로 그다지 고가품은 아니다.

인도나 이슬람교를 국교로 하는 나라들(파키스탄, 방글라데시, 말레이시아, 인도네시아 등)에서는 식사에서 터부가 있고 매너도 다른 것이 있다.

왼손은 식사할 때 쓰지 않는 특별한 에티켓이 있다. 또 동남아시아의 상류계층에서는 그 지방의 격식에 따르는 것이 아니라, 구미식의 매너에 따라서 생활을 영위하는 예가 적지 않다.

10-4. 기타 지역

10-4-1. 아랍제국

이슬람을 믿는 아랍의 나라들에는 독특한 습관이 있다. 종교가 모든 것에 우선한다. 비즈니스도 종교에 따르지 않을 수 없을 때가 종종 있다. 하루에 5회 예배하기 위해서 일을 중단한다. 단식일 (Ramadan)의 오후는 거의 일을 하지 않는다.

또 '인샤알라' (In Sha Allah:신의 의지)라 해서, 인간의 행위 자체가 자기의 의사가 아닌 신의 의사로 생각하므로, 일이 늦어지거나 약속을 지키지 못해도 자기의 책임이 아닌 인샤알라에 의한 것으로 생각한다. 목요일 또는 목요일~금요일은 예배를 위한 안식일로서 휴일이다.

약속을 미리 하지 않으면 면회할 수 없지만, 반드시 약속시간이

지켜진다고 볼 수 없다. 또 나라에 따라서는 회의 중에 다른 면회자가 나타나면 병행해서 회의를 하는 경우도 있다. 구미와 같이 합리적·효율적이지 못한 경우가 많다.

계율이 엄격한 지역에서는 여성이 공식의 자리에 나타나지 않으며, 금주이고, 식사에서 먹을 수 있는 고기를 정하고 있고 식사 매너도 특별한 것이 있다. 코란(Koran)에 따른 생활양식이 요청된다.

선물에 대해서는 상대방이 만족할 만한 물건을 시원스럽게 보낸다. 그러므로 선물을 보낼 때는 상대방의 취향을 미리 조사해서 물건을 선택할 필요가 있으며 때로는 상당히 비싼 것을 보내기도 한다. 특이한 것은 아랍인에 대해서 그 사람의 소지품을 칭찬하면 그 소지품을 양도해 준다고 한다. 자택으로 초청을 받아도 상대방의 부인을 만날 수 없다. 많이 먹는 것이 상대방을 즐겁게 해 주는 것이 된다. 상대방이 손으로 먹으면 이쪽도 오른손으로 먹어야 한다. 부부동반의 초대는 있을 수 없고, 선물로는 꽃을 좋아하지만, 반드시 선물을 가지고 올 것으로 기대하는 것은 아니다.

10-4-2. 라틴 아메리카

라틴 아메리카 사람들의 교제방법으로는 친밀해지기 쉽다는 인상을 주는 것이 특징이다. 인사는 악수하는데 그치지 않고 포옹하거나 서로의 볼에 키스한다. 친밀한 관계가 된 증표로 좋아하는 선물을 주고받는다.

집으로 초대를 받았을 때는 가벼운 선물을 가져가는 것이 당연한 것으로 되어 있다. 초대자는 식사를 푸짐하게 준비하며, 술과 커피 등을 몇 잔이든 제공한다. 소지품을 칭찬하면 그 물건을 서슴지 않고 준다.

비즈니스에서는 복장을 포함해서, 일반적으로 구미식이다. 영어, 스페인어 또는 포르투갈어가 쓰인다. 약속시간이 늦어지는 경우가 많다. 점심시간을 중히 여기고 휴게시간을 길게 갖는다.

비즈니스를 원활히 운영하려면 '편의를 보아 주는 사람'이 필요하다. 그런 사람을 찾아내고 우호관계를 깊이 해야 한다. 그러기 위해서는 금전이나 물품을 선물로 보내는 것이 유효하다. 상대방이 좋아할 만한 것을 신중히 선택해서 일하는 장소, 또는 근무시간 이외의 적당한 기회를 잡아서 보내는 것이 중요하다.

외교관이 말하는 외교에티켓

1) 외교관이 말하는 외교매너 의전(Protocol)

국제 예의에서 인정된 제도(Recognized system of international courtesy)이다.

최근에는 의전이 많이 간소화되는 경향이 있으나 의전은 능률과도 관계가 있으므로 우리의 일상생활과 밀접한 관계가 있다.

국기(National Flag)에 대하여 살펴보면 다음과 같다.

① 국기는 국가를 상징하고 그 주권과 국위를 나타내는 표지이다.

② 태극기는 24시간 게양을 하는 것이 원칙이다.

③ 태극기와 외국국기를 같이 게양할 때 - 태극기를 오른쪽에(앞에서 바라볼 때 왼쪽) 게양한다.

④ 3국가 국기를 동시 게양할 때에는 태극기를 가운데에 게양한다.

⑤ 네 개 이상 국가 홀수일 때는 태극기를 중앙에 짝수인 경우에는 제일 오른쪽에(앞에서 바라볼 때 왼쪽) 게양한다.

⑥ 차량에 2국가 국기를 게양할 때에는 태극기가 오른쪽에(앞에서 보아 왼쪽에) 오도록 게양한다.

소개의 순서

① 남자를 여자에게 소개한다.

② 연소자를 연장자에게 먼저 소개한다.

③ 하급자를 상급자(덜 중요한 사람을 더 중요한 사람)에게 소개한다.

그러나 예외 또한 주의를 할 필요가 있다.

① 대통령 등 최고위직 인사에게는 다른 사람을 소개해도 된다.

② 자기 가족을 타인에게 먼저 소개해도 된다.

단, 공공장소에서는 지나치게 많은 사람을 소개하는 것은 피하는 것이 좋다.

소개의 방법

① 자기나 배우자를 소개할 때 Mr.나 Mrs.를 붙이지 않는다.

② 여자가 처음으로 방에 들어오면 남자는 일어서서 인사하고 여자가 앉은 후에 앉는다.

③ 인사는 일어서서 한다.

④ 여자는 앉은 채로 소개해도 무방(집 주인인 경우에는 일어나야 함)하다.

악 수

① 연장자가 연소자에게 먼저 청한다.

② 상급자가 하급자에게 먼저 청한다.

③ 여자가 남자에게(회교도 여성은 남자와 악수 안 함) 먼저 청한다.

④ 상대방의 눈을 바라보면서(악수하면서 다른 데는 보는 것은 실례) 청한다.

⑤ 두 손으로 악수하거나 몸을 너무 굽히면서 하지 말아야 한다.

⑥ 장갑을 벗어야(여성이 얇은 장갑을 멋으로 낀 경우는 안 벗어도 무방함) 한다.

Lady First(여성우대)

① 여자는 남자의 오른쪽에 (A lady on the left is not a lady) - 국가원수 등의 공식행사에서는 예외이다.

② 자동차, 선박, 승강기, 방 등 어떤 장소에 들어갈 때 여성이 먼저 들어가고 먼저 나온다. (계단을 올라갈 때나, 위험한 곳에서는 남성이 앞섬)

③ 식당, 극장, 오페라 등에 안내인이 없으면 남자가 앞선다.

④ 여자가 의자에 앉을 때 남성은 의자를 뒤로 밀었다가 당겨 줌

⑤ 길을 걸을 때는 남자가 차도 쪽에 선다.

2) 파티의 주최와 합석

연회 Party의 종류

① 만찬(Dinner)

② 오찬(Luncheon)

③ 조찬(Breakfast)

④ 다과회(Tea party)

⑤ 가든파티(Garden party)

⑥ 칵테일파티와 리셉션(Cocktail party & reception)

⑦ 야유회(Picnic)

⑧ BYOB, BYOF(pot luck)

초청대상 결정

① 파티의 목적 및 장소 및 연회의 형식 등을 고려하여 결정한다.

② 초청대상의 상호관계 고려한다.

③ 주빈이 있는 경우 주빈과의 관계 고려하고 주빈보다 사회적 지위나 신분이 높은 사람은 포함하지 않는 것이 좋다.

④ 외국인이 있는 경우 언어소통도 고려해야 한다.

일시와 장소

① 주빈이 있는 경우 주빈과 사전 협의한다.

② 금요일 이후 주말은 가급적 피하도록 한다.

③ 연휴의 전후는 피하는 것이 좋다.

④ 국가적인 행사나 큰 시합 등이 있는 날은 피한다.

⑤ 시간은 현지의 관행에 따르되, 겨울에는 여름보다 이른 시간에 개최

⑥ 가든파티 등 옥외 파티에는 기온이나 기상상태 고려해야 한다.

초청장

① 2~3주 전에 발송하도록 한다.

② 파티의 목적 및 종류, 일시, 장소, 복장, 참석여부 통지(RSVP) 연락처 등을 포함시킨다.

③ 시일이 촉박한 경우 미리 전화로 초청한 후 초청장을 보낸다. 이 경우 RSVP난을 그어서 지운 후 To Remind 라고 적어 보낸다.

④ Fax로 초청장을 보낸 경우에도 원본은 우편으로 보내는 것이 예의이다.

복 장

① Lounge suit (business suit, informal) - 신사복 정장이다.
② Black tie (tuxedo, smoking, dinner jacket)
③ White tie(야회복), morning coat(예복)
④ Casual - 넥타이를 매지 않으나 가급적 긴 팔을 입고, 티셔츠는 피하는 것이 좋다.
⑤ 여성은 롱 드레스 또는 National dress를 입는다.
⑥ 여성은 가급적 바지 착용 안하는 것이 좋다.

파티의 형식

① Banquet - 좌석에 앉아 미리 정해진 메뉴로 식사를 하며 격식을 갖춘 파티이다.
② Buffet - 음식을 한군데 차려 놓고 손님이 셀프 서비스로 음식을 먹음. 좌석을 준비하는 경우도 있고 안 하는 경우도 있다.

* A la carte - 식당에서 메뉴를 보고 주문하여 하는 식사형태이다.

메 뉴

① 손님의 기피음식 여부를 확인한다.

② 한식이 외국인에게 인기가 있다.

soup appetizer(전채) fish main dish(entrez) salad desert coffee or tea 등으로 구성

RSVP(참석여부 통보)

① **Repondez s'il vous plaitd**의 준말이다.

② 초청장에 회신카드(**response card**)를 동봉하는 경우가 많다.

③ 회신카드가 없는 경우 전화로 통보한다.

④ 참석 여부를 가급적 빨리 통보하도록 한다.

⑤ 리셉션 등 대규모 파티에서는 **RSVP** 대신에 **regret only**라고 표시하는 경우가 많다.

⑥ 국가원수의 초청장에는 **RSVP**가 없으며 여행 중이거나 입원 등 불가피한 경우가 아니면 참석해야 한다.

좌석배치

① 참석자의 의전서열을 중시한다.

② 여성을 우대한다.

③ 외국인은 대화상대를 고려해야 한다.

④ 입구에서 먼 쪽이 상석이다.

⑤ 창문을 바라보는 쪽이 상석이다.

⑥ 벽난로 앞이 상석이다.

⑦ 연회장 입구에 좌석배치도(seating chart)를 비치한다.

⑧ 각 좌석에 place card 비치한다.

테이블 세팅

도착 및 선물

① 만찬장 도착은 초청시간보다 5분 정도 늦게 도착하는 것이 좋다(초청시간보다 일찍 도착하는 것은 실례).

② 도착시 적당한 선물이나 꽃을 지참하도록 한다.

③ 꽃은 미리 보내 놓는 것도 좋다.

④ 외국인은 우리 인삼제품을 좋아한다.

⑤ 선물에는 명함을 작은 봉투에 넣어 붙인다.

⑥ 초청자는 입구에서 도착하는 손님을 영접한다.

COCKTAIL(식전 주)

① 여러 가지 술이나 음료를 섞어서 만들며 식욕을 돕고 참석자 상호간 대화할 시간을 주기 위한 것으로 시작하기 약 한 시간 전에 칵테일은 시작 된다.

② 칵테일 종류는 수백 가지가 있으나 자기 취향에 맞는 것을 정하여 미리 생각해 두는 것도 좋다.

③ 너무 많이 먹어 취하는 일이 없도록 한다.

④ 술에 약한 사람은 소다수, 주스 등 미 알코올음료를 마시는

것도 좋으며 포도주를 마셔도 된다.

⑤ 오르되브르(hors d'oeuvre)와 같이 서브된다.

이 때 대표적인 칵테일은 다음과 같다.

- Manhattan : 위스키+Italian vermouth－칵테일의 여왕이라 불리며 여성에게 인기가 있다.
- Martini : gin+French vermouth, 칵테일의 왕이라 불린다.
- Screw driver : vodka + 오렌지주스
- Daiquiri : 럼(rum)주 + 레몬 즙 + 설탕
- Pink lady : 달걀흰자에 시럽 + 브랜디 + gin
- Gin and tonic : gin+토닉워터
- Whisky on the rocks : 위스키+얼음
- Whisky and water : 위스키+물
- Whisky and soda : 위스키+소다

착 석

① 착석은 주인이 주빈부인을 안내하여 만찬장으로 입장하고 뒤따라 안주인이 주빈을 안내하여 들어간다.

② 남자는 자기 자리를 찾은 후 의자 뒤에 서 있다가 의자를 움직여 오른쪽 여자의 착석을 도와준 후 여자들이 모두 앉은 후에 앉는다.

Wine(포도주)의 분류

① Still wine(비 발포성 와인) : 색깔에 따라 Red wine(적포도주), White wine(백포도주), Rose(로제)로 분류한다.

② Sparkling wine(발포성 포도주) : 샴페인 등이다.

③ Fortified wine : Still wine에 독한 술을 넣어 주정을 강화한 것-sherry(쉐리)

④ Flavored wine : Still wine에 과즙, 약초, 향료 등을 넣어 향기를 강화한 것이다.

- vermouth(버무스)

덧붙여 와인에 관한 상식을 설명하면 다음과 같다.

- 와인의 품질을 결정하는 요소는 포도의 품종, 생산지, 제조회사, 생산연도(Vintage)이며 와인 병의 라벨에 표시되어 있다.
- 단 맛의 유무에 따라 Sweet와 Dry로 구분된다.
- White wine은 차게 Red wine은 실내온도에서 마신다.
- White는 생선과 함께, Red는 육류와 함께 마신다고 하나 구별 안 하는 경향이다.
- 와인을 즐기는 요소는 색깔, 향기, 맛의 3가지이다.
- 와인은 어둡고 습한 곳에 병을 뉘어서 보관한다.

냅킨(Napkin)

① 여주인이 먼저 시작하면 냅킨을 조용히 펴서 무릎 위에 놓는다.

② 냅킨의 모서리를 단추 구멍이나 셔츠 칼라, 벨트에 꼽지 말

아야 한다.

③ 냅킨으로 립스틱이나 음식물을 닦지 말아야 한다.

④ 안주인이 냅킨을 식탁 위에 올려놓으면 식사가 끝났다는 신호이며 손님은 냅킨을 대충 접어서 식탁 왼편에 올려놓는다.

Silver 사용법

① 포크는 왼손으로 나이프는 오른손으로 사용한다.

② 양쪽 끝에 놓인 것부터 사용한다.

③ 나이프는 입에 넣지 말아야 한다.

④ 실버를 떨어뜨렸을 때는 직접 줍지 말고 웨이터를 시켜 줍게 하고 새것을 가져오도록 한다.

⑤ 식사 중 실버를 잠시 놓아야 할 때는 접시 끝에 걸쳐 놓는다.

⑥ 식사가 끝났을 때는 실버를 나란히 하여 접시 중앙에 놓는다.

Table manners

① 빵과 물이 이미 서브되어 있는 경우 빵은 왼쪽, 물이나 드링크는 오른쪽에 있는 것이 자기 것이다.

② 음식이 모두에게 서브된 후에 안주인이 식사를 시작하면 따라서 한다(손님이 많은 경우 안주인이 서브된 손님에게 시작하도록 권유하면 시작하기도 함).

③ 빵은 베어 물지 말고 한입에 넣을 만큼 손으로 떼어서 버터를 발라서 먹는다.

④ 입에 음식을 넣고 이야기 하지 말아야 한다. 특히 입안의 음식물이 보이도록 웃지 말아야한다.

⑤ 큰 소리로 이야기하지 말아야 한다.

⑥ 화제는 날씨, 취미, 포도주 등 가벼운 것으로 하고 정치, 종교 등 무거운 화제는 피한다.

⑦ 처음 만난 사람의 나이나 학력 등을 묻지 말 것(특히 여성에게).

⑧ 기침이나 재채기가 날 때에는 손수건(불가치하면 냅킨)으로 코와 잎을 막고 한 후 반드시 양해(excuse me)를 구한다.

⑨ 코는 양해 없이 풀 수 있으나 손수건이나 티슈를 이용하고 냅킨에는 풀지 말아야 한다.

⑩ 음식에서 머리카락이나 이물질을 발견하면 음식을 먹지 말고 가만히 앉아 있으면 안주인이 이유를 묻는다. 그 때 이유를 설명하고 새 음식을 받도록 한다(음식점에서는 발견 즉시 웨이터에게 말한다).

⑪ 식탁에서 이쑤시개를 쓰지 말아야 한다.

⑫ 식탁에서 담배를 피우지 말아야 한다.

⑬ 음식 접시를 팔로 둘러싸지 말아야 한다.

⑭ 접시를 옮기지 말아야 한다. - 서브된 자리에 유지시키도록 한다.

⑮ 식사가 끝났다는 표시로 뒤로 젖히고 앉지 말아야한다.

⑯ 입안에 음식이 있는 상태에서 말을 하거나 포도주 등을 마시지 말아야 한다.

⑰ 나이프나 포크에 음식이 묻은 채로 손을 내두르지 말아야 한다.

⑱ 음식은 한 입에 들어가도록 적당한 크기로 떠서 먹어야한다

(너무 크게 떠서 넣으면 보기가 안 좋다).

⑲ 포도주나 음식을 원하지 않을 때에는 서브하지 않도록 사양해야 한다.

인사(연설)

① 디저트가 서브되고 차가 나오기 전에 연설하는 것이 원칙이나 착석 후 바로 하는 새로운 경향이 있다.

② 주인이 먼저 환영인사를 하고 주빈이 답례를 한다.

③ 너무 길지 않게 하는 것이 좋다.

After drink(식후 주)

① Brandy – 포도주를 증류한 것 – cognac(코냑)

② Liqueurs – 설탕을 첨가한 주정음료 – cointreau(꼬엥뜨로), drambuie(드럼부이)

③ Sherry – 스페인 와인

감사표시

① 만찬에 다녀 온 후 48시간 이내에 감사의 편지를 보낸다.

② 불가피한 경우 전화로 대신한다.

③ 적당한 기회에 답례 만찬에 초대한다

Business Leader's Strategy

IV 유능한 비즈니스 리더의 처세술

Global Business Strategy

IV 유능한 비즈니스 리더의 처세술

드라마의 주인공이 되려면

최근 시청률 조사기관이 발표하는 결과만을 두고 본다면 대한민국은 가히 드라마 공화국이라 해도 과언이 아니다. 주중이건 주말이건 상위를 점하고 있는 건 오로지 드라마 일색이다. 가족과 대화하는 시간의 열 배 이상을 드라마 시청하는 데 투자하는 가정이 의외로 많다.

그 얘기가 그 얘기 같고, 그 배우가 그 배우 같은데도 시청자들은 변함없는 애정을 쏟아 붓고 있다. TV를 없앴더니 가정이 화목해졌다는 증언도 여러 차례 나왔지만 수치상으로만 본다면 아직 대한민국의 시청자 동향은 요지부동이다.

방송사들이 작정하고 드라마를 줄이지 않는 한 이 경향이 수그러들리는 만무하다. 그렇다고 드라마를 재미없게 만들라고 주문할 수도 없다. 방송사 직원들의 밥줄(게다가 열렬한 시청자들의 밥맛)이 달려있는 드라마를 재미없게 만들라는 건 손님이 줄을 잇는 음식점 주방장에게 제발 맛없게 조리하라고 부탁하는 것과 같다.

최근 시청률 조사기관이 발표하는 결과만을 두고 본다면 대한민국은 가히 드라마 공화국아 해도 과언이 아니다. 주중이건 주말이건 사위를 점하고 있는 오로지 드라마 일색이다. 가족과 대화하는 시간의 열 배 이상을 드라마 시청하는 데 투자하는 가정이 의외로 많다.

그 얘기가 그 얘기 같고, 그 배우가 그 배우 같은데도 시청자들은 변함없는 애정을 쏟아 붓고 있다. TV를 없앴더니 가정이 화목해졌다는 증언도 여러 차례 나왔지만 수치상으로만 본다면 아직 대한민국의 시청자 동향은 요지부동이다.

방송사들이 작정하고 드라마를 줄이지 않는 한 이 경향이 수그러들리는 만무하다. 그렇다고 드라마를 재미없게 만들라고 주문할 수도 없다. 방송사 직원들의 밥줄(게다가 열렬한 시청자들의 밥맛)이 달려있는 드라마를 재미없게 만들라는 건 손님이 줄을 잇는 음식점 주방장에게 제발 맛없게 조리하라고 부탁하는 것과 같다.

그렇다면 희망은 없는가, 이왕 이렇게 드라마를 보고 즐거워하는 백성들이니 드라마에서 인

허구한 날 삼각관계에, 신분상승의 노림수, 출생의 비밀, 기억상실증, 시한부 생명, 게다가 복수의 칼날 따윈데 배울게 있으냐고 힐난할지 모르지만 이럴 때 딱 어울리는 말이 있지 않은가. 반면교사(反面教師), 좋은 건 따라 하고 안 좋은 건 저러면 안 되지 하며 삶의 균형을 맞추라는 뜻이다.

과거 '신입사원'이라는 제목의 드라마도 있지만 어느 회사의 신입사원 교양강좌에서 이런 질문이 던져졌다. '어떻게 하면 인생을 드라마처럼 살 수 있는가.' 생의 깨우침을 얻으라고 말하는 게 차라리 현실적이다.

이런저런 답이 나왔는데 강의를 요약하면 다섯 개의 키워드로 정리할 수 있겠다. 머리글자로 드라마(Drama)를 분해하면 우리가 걸어가야 할 인생의 그림이 대충 그려진다.(포스코신문, 2005, 4, 28)

첫 번째 요소는 꿈(Dream)이다

누워서 꾸는 꿈을 몽상이지만 일어나 바라보는 꿈은 이상이다. 성공하는 드라마 주인공들의 한결 같은 공통점은 나은 세상을 향해 꿈을 가지고 있다는 것이다. 이루어지기도 하고 간혹 깨어지기도 하지만 그들은 꿈을 향해 부단히 나아간다. 세상엔 깨어야 할 꿈과 깨지 말아야 할 꿈이 있다. 남을 짓밟는 꿈은 깨어야 하고 남을 일으켜 세우는 꿈은 깨지 말아야 한다.

두 번째 요소는 로맨스(Romance)이다

낭만이 없다면 인생은 사막이다 낭만주의라는 게 애초 고전주의의 엄격함을 깨부순 결과다. 엄숙하고 진지하고 심각한 게 결코 나쁜 건 아니지만 그러한 분위기 속에서 창의력이 발휘되지 못한다. 자유로운 상상, 가끔은 일탈의 긴장감을 넘나드는 게 오히려 생산성을 높인다.

세 번째는 액션(Action)이다

드라마 연출자들은 직업상 가장 많이 하는 말이 바로 액션이다. 이 말과 함께 정지되었던 모든 것이 일제히 움직인다. 살아 있는 세상이 되는 것이다. NG가 나면 다시 액션을 시작하면 된다. 목표를 향해 모두가 제 역할대로 움직이는 삶, 그것이 드라마다.

네 번째는 미스터리(Mystery)다

신비감의 영토는 반드시 남겨두어야 한다. 모든 걸 보여 준다면 일상은 곧 누더기처럼 변하고 말 것이다. 최후의 비밀, 이것은 나만의 일기장에 숨겨 두어야 한다. 사막 어딘가에 오아시스가 있을 거라는 믿음이 지쳐가는 사람들을 끝까지 움직이게 한다. 드라마를 지탱하는 불가사의한 힘, 그것은 내일 어떤 일이 벌어질지 알 수 없는 그 궁금함이다.

마지막으로 모험(Adventure)이다

안주하는 자에게 인생은 재미를 가져다주지 않는 모범적인 사람보다는 모험적인 사람이 인류에게 선사하는 게 많다.

혹자는 50개의 성공과 50개의 실패를 자주 말한다. 하늘은 사람에게 똑같이 100개의 구슬을 나눠 준다. 50개는 성공의 구슬이고 50개는 실패의 구슬이다. 처음에 계속 성공의 구슬을 꺼낸 사람이라면 실패의 구슬이 많이 남는 걸 두려워해야 한다. 계속 실패의 구슬이 잡히는 사름은 오히려 희망적이다. '이제 실패를 많이 겪었으니 내 주머니에 가득 남은 건 성공의 구슬이 분명하다.'고 말하며 웃는 자에게 실패는 성공의 전주곡에 불과할 것이다.

언제까지 포기하지 않고 도전할 수 있는가. 살아 있는 한 그럴 수 있다고 말하는 자야말로 성공하는 드라마의 주인공답다.

드라마는 결국 꿈이고 도전이다. 누구에게는 꿈의 반대가 현실이지만, 누구에게는 꿈이 현실의 재료이고, 현실은 꿈의 선물이다.

1. 기본을 알아라.

어중간한 '습관'만큼 두려운 것은 없다

자동차 운전시 음주 운전자를 제외하고 가장 사고를 일으키기 쉬운 시기는 운전면허를 갓 취득한 때라고 한다.

직장생활 중 비즈니스도 마찬가지다. 신입 비즈니스맨은 한두 건의 일을 해결하고 나면 서서히 일에 익숙해진다. 어려운 업무의 처리 요령도 알게 된다. 그 순간 자신이 초심자라는 것을 잊고 제법 그럴싸한 비즈니스맨인 체하게 된다.

사건은 이럴 때 발생하게 된다는 것이다. 중요 서류에 인감 찍는 걸 잊는다든지 납기완료 여부 확인, 주문수량의 기입누락……, 생각해보면 모두 처음 OJT시절 끊임없이 주의되었던 기본사항 뿐인데 왠지 이 시기에는 멍청하게 자기도 모르는 실수를 계속하게 된다. 이런 종류의 실수는 변명할 수도 없다. 기본의 중요함을 일깨워주는 시기라고 볼 수 있다.

우리는 흔히 대화중에 '기본'이 있다, 없다, '기본'이 되었다, 안 되었다는 등의 말을 하고 또 듣게 된다. 가장 최고법인 헌법에도 '기본권'이라는 인간의 가장 기초적이고 흔들릴 수 없는 권리가 명시되어 있고, 결혼을 할 때에도 신랑, 신부가 해야 할 '기본'적인 것이 어디까지이고, 그 '기본'을 하는 데만도 비용이 얼마나 들었다고 하고, 택시를 타도 '기본'요금이 있고, 고스톱을 할 때도 피 여섯 장이 되어야 '기본'을 했다고 말하며, 맥주 집에 가서 술을 마서도 '기본'안주는 최소한 시켜야 하는 경우가 많다. 이 외에도 우리가 이 사회에서 살아가는데 있어야 할 기본적인 약속이나 틀은 참 많다. 이 중에는 틀만 이루어지면 그냥 저절로 잘 돌아가는 것들도 있지만 그 '기본'만을 지키는 데에도 온갖 성의와 정열이 채워지지 않으면 안 되는 것들도 많다.

매우 단편적인 예이지만, 우리의 유치원 아이들의 모습이 우리 사회의 모습을 축소시켜 놓은 것처럼 느껴지는 것은 왜일까? 우리는 어떤 틀에만 얽매일 뿐 그 '정신'은 잘 모르고 살아가고 있는 것은 아닐까? 그 취지와 의도, 그것에 깃든 '얼', 과연 그것이 무엇을 의미하는 지를 생각해 본 적이 있는지. 겉으로 나타나는 것이 중요하고, 그래서 그 '정신'은 어느 순간 온데간데없이 사라지고, 그것보다 더 우선적으로 그야말로 '기본'적으로 해야 할 부분과 그 정신을 살리는 것이 무엇인지는 그다지 중요하게 생각하지 않는 경향이 너무나 팽배해 있는 우리를 느낀다. 그래서인지 물질적인 풍요와 발전 속에서도 우리 마음에 허전하게 남는 어떤 것, 꼭 있어야 할 어떤 '기본'들이 없는 채로 머리만 커져 가는 우리 사회를 바라보는 마음은 언제까지 우울할 수밖에 없을 것 같다.

2. 남의 이야기를 두 배로 들어라

'모른다'는 한마디가 선배를 기쁘게 할 것이다

'묻는 것은 한순간의 수치이지만 묻지 않는 것은 평생수치'라는 말이 있다. 신입사원이 모르는 것을 묻는 것은 수치도 그 이상의 아무것도 아니다. 모르는 것을 솔직하게 '모르겠습니다'라고 말하는 용기를 갖고 상사나 선배에게서 가르침을 받아라.

가장 곤란한 것은 모르면서 아는 체하는 것이다. 상사나 선배에게 있어 가장 불안한 것은 무엇일까? 그것은 신입사원인 당신들이 '정말로 알고 있는지 어떤지?'를 모르는 것이다. 그러므로 당신이 솔직하게 '모른다.'라고 말하고 질문하는 것은 그들을 위하는 일이기도 하다.

새로운 세계에 입문하게 된 신입사원은 모든 것이 생소할 것이다. 어떤 경우는 자기가 알고 있는 사항이기 때문에 주위 사람에게 설명해 주려 하기도 하고, 또다른 경우에는 의문점에 대하여 신세대답게 거침없이 질문을 하거나 이의를 제기하는 경우가 종종 있다.

그러나 '탈무드'가 말한 바와 같이 '말은 당신의 입 안에 있을 동안에는 당신이 말의 주인이지만, 한 번 입 밖에 나와 버린 다음에는 당신은 말의 노예가 된다.' 또 '입은 도어와 같은 것이다'라고도 한다. 문은 필요한 때에 열어 두어야 하나, 항상 열어둔다면 도둑이 들 염려가 있다.

그래서 '탈무드'가 지적하고 있는 내용을 중심으로 '말'에 관해 살펴보면 다음과 같다.

'말을 많이 해서는 안 된다. 이야기는 두 배로 듣도록 하라' 이 말은 '탈무드'가 가르치는 중요한 교훈이다.

또 '탈무드'는 이렇게 말하고 있다. '하나님은 어째서 사람에게 두 개의 귀를 만들고, 입은 하나밖에 만들지 않았을까. 그것은 이야기는 두 배로 듣도록 하라는 하나님의 가르침이다'

'행복하게 살려고 생각한다면, 코로 신선한 공기를 가득 들이 마시고, 입을 다물도록 하라'

이 말은 모두 현명한 자는 자기의 지성을 숨기며, 어리석은 자는 어리석음을 노출시킨다는 훈계이다. 입은 바로 화의 근원이 될 수 있다는 점을 명심해야 한다.

주위를 둘러보아도 이야기를 잘하는 사람보다 잘 들을 줄 아는 사람이 더욱 존경을 받고 있음을 알 수 있다. 말을 잘 들을 줄 아는 사람은 지성을 나타내고 있다. 항상 떠들썩하게 자기주장을 하는 사람은 어리석다. 그래서 '현명한 사람이라면 미소지울 정도의 일을 보고 어리석은 자는 소리 내어 웃는다'고 말하고 있다.

말하는 방식에도 미소 짓는 듯한 방식과 요란하게 웃는 듯한 방식이 있다. 만일 침묵이 현명한 사람들에게 커다란 이익을 가져다 준다면, 여느 사람들에게는 얼마만한 이익을 가져다줄까. 누구라도 자기 인생을 되돌아본다면, 잠자코 있었던 것을 후회하는 일보다는 말을 해버린 것을 후회하는 일이 훨씬 많다.

자기 혀에게 침묵을 가르치는 것은 인생에 있어 커다란 이익이 있다. '탈무드'는 '보물처럼 자기 혀를 신중히 다루도록 하라'고 한다. '침묵은 금이요, 웅변은 은이다'라는 것은 그와 같은 뜻에서이다. 침묵은 지성이 입는 황금의 갑옷이다.

물론 필요한 때에는 충분히 자기주장을 하고 자기 의사를 표시하지 않으면 안 된다. 그러나 이야기하는 것보다는 입을 다물고 있는 것을 배우는 편이 더 어렵다.

사람은 누구나 이야기하고 싶다는 욕망을 지니고 있다. 그러므로 말을 잘 하는 사람은 다른 사람의 그러한 욕망을 가로막게 된다. 그 결과, 상대방은 후회할 만한 일을 말하지 않은 것을 고맙게 여기기보다 말할 기회를 얻지 못하여 달가워하지 않을 것이다.

흔히 혀는 칼에 비유된다. 조심해서 다루지 않으면 사람을 다치게 할 뿐 아니라, 자기 자신도 다치고 만다. 훌륭한 칼잡이가 되어야 한다. 칼은 정말로 필요한 때가 아니면 빼지 않는 것이 가장 좋다.

혀는 눈이나 귀와는 또 다르다. 눈이나 귀는 우리가 마음대로 보고 싶은 것, 듣고 싶은 것만을 보고, 듣는 것은 아니다. 그러나 혀는 완전히 자기가 컨트롤 할 수 있다.

그러므로 혀는 본래 훈련이 가능한 것이다. 어리석은 자에 대해서 '저 녀석은 말이 많다'고 하는 수가 많다. 사람은 지나치게 술을 마시거나 음식을 먹는 것은 종종 주의를 하지만, 지나치게 말이 많은 것에는 그다지 주의를 하지 않는다. 그 결과는 모두 마찬가지로 위험한 일이다.

그러면 사람은 말에 대해서 어떠한 태도를 지녀야 할 것인가. 말은 셀 수 있는 것이 아니다. 말은 하나하나 그 무게를 달아 봐야 하는 것이다.

말은 또 약에다 비유되기도 한다. 적당한 양의 말은 도움이 되지만, 지나치게 사용하면 해가 된다.

'귀신 듣기에 생소한 것을 불쾌하게 생각하며, 눈은 눈에 선 것을 쫓는다. 그런데 혀는 너무 분방하다'고 '탈무드'는 관찰하고 있다.

'혀에는 뼈가 없다. 그러므로 조심하라'

'마음이 혀를 움직여야지 마음이 혀로 인해 움직여서는 안 된다'

이와 같이 '탈무드'에 혀에 관한 훈계가 많은 것은 그만큼 혀로 말미암아 실수하는 사람이 많기 때문이 아닐까 한다.

3. 인생에는 레일이 없다

매뉴얼은 과거와 현재의 것일 뿐이다

입사해서 6개월까지 사내 매뉴얼을 숙독하지 마라. 이렇게 말하면 주관부서로부터 항의를 받게 되겠지만, 실제로 신입사원이 읽어서 바로 알 수 있는 사내 매뉴얼은 거의 없다. 읽어도 모르는 것을 필사적으로 숙독하는 것은 시간낭비이다.

처음 몇 개월 동안은 대강 훑어보고 어느 부분에 어떤 것이 쓰여 있는가를 확인해 두기만 하면 된다.

업무를 빨리 익히고자 한다면 매뉴얼을 읽는 것보다 먼저 스스로 직접 해보거나 선배들의 일하는 태도를 주의 깊게 관찰해 보아야 한다. 매뉴얼은 어떤 현실문제에 부딪혔을 때 읽으면 단번에 자기 것이 되고 실제로 일을 체험하고 나서 읽어야 실감 있게 이해할 수 있다. 더구나 매뉴얼은 과거와 현재를 토대로 한 것이라는 점을 잊지 말아야 한다.

물질적으로 풍족하게 되는 일이 물론 나쁜 것은 아니다. 물질적으로 풍족해지면 보다 건강한 생활을 보낼 수 있을 뿐 아니라, 높은 교육을 받을 수 있고, 여가가 불어남으로 그만큼 자기계발에 시간을 쓸 수 있다. 한 마디로 말해서 인생에 있어서 선택을 증대시켜 준다. 따라서 물질적으로 풍족한 것은 좋은 일이다.

유타인은 하늘과 땅 사이에서 사람이 살고 있다고 생각해 왔다. 우리는 절반은 하늘에 속해 있으며, 절반은 땅에 속해 있는 존재이다. 그러므로 빵만으로 살아갈 수 없으며, 그렇다고 해서 빵 없이도 살 수 없다.

물질을 두려워하는 것도 올바른 태도는 아니다. 두려워하기 때문에 금욕적으로 된다. 일찍이 물자가 궁핍했던 시대에는 물건을 소중히 여겨 검약하지 않으면 패가망신으로 이어졌다. 그것은 산에서 조난한 사람이 구조대가 도착할 때까지 가지고 있는 식량을 아주 조금씩 아껴 먹지 않으면 목숨을 유지할 수 없는 것과 비슷했다. 그러므로 물건을 지니고 있는 힘은 옛적이 더 컸다고 하겠다. 그리하여 대부분의 문화에서는 물건을 두려워하고 금욕적인 것이 대부분이었다. 금욕이 하나의 미덕이었다.

그러나 두려워해 왔던 것에 한번 굴복해 버리면 그 노예가 되어 버리기 쉽다. 거기에 비하면 유태인은 금욕적이 아니었기에 항상 물건을 도구로서 다루어 왔다. 더욱이 자기들이 절반은 하늘에 속하고, 절반은 땅에 속하고 있다는 데에도 유태인의 균형 감각이 나타나 있다고 하겠다.

물건을 지나치게 많이 가지면 오히려 불편한 일도 있다. 너무 일을 하면 자기 시간을 모두 일에 빼앗겨 버리는 것과 마찬가지로 물건을 너무 많이 가지면 자기의 시간을 물건에 빼앗기는 결과를 가져온다. 컴퓨터, 자동차, 텔레비전, 스테레오, 무비 카메라……, 이러한 것들은 쓰지 않으면 아무런 의미가 없다. 그러나 그것을 사용하자면 그 물건들을 상대하지 않으면 안 된다. 그 결과로 사람과 접하는 시간이 짧아진다. 이를테면, 사람과 접하는 대신에 텔레비전을 보거나 한다. 두 사람이서 영화구경을 가면 영화를 보는 동안에는 이야기를 나누지 않는다. 물건이 풍부해지면, 가난했던 시절보다도 가족끼리의 대화나 친구끼리의 이야기를 하는 시간이 줄어들기 마련이다.

우리는 물질을 소비하고 있는 셈으로 여기고 있지만, 모르는 사이에 물질에 의해 우리가 소모될 염려가 있다. 물건이라고 해서 우습게 알아서는 안 된다. 자기도 모르는 사이에 우리들이 물건의 지배를 받게 된다.

오늘날 젊은이들의 일반적인 꿈은 좋은 학교를 나와 일류 기업에 취직하는 것이라고 한다. 왜 좋은 학교에 들어가기를 희망하느냐 하면, 이른바 일류 기업에 취직하는데 유리하기 때문이라고 한다. 이른바 '레일 위를 달리는', 혹은 '에스컬레이터에 탄' 일생을 보내기를 기대한다.

이러한 사람들에게는 안정된 생활이 무엇보다 중요할 것이다. 그리하여 좋은 집이나 자동차 같은 것으로 상징되는 좋은 생활을 보내고 싶어 한다. 그러나 산길을 갈 때에 많은 사람들이 밟고 지나가 다져진 길을 걸어서는 보물을 찾을 수가 없다.

더욱이 일류기업에 취직해서 정년이 되기까지 레일에 따라 굴러가는 생활을 해서는 틀에 박힌 인생을 보내는 것이 되고 만다. 인생에는 모험도 때로는 필요하다. 모험을 체험하는 것은 매력적인 인간을 만들어 낸다. 레일이나 에스컬레이터에 탄다고 해도 레일이나 에스컬레이터 그것으로 해서 자기의 일생을 소모해 버리는 결과를 가져온다.

4. 미래를 내다보라

고정관념을 버려라

편견은 우리 사회에 적지 않은 영향을 끼쳐 왔다. 흔히 편견은 인종, 민족, 종교, 성 그리고 문화적인 풍습이나 제도의 차별로 인해 생기는 것으로 알려져 있다. 다른 태도들과 마찬가지로 편견도 역시 신념, 감정 및 행동경향성(行動傾向性)으로 이루어져 있다.

특정집단의 모든 사람에게 무비판적으로 적용한 부정확하거나 불완전한 정보에서 비롯된 일련의 태도들인 고정관념이 바로 편견의 근원이다. 이같은 고정관념은 평가 자체를 흐리게 하고 개인의 차이를 무시하곤 한다.

편견이 가져다주는 비극적인 결과는 차별대우의 표적들이 궁극적으로는 그러한 고정관념을 받아들임으로써 자존심을 낮추고 절망감을 갖게끔 하게 된다. 그러한 부정적 특성에 대한 하나의 방어수단으로 그들은 그러한 고정관념을 그들 자신의 주체성의 일부로 받아들이게 되며, 억압 받는 사람들이 억압자들과 동일시하게 되는 경우도 있다.

대체로 편견은 소수 집단의 사람과의 관계 속에서 갖게 되기보다는 다른 사람의 말이나 그들이 표현하고 있는 태도를 근거로 하여 발전하므로 바른 사고력을 가지고 매사를 순리적 합리적으로 해결하려는 노력이 계속될 때 편견을 물리칠 수 있을 것이다.

편견이 계속되면 세 살짜리 어린아이와 같이 남의 이야기를 들을 줄 모르고, 다른 사람의 입장을 이해하지 못하는 가운데 자기중심적인 생각만 하는 결과를 낳게 된다. 그 결과 이해력도 없고, 경우도 없고 양보할 줄도 모르는 사람으로 전락되고 욕심쟁이, 고집쟁이, 억지만 부리는 사람으로 인식되어 대인관계라는 대열에서 탈락되는 비운(悲運)을 초래할 것이다.

역사에 영감을 받으라. 그러나 역사의 올무에 빠지지 마라. '우리가 무슨 일을 하고 있든지 그 일을 보다 더 잘할 수 있는 길이 반드시 있다. 나는 무엇이든지 개선하고 싶은 강박관념을 가지고 있다'라고 기회를 잘 포착해서 성공을 거둔 어떤 사람이 말한 적이 있다. 기회를 잘 포착하는 사람들을 보면, 그들은 대개가 거의 모든 일이 개선될 수 있다는 것을 알고 있는 사람들이다. 상품의 질, 서비스, 가격, 포장, 배달, 거래, 생산품이나 프로그램의 선전 등등을 보다 더 크게 만들 수도 있고, 보다 더 작게 만들 수도 있겠으나 여하튼 간에 개선할 수 있다. 여기에 기회를 붙잡을 수 있는 좋은 길이 놓여 있는 것 같다.

이 사회에 퍼져 있는 가장 저주받을 생각 중의 하나는 옛날이야말로 기회가 많던 시대였다는 생각이다. 사실은 오늘날 우리가 살고 있는 시대가 인류 역사상 어느 때보다 더 많은 사람들에게 더 큰 기회를 줄 수 있는 시대라고 생각한다.

5. 가능성을 찾아라.

이제 당신은 이런 사람이 되어라

자신의 잘못을 변명하고, 자신의 죄를 합리화시키고
자신의 실패에 구실을 붙이고, 자신의 잘못된 판단을 감추려고 하는
자신을 파멸로 이끄는 습관을 버리고,
자신과 자신이 처해 있는 상황을 깊이 들여다보고,
일깨워 주기를 기다리고 있는
지금은 졸고 있는 가능성을 발견하고,
건설적인 비평과 지각 있는 충고와
진지하고 성실한 친구들이 당신에게 전하고 싶어
수 년 동안 애써 오던
정직한 의견에 귀를 기울이면
성공할 수 있다는 것을 배워라.

당신이 가지고 있는 열등의식과, 현재의 환경에 자신이 부적당하다는 느낌과, 자신이 별로 중요한 사람이 못된다는 느낌을 극복하기 위해서 적극적 사고를 활용하라. 자신을 가져라, 그래서 당신 자신은 물론 주변에 있는 사람들을 놀라게 하라. 당신 자신과 사이좋게 사는 방법을 배워라.

당신에게 제시된 제안 속에 숨어 있을지도 모를 가능성을 조심스레 고찰해 보지도 않고 그 제안에 문을 쾅 닫아 버린다는 것은 지혜로운 일이 못된다. 모든 아이디어에 관해 적극적으로 사고하도

록 자신을 훈련시켜라.

당신은 다른 사람들이 너무 위험하다거나, 너무 비용이 많이 든다거나, 혹은 쓸모없다고 생각하고 성급하게 내던져 버린 아이디어를 붙잡아서 이 아이디어를 아주 좋은 기회로 바꾸게 될 것이다.

적극적 사고를 발휘하여 당신의 기회가 참된 성공이 되도록 하라.

이 때 실패는 생각지도 말라. 그러면 당신의 기회를 유익하고 흥미진진한 사업으로 만들 수 있을 것이다.

6. 무(無)에서 시작하라

의식개혁 없이는 살아남지 못한다

숫자를 바꾸려면 행동을 고쳐야 하고,
행동을 고치려면 주안점을 바꿔야 하며,
주안점을 바꾸려면 목표를 바꿔야 하고,
목표를 바꾸려면 발상을 바꿔야 하며,
발상의 전환을 시도하려면 사생활의 습관을 바꿔야 한다.

꿈을 갖는 데에는 아무런 비용이 들지 않는다. 당신은 꿈을 가지고 있습니까? 그런데 돈 문제에 직면해 있습니까? 그렇다면 이 말을 기억해 두어라. '모든 위대한 사업은 꿈으로 시작된다.' 그러니 단 돈 한 푼 없이도 사업은 시작할 수 있다는 이야기가 아닙니까?

하나의 아이디어, 이른 아침의 한 시간, 격려해 주는 친구, 당신의 아이디어를 팔 수 있는 자유, 신문에 실린 글 한편, 이 모든 것들이 다 무료이다. 말하는 것도 무료이다. 만약 당신에게 필요를 충족시켜 주고, 하나님을 영화롭게 하고 사람들에게 격려가 될 만하고, 상상력이 풍부한 아이디어가 있다면, 적극적 사고주의자들을 찾아가 그들에게 이야기해 보아라. 그러면 그 꿈을 살릴 수 있는 기회를 얻을 수도 있을 것이다. 진실로 세상에서 가장 값있는 것은 아이디어다. 좋은 아이디어는 자석과 같아서 기대하지 않는 곳에서 지지를 얻을 수 있음을 기억해 두어라.

7. 상대방에게 감정을 좋게 전달하라

인간은 감정의 동물이다

인간은 감정의 동물이라는 말이 있다. 즉 이성에 호소함이 없이 즉흥적으로 행동한다는 것이다. 사람들은 감정을 앞세우는 경우가 많다. 그래서 불화와 대립이 있고 미움과 투쟁이 만연되어 있다. 조물주가 인간에게 감정을 준 것은 결코 혼란되고 파괴를 하도록 하기 위한 것은 아니었을 것이다.

일상생활에서 나오는 감정상태를 매우 표면적으로 선택 없이 짜모은 것은, 이미 혼돈의 상(像)을 나타나게 된다. 노여움, 증오, 질투, 시기, 슬픔, 사랑, 호감, 동정, 남의 불행을 고소해하는 마음, 동경, 감격, 경탄, 침울, 존경, 화, 메스꺼움, 감동, 만족, 수치, 후회, 감사함, 경이, 경회, 겸손, 잔인, 불안, 희열, 고민, 걱정, 비통 – 이러한 것들은 언어가 자신의 이름을 갖고 있는 그런 감정의 상태인 것이다.

그러나 상당히 많은 수의 감정상태에 대하여 우리들의 언어는 자신의 단어를 갖고 있지 못하다. 서정 시인이 자기의 시(詩)에서 표출하는 것은 이런 식으로 묘사되지 않는 감정일 경우가 빈번하다. 시인 자신의 언어에서도 아직 완전히 잡히지 않은 기분(Stimmungen)을 음악가가 묘사하여 야기시킬 수가 있는데, 이는 감정의 본질에 가장 잘 상응하는 표출종류이다.

오늘을 생활하고 있는 모두는 이 같은 감정의 뜻과 취지를 이해하고 통제할 수 있는 힘을 기르도록 해야 한다. 감정을 자극하는 요소에 동요되지 않는 인내, 화가 날 때 웃을 수 있는 여유를 갖고 있는 사람이어야 한다.

직장 내의 부서 간에 토론을 할 때 종종 볼 수 있는 것으로 덮어놓고 자기의 의견을 상대방에게 강요하려고만하고 상대방이 어떻게 생각하고 있는가는 전연 문제로 삼지 않는 일이 있다. 이렇게 하여 일방적으로 자기의 생각만을 강요하다 보면 쌍방이 모두 차차 감정적으로 되어 저놈이 말하는 것 따위를 결코 들어 줄까 보냐고 서로가 흥분하게 된다. 이쯤 되면 도저히 설득할 수 있는 것이 아니다.

상대방과 대화를 할 때에는 언제나 감정의 전달이 있는 법이다. 상호간에 좋은 감정이 전달되지 않으면 설득이 잘 되지 않는다. 커뮤니케이션은 말이 전달되기 이전에 먼저 감정이 커뮤니케이트된다. 설득술이 좋은 사람은 이러한 점을 잘 알고 있지만 설득술이 나쁜 사람은 이것을 잘 모르고 있다.

설득을 잘 못하는 상사는 평소에 부하직원에 대한 태도가 좋지 않다. '내 부하들은 아무래도 소질이 나빠서 일을 성심성의껏 하려고 들지 않는다. 일이 잘된 것은 내가 이렇게 노력했기 때문이다.' 라고 자기의 공적만을 강조하려고 들기 일쑤다.

또한 부하를 설득하려 할 때도 부하의 의견을 가볍게 생각한다든가 공격하기도 한다. 뿐만 아니라 한술 더 떠서는 자기의 견해가 정당하다는 것을 필요이상으로 강조하기도 한다. 이러한 일 때문에 부하 직원을 분노하게 해 버린다. 이러한 것과는 반대로 설득력이 훌륭한 책임자는 평소의 태도부터 다르다. 팀의 업적이 높아진 것을 결코 자기 자신의 공로로 하지 않고 오히려 부하 직원의 공적으로 삼는다. '내 부하 직원들은 정말 일처리를 잘 해 주기 때문에 나는 언제나 편안하게 지내고 있지만 이렇게 성적이 오르고 있다.'고 부하 직원에 대한 칭찬이 대단하다. 뿐만 아니라 부하를 설득하려고 할 때에도 자신의 주장을 강요하려고 들지 않는다. 오히려 부하로 하여금 많은 이야기를 하게 해서 그들은 어떻게 생각하고 있는가! 왜 그렇게 생각하고 있는가를 충분히 이해하려고 노력하며, 자기 자신의 생각과 상치되는 경우에는 어떠한 정보가 부족하기 때문에 서로의 생각에 차이가 있는가를 발견해서 필요한 정보를 더욱 많이 얻어 가지고 그들에게 충고를 해준다. 이렇게 해서 자연스럽게 부하 직원을 자신의 생각과 일치되도록 만드는 데 성공을 한다.

설득이 서툰 사람은 상대의 자존심을 상하게 하는 일만 하기 때문에 더욱더 반발하게 만든다. 설득을 잘 하는 사람은 포용력이 있고 항상 상대편의 입장에서 모든 것을 생각하기 때문에 상대가 혹 설득을 당하는 일이 있더라도 자존심이 상하는 일이 없다.

8. 일을 고맙게 알아라.

마음가짐에 따라서 만족을 얻을 수 있다

텍사스 휴스턴의 알렌박사는 사람들의 마음에 만족을 가져오는 다섯 단계를 이렇게 이야기하고 있다.

첫째는 현재 있는 것으로 만족하게 여기고 사는 것이다. 가장 어리석은 사람은 자기의 분수를 지키지 못하고 지나치게 탐심을 부리는 것이다.

둘째는 적은 소득이라도 조금씩 저축하며 살아가는 것이다. 저축을 하며 사는 사람은 마음에 여유가 생긴다는 것이다.

셋째로 꿈과 모험을 잃어버리지 말라고 말한다. 미래에 대한 희망을 가지고 살아가는 사람은 만족한 생활을 할 수 있다는 것이다. 꿈을 가지고 있는 사람은 가지고 있는 꿈의 크기만큼 만족할 수 있다.

넷째로 될 수 있는 한 좋은 친구를 많이 사귀라고 한다. 어떤 친구를 만나 어떻게 변화되어 어떤 삶을 사느냐에 따라 삶의 질과 만족도가 결정되기도 한다.

다섯째로 최선을 다하면 항상 길이 열리는 것을 믿으라고 했다. 어떠한 어려움과 시련이 있다고 하더라도 최선을 다하면 거기에 길이 열릴 뿐만 아니라 시련과 역경이 도리어 축복으로 바뀔 수 있다는 것이다.

알렌박사의 이야기를 들어 보면 만족이라는 것은 외적인 조건에서 오는 것이 아니며, 또 얼마나 많은 것을 소유했느냐는 것에서 오는 것이 아니라, 자기 자신의 마음가짐에 따라서 만족을 얻을 수 있다는 것을 알 수 있다.

세상에는 자기가 근무하는 직장 일에 흥미가 없다고 하는 사람들이 많다. 날마다 똑같은 직장에 나가서, 틀에 박힌 똑같은 일을 되풀이할 뿐이어서 싫증이 난다는 것이다.

자기가 좋아하는 일을 마음대로 할 수 있다면 얼마나 즐거울까! 하는 것이다.

그러나 사실이 그럴까? 만일, '날마다 당신이 좋아하는 일을 마음대로 해보라'고 한다면, 어떻게 될까?

만일 당신 마음대로 할 수 있는 일을 선택한다고 하면, 우선 당신은 무엇을 해야 좋을지 망설여질 것이다. 날마다 무엇을 하는 것이 좋을까를 생각하는 것이 큰 부담이 되고 고통이 될 것이다.

자기에게 주어진 일, 일정한 할 일이 있어, 아무 생각도 하지 않고서도 마음 편히 일하는 사람들이 부러워질 것이다.

더구나 당신 마음대로 선택하는 일이라면 무엇을 선택하느냐에 따른 무거운 책임을 당신은 느끼게 될 것이다. 그리고 어떤 일을 하든지, 더 좋은 다른 일은 있지 않을까 하는 불안이 뒤따르게 될 것이다.

그래서 우리들이 날마다 할 일을 가지고 있다는 것은 큰 행복이라고 할 수 있다. 만일 그렇지 않다면, 당신은 틀림없이 정신병에 걸리고 말 것이다.

정신병에 걸리는 사람들을 보면, 바쁜 사람보다 한가한 사람, 눈코 뜰 새 없이 일에 쫓겨 생각할 틈조차 없는 사람보다, 아무것도 할 일이 없어 무엇을 하면 좋을까 하고 많이 생각하는 사람들이다.

우리들은 날마다 시간의 대부분을 대체로 정하여진 일로 일정한 코스를 가는 데 소비하고 있다. 아무 것도 생각지 않고서도 할 일이 있다는 것은 큰 구원이다. 한편, 그렇기 때문에 자칫하면 타성에 흐르고 기계적이 되어버릴 위험이 있다.

9. 꿈을 가져라

결심하라

결심이라는 속성은 크면 클수록 추진력이 강하여 정신을 한곳에 집중시키는 심리적 작용을 한다. 그러나 결심은 감각적·감정적·관능적인 판단에 따라 작정하는 것이 아니고, 깊이 생각하고, 정확하게 분석해 보고, 신중하게 결정하여야 한다.

또한 '결심은 늦어도 실천을 빨라야 한다'는 J.드라이든의 말과 같이 일단 결심한 내용에 대해서는 곧바로 행동에 옮겨 실천해야 한다.

이제부터라도 '나'를 중심으로 가능한 일부터, 가까운 곳의 일부터, 그리고 손쉬운 일부터 생각하고 찾아내어 오늘 할 일의 결심, 수년간에 걸쳐 해야 할 결심, 평생을 두고 해야 할 결심을 하는 자는 용감함과 희망이 있는 자요 성공을 기약할 수 있는 자이다.

이때 주의해야 할 것은 결심은 말로 하는 것이 아니라 행동으로 나타나야 한다. 그리고 잡념이나 유혹에 이끌리지 않으면서 그 결심을 더욱 새롭게 다짐하려는 노력의 수반되어야 하며 어떠한 곤란이 닥치더라도 실천하겠다는 의지를 키워나가는 사람이 되어야 한다.

우리가 산다는 것은 자기와의 투쟁이요, 다른 사람과의 경쟁이다. 그것을 노골화해서 다른 사람의 발목을 끌어내리는 처세술은, 비록 일시적인 성공을 거둘 수 있을지 모르지만 결국은 허무한 종말을 맞게 된다. 그러므로 어디까지나 정정당당히 실력과 인격을 향상시키는 경쟁을 할 필요가 있다. 그 상대는 우선 동료 중에서 인격과 능력이 뛰어난 친구를 목표로 삼아라.

어느 날 이 군은 선배들이 이렇게 말하는 것을 들었다.

'금년에 입사한 M 군은 정말 일을 잘한단 말이야.'

'그 친구는 인사성도 있고, 유망한 신입사원이야.'

'그리고 공인회계사 시험 준비를 하고 있다는 거야.'

'허, 그래? 그 친구라면 틀림없이 해낼 거야. 그런데 그러다간 우리가 뒤지겠어. 정신을 차려야지.'

L 군은 피가 끓어오름을 느꼈다. 투지가 용솟음 쳤다.

'그래, 어디 해 보자. 나는 지금의 전문기술에서 제1인자가 되도록 실력을 쌓는 거다. 이 기술로 성공하는 거다!'

이런 일이 있고서부터 L 군의 태도는 일변했다. 사람들에게도 명랑하고 쾌활하게 대하고 일도 열성껏 하여, 주위 사람들을 놀라게 했다. 좋은 라이벌인 M 군과는 친한 친구가 되어 시간만 있으면 함께 지냈다.

몇 년이 지났다. 어느 기술 잡지에 L 군의 논문 'H제품의 기술개발 성공실례'가 소개되어, 업계에 큰 반응을 일으켰다. 외국으로부터의 조회도 계속 밀려 왔다. 그의 이름은 하루아침에 세계적으로 알려졌다.

한편, M 군은 선배들의 예상대로 공인회계사 시험에 합격하여, 회계감사역으로 발탁되었다.

현대의 젊은이에게는 꿈이 없다고 흔히 말한다. 과학의 발달과 사회생활의 급격한 변화로 삶의 보람으로 삶의 목표를 정가기가 어려워진 것은 사실이다.

그러나 꿈이란 있는 것이 아니다. 스스로 자기에게 맞는 꿈을 만들어야 한다. 그리고 그 꿈의 실현을 목표로 도전해 나가는 것이야말로, 인생에 있어서의 삶의 보람인 것이다.

10. 상대방의 성격을 파악하라

인간 특성은 이런 것이다

① 활동성 : 활동성이란 일상생활에서 정력적이고, 생산적이고, 능률적이고, 민첩하며, 일을 좋아하고, 일을 많이 해내는 인성특성을 말한다. 따라서 쉴 새 없이 활동하고, 속력을 필요로 하지 않는 경우에도 부지런하게 행동한다.

② 안정성 : 안정성이란 정서적으로 안정되어 있어서 희로애락의 감정에서 극단에 흐르지 않고, 통일된 감정을 가지고 있는 안정특성을 말한다.

③ 지배성 : 지배성이란 인간관계에 있어서 적극적, 단정적, 공격적이고, 완강하며, 집단활동에 있어서 지도력, 주동력, 진취력, 창안력, 통솔력, 책임감, 자기결정, 주체성을 나타내는 인성특성을 말한다.

④ 사려성 : 사려성이란 깊이 생각하고, 내성적이며, 반성적이고, 조심성이 있고, 삶을 계획하는 데 주의 깊고, 사회적으로 다분히 정확한 인성특성을 말한다.

⑤ 사회성 : 사회성이란 사회활동이나 집단생활에 적극적으로 참여하고, 협동적이며, 원만한 관계를 유지할 수 있으며 사교적이고 친절하며, 사회적 동조성, 대인적 응성이 강한 인성특성을 말한다.

⑥ 자율성 : 자율성이란 독립적, 반항적, 자립적, 자주적, 자발적이고 자기 행동에 대해 책임을 중시하며, 현재의 상대에 만족하지 않고, 스스로 개선해 나가려고 하며, 인

습과 전통에 얽매이지 않고, 자기 나름의 독특한 해결 책을 모색하고자 하는 성숙한 인성특성을 말한다.

⑦ 성취성 : 성취성이란 높은 수준의 포부를 설정하고, 적절한 모험성과 곤란도를 내포하는 새로운 문제를 선택하며, 방해를 극복하고, 자신의 탁월성을 과시하려는 인성특성을 말한다.

사람을 잘 움직일 수 있다는 사람은 상대방을 간파하는 능력이 뛰어난 사람이라고 한다. 이렇듯 상대방을 꿰뚫어 볼 수 있는 예리한 관찰력이 없는 사람은 상대방을 압도할 수 있는 응대는 할 수 없을 것이다.

유별난 한 탤런트가 있었다. 그는 건달같이 보이는 연기로 인기를 모으고 있는데 사회 같은 것을 맡기면 재치 있게 잘 볼 줄 아는 요령을 지니고 있다.

배짱이 두툼한 여자가수가 노래를 부르기 위해 무대에 나오면 그 가수의 약점을 꼬집어 청중에게 소개함으로서 그 여가수로 하여금 입장을 곤란하게 만들려고 한다. 그러면 배짱이 좋은 여가수일수록 쩔쩔매며 어쩔 줄을 몰라 한다. 관객도 그런 것이 재미있어 박수갈채를 보낸다. 그런데 중년의 마음약한 가수가 무대에 등장하면 가능한 한 그의 기분을 상하지 않게끔 정중한 몸가짐으로 맞는다. 무대에 출연하는 탤런트의 성격을 잘 파악하여 그들에게 알맞은 응대를 하는 것이다.

상대방이 배짱이 있고 성격상으로 외향성인 사람인 경우에는 이쪽에서 하고 싶은 말을 주저 없이 하는 편이 상대방으로 하여금 마음을 가볍게 할 수 있으므로 분위기가 한결 부드러워진다. 반면 내성적이며 소심한 사람에 대하여는 이와 같은 방법은 금물이다. 너무 잔소리를 늘어놓거나 상대방을 치켜세우면 도리어 수줍어하거나 멍청해져 제대로 먹혀 들어가지 않는다.

사람의 성격은 십인십색(十人十色)이므로 사람을 움직여 자기의 뜻대로 하려면 상대의 성격을 잘 파악한 후 거기에 맞게 대응하지 않으면 좀처럼 목적을 달성할 수 없다.

석가세존은 '사람을 보고 설법을 하라'고 말씀하셨다. 과연 이 말은 정통을 찌른 말이라고 생각된다.

가장 사랑하던 자식을 잃고 산다는 희망을 버린 채 슬픔에 젖어 있던 어머니가 '제발 당신의 힘으로 죽은 자식을 소생시켜 주십시오.'하며 부처님의 옷자락을 잡고 애원했다.

부처님께서는 '나의 불력으로 죽은 어린이를 소생시키려면 한 가지 조건이 있소. 그 조건이란 아직까지 한 번도 초상을 치루지 않는 집에 가서 향불을 가져오는 것이오.'라고 말했다. 기쁨에 벅찬 어머니는 집집마다 찾아 헤맸으나 아직까지 초상을 치루지 않은 집이란 어느 곳에도 없었으므로 그 어머니는 지친 걸음으로 돌아왔다.

'어때요 어느 집이든 초상을 치러 보지 않은 집이 없지요. 이제 나의 말뜻을 알겠어요.' 부처님은 이렇게 말씀했다. 이 부처님의 말씀 한마디로 비탄에 젖어 있던 어머니는 슬픔을 이겨낼 수 있었던 것이다.

직장 내에서도 상대방의 성격파악은 좋은 관계를 유지시킬 수 있는 비결이다.

11. 유머는 비즈니스의 강력한 무기이다

비즈니스맨의 유머에도 한계가 있다

비즈니스맨이 대인관계에서 사용하는 유머는 한계가 있음을 잊어서는 안 된다. 때와 장소를 가리지 않고 멋대로 지껄이면 대인관계에 있어 긴장완화의 구실을 못할 뿐 아니라 상대에게 성실치 못한 인상을 주는 법이다. 그렇게 하지 않기 위해서는 다음과 같은 문제점에 주의할 필요가 있다.

① 악의나 비난, 야유 또는 가시 돋친 풍자가 아닌, 누구에게도 상처주지 않는 웃음거리여야 한다.

② 육체적 결함 따위를 대상으로 해서는 안 된다.

③ 전화위복적인 화제로 그 장소의 분위기를 일신시키는데 힘을 써야 한다.

④ 사태에 맞춰 천변만화(千變萬化)하게 하는 이야기라야 한다.

⑤ 현실에 대하여 어느 정도 여유를 갖는 초현실적인 요소가 필요하다. 즉 너무 생생한 느낌을 주는 것은 좋지 않다.

대인관계의 기술이라고 하면 적과 일전을 하는 기분이 누구에게나 들게 마련이다. 그런데 우리나라에서는 예로부터 '그렇다면……'이라는 것이 대인관계의 기술이었다. 이렇게 된다면 긴장 위에 더욱 긴장을 더하게 된다.

더구나 현대의 비즈니스 활동은 긴장으로부터 긴장으로의 연속이므로 마음이 쉴 여유도 없다. 누구나가 모두 지쳐있어 초조한 감정으로 지낸다. 이럴 때 한바탕의 웃음은 과연 청량제의 구실을 한다. 그 장소의 분위기를 일신시킨다.

그와 같은 일신으로 인하여 그 장소에는 어느 사이엔가 해빙하는 예가 많다. 그런 까닭에 긴장이 극에 달했을 때 영국인 풍으로 웃어넘긴다는 심정은 비즈니스 활동 중에 꼭 끌어들여야만 한다.

웃음을 가지고 있는 것은 인간뿐이다. 인간이 웃음을 잃었다면 동물과 마찬가지가 된다. 그런데 오늘날의 비즈니스맨만큼 웃음을 잃은 사람은 없다. 누구나 모두 심각한 얼굴로 일을 진행시키고 있다. 그런 의미에서는 비즈니스맨이 동물에 가깝다고 말할 수 있겠다. 비즈니스맨 한 사람 한 사람이 웃음에 의해 인간성을 되찾게 된다면 더욱 활동범위는 확대되어갈 것이다.

즉 현대에 가장 부족한 것을 자신의 몸에 익히는 것이 실력을 기른다는 말과 동의어가 된다. 더구나 유머란 훈련에 의해 얼마든지 획득할 수 있는 기술이라는 점에 큰 가능성을 느끼게도 한다.

유머를 소중히 여기자. 웃음이나 유머는 여유가 있고 강한 자에게만 있는 법이다. 유머는 사람이 지니고 있는 힘 가운데서 가장 강력한 것의 하나이다.

'웃음은 백약(百藥)의 장(長)'이라는 말이 있듯이 웃음은 우리가 괴로울 때에 마음을 위로해 준다. 활발한 웃음은 즐거운 것이다. 그러나 웃음이 간직하고 있는 힘은 그런 것만이 아니다. 웃음을 소중히 하고 적절히 구사한다면 사람이 태어나면서부터 갖춘 강력한 무기도 될 수 있다.

유머가 왜 우스운가 하면 규격에서 벗어나기 때문이다. 그러나 유머에는 그 이상의 힘이 있다. 규격에서 벗어난다는 것은 여유가 있다는 것을 나타내고 있는데 여유가 있음으로 해서 유머라는 유희가 가능하기 때문이다.

유머는 그 자리를 밝게 만든다. 혹은 블랙유머라면 어둡게 만들지도 모른다. 그러나 그것 나름으로 쓸모가 있다. 우습기 때문에 밝게 만드는 것만이 아니다. 여유가 있기 때문에 사람들을 마음 편하게 만들어 준다. 현명한 사람만이 어떠한 상황에 놓여 있더라도 여유를 지닐 수 있다.

게다가, 고도의 유머는 지성에서 우러나온다. 정말로 세련된 유머, 적절한 순간, 적절한 상황에 걸맞은 유머는 지적으로 훈련이 된 사람만이 할 수 있는 법이다. 그리고 그런 유머를 받아 넘기는 쪽에서도 지성이 갖추어져 있어야 한다.

또 유머는 매우 오리지널한 것이다. 같은 말을 두 번 다시 되풀이한다면 그 말은 이미 사람에게 호소하는 힘을 지니지 못한다. 듣는 사람을 기습하는 듯한 신선함이 필요하다. 유머정신이 있는 사람은 스스로를 웃길 수도 있다. 정말로 절박한 상태에 있을 때에 대개의 사람들은 유머를 말할 수가 없다. 그러나 유머는 위기 속에 있으면서도 자기가 일순간 이나마 한 걸음 거기서 물러나서 객관적으로 바라보고 웃을 수 있는 사람이라는 배짱과 강한 면을 보여 준다. 쫓겨서 두려워하는 자에게는 여유가 생겨나지 않는다. 굽히지 않는 불굴의 정신이 유머를 낳는다. 어떤 위기에 놓여 있더라도 그 위기 상황으로부터 한 걸음 물러나서 바라볼 수 있는 사람은 흔히 좋은 해결책을 생각해 낸다.

유머는 냉정함을 잃지 않도록 만드는 약이다. 머리에 피가 위로 치밀어 오른 사람에게는 유머도 웃음도 찾아 볼 수 없다. 이렇게 유머의 효용은 매우 크다.

지금부터라도 유머감각을 지녀보아라. 당신의 직장동료나 비즈니스상대자와의 관계는 부드러워질 것이다.

12. 선물에는 정성이 담겨져 있어야 한다.

대단치 않은 선물이 상대의 마음을 부드럽게 하고 친근감을 더해 주는 것은 우리나라나 외국이나 마찬가지이다. 업무차 출장 시에도 인사 대신 간단한 선물정도는 지참하길 바란다. 단, 국가에 따라서 환영되는 선물도 다르다는 것에 주의하라.

서양이라면 일반적으로 동양적인 물건을 권한다. 러시아나 동유럽의 경우는 컬러인쇄의 달력이나 생활필수품, 저렴한 가격의 라이터 등 생활필수품을 몇 개 모아서 가져가면 여러 가지로 편리하다. 영국에 가는 데 스카치위스키를 가지고 가는 사람은 없겠지만, 남미의 아르헨티나 등에서는 스카치가 대단히 환영받는다. 한편, 스타킹이 환영받는 나라도 있지만 때로는 갑자기 몰매 맞는 경우도 있다는 것을 명심하라.

13. 매력 있는 목표가 사람을 감동시킨다.

매력 포인트를 높여라

인간을 포함한 모든 자연은 그들 나름대로의 매력을 지니고 있다. 특히 인간의 매력은 다른 사람들의 특성을 지각하는 데에 영향을 미친다. 매력적인 사람들은 좀더 균형 있고 사회적으로 독립적이고 흥미 있고, 성적으로 흥분시키고 열정적이라는 평가를 받는다.

분명히 매력적인 사람들은 다른 사람들에게 미치는 자신들의 영향을 모르고 있는 것 같다. 매력적이게 되면 그들의 행동방식은 물론 그들에 대한 다른 사람들의 평가에도 영향을 미치게 된다. 매력 있는 남성들은 매력 없는 남성들에 비하여 한층 더 자기주장적이고 거부에 대한 공포를 덜 느끼며, 남성과의 교제보다는 여성과의 교제를 더 많이 한다는 것이다. 그러나 매력 있는 여성들은 매력 없는 여성들보다 더 자기주장적이지 않으며, 또한 사교관계의 빈도에 있어서도 차이를 보이지 않는다. 그러나 주목할 사항은 이간의 매력은 각자의 주관에 따라 판단하기 때문에 차이가 있다는 점과 후천적인 영향에 따라 매력 포인트를 높여갈 수 있다는 사실이다. 우리 모두 매력점을 찾아 자기 나름대로의 포인트를 높여 삶의 보람을 찾도록 하는 것이 중요하다.

성실한 지도자는 좀처럼 웅대한 꿈을 지니려 하지 않는다. 그 이유는 이성으로 생각하고 판단할 때 그런 일은 도저히 불가능하다고 단정해 버리기 때문이다. 그러나 이런 생각에는 근본적인 잘못이 있다. 꿈이란 것은 인간의 이성에 어떤 영향이나 계기를 주는 것만이 아니고, 차라리 인간의 감성에 보다 강하게 작용하는 편이 효과가 크기 때문이다. 상대의 감정이 이를 받아들여 정서적인 홍분을 일으키면 거기서 크나 큰 용기가 일어나게 되는 것이다.

리더가 어떤 일을 할 수 있게끔 하기 위해서는 하려는 일의 목표가 매력적인 것이 아니면 안 된다. 많은 사람에게 있어서 매력이 있는 목표란, 사회적으로도 크게 공헌할 수 있는 것이 된다. 그를 위해 예를 들면, 생활필수품을 수돗물 값처럼 싸게 공급할 수 있다는 목표를 내걸었던 것이다. 이와 같은 웅대한 목표는 굉장한 매력을 지닐 수 있으므로, 목표를 달성하고 싶다는 충동을 일으키며, 나아가서는 커다란 정서심을 불러일으킨다. 하지만 목표가 너무도 거창하면 도저히 달성할 수 없다는 절망감을 불러일으킨다.

그러므로 이런 모순을 해결하지 않는 한 목표 매력은 효과를 나타낼 수 없으며, 애써 수립한 목표도 과대망상으로 끝나고 만다. 꿈을 과대망상으로 끝내지 말고 장밋빛과 같은 비전으로 언제나 정렬을 불러일으키기 위한 기능을 갖게 하니 위해서는 목표 도달이란 필연성을 제시하는 것이 필요하게 된다. 그러기 위해 목표를 달성하기 위한 '프로세스(設計)'를 제시하는 것이다. 더욱이 그 설계는 먼저 무엇부터 착수할 것인가는 명확한 것이었지만, 일이 진행됨에 따라 조금씩 흐려져서 목표에 가까워지면 보다 거리가 멀어지게 되어 있다. 하지만 그것으로 좋은 것이다. 인간의 심리에는 '기능적 자율성(機能的自律性)'이란 작용이 있다. 기능적 자율성이라는 것은, 목표 실현의 수단을 실행으로 옮기면 어느 사이에 목표를 잊어버리게 되며, 수단이 목표로부터 자율하여 그것이 목표가 된다는 심리인 것이다. 이런 심리가 움직이면 당장하고 있는 일을 그대로 잘 하기만 하면 목표에 가까워질 수 있다는 꿈을 그대로 간직할 수 있으며, 또한 일에도 열중할 마음이 일어난다. 뛰어난 지도자는 이런 곳까지 인간의 심리를 꿰뚫어 보고 있는 것이다.

14. 행동 속에 보람이 있다

선행은 복지의 기반이다

인간의 보람과 가치는 자기만을 위한 이기적 태도나 행위에서 오는 것이 아니라 나의 행위가 남을 즐겁게 할 때 얻어질 수 있는 것이다. 그래서 선행을 바탕으로 한 인간관계는 복지의 기반이 된다고 한다.

마르크스 아우렐리우스가 남에게 선한 일을 꾸준히 하게 되면 자신의 생활을 즐겁게 보낼 수 있다고 하지 않았는가. 선행은 일상생활 속에서 습관화 되도록 해야 한다. 선행은 크거나 작은 것을 가려서는 안 되며 다른 사람이 알고 있거나 모르고를 가리려고 해서도 안 된다. 때와 장소를 가리지 말고 선을 행할 필요가 있는 것이다.

존슨은 '선을 행하고 선을 행하였다고 자랑하면 그것은 선이 못 되며 악을 행하고 악을 행한 것을 부끄러워하고 고친다면 악이 아니다'라고 하였듯이 착한 자는 착한 행위를 하고 떠들지 않는다. 아울러 선행이 남에게 알리기 위한 것으로 이용되어서도 안 된다.

우리 모두 한 치의 오만한 생각이라도 가지고 있다면 하루 빨리 그러한 생각을 버리고 묵묵히 선행을 실천하는 자세로 돌아가자.

일하는 것이 무의미하다. 내가 근무하고 있는 직장은 기분이 나쁘다. 하루하루가 고통의 연속이다. 사는 보람 따위는 있지도 않다고 불만을 품는 사람들은 어느 직장에서나 흔히 볼 수 있다. 이런 사람들에게는 인생론이나 삶의 보람 같은 것을 아무리 들려줘도 이해하지 못한다. 이런 사람들을 볼 때마다 나는 대학시절 때 친구 일을 생각하게 된다. 대학시절에 나는 친구와 곧잘 대포 집에서 대포를 마신 일이 있었다. 그는 나의 얼굴을 보자마자 '매일매일의 생활이 무미건조하여 살맛이 없어졌어. 공부를 열심히 해서 좋은 성적을 올린다는데도 매력을 느낄 수 없고 그렇다고 마음껏 놀아보아도 그다지 재미가 없으니…… 정말 큰일이야……' 이런 말을 입에 발린 듯 뇌까리고 있었다. 나는 그에게 여러 가지 방법으로 충고를 해보았다. '너는 지금 유복하니까 고마움 같은 것을 느끼지 못하고 있는 거야. 만일 네가 병이 들어 생사의 기로에서 헤매게 되면 건강이 얼마나 자신에게 소중한가를 알게 될 거야. 그리고 네가 찢어질듯 가난한 집에 태어나 세끼의 밥을 제때에 먹지 못하는 신세라면 지금의 네 처지가 얼마나 행복한가를 비로소 느끼게 될 거야.' 등등 여러 모로 설득해 보았으나 그는 나의 말을 들으면서도 얼굴에는 비웃음 같은 것을 나타내고 있을 뿐이었다. 나는 그의 마음을 어느 정도 이해할 수 있을 것 같기는 하였으나 그의 본심을 좀처럼 이해할 수는 없었다. 그러나 지금 돌이켜 생각해 보면 그의 마음을 충분히 이해할 수가 있다. 이렇게 말하는 이유는 그는 보람 있는 생활을 해보고 싶었으나 그것이 잘되지 않았으므로 괴로워하고 있었던 것이다.

이글의 서두에서 말한 바 있는 불평불만 자들도 사실은 보람된 삶과 보람된 생활을 하고 싶으나 그것이 되지 않기 때문에 불평과 불만을 토로하고 있는 것이다.

대다수의 사람들은 진정 보람된 삶과 보람된 생활을 하고 싶어 하지만 어떻게 하는 것이 보람된 삶이며 보람된 생활인지를 잘 모르고 있다. 그리고 머릿속으로 보람 있게 산다는 것은 과연 어떻게 사는 것인가를 생각해 본다. 그러나 생각하는 것만으로는 결코 알 수가 있는 것이 아니다.

이렇게 말하는 이유는 보람 있는 삶이란 결코 말이나 생각으로 되는 것이 아니고 자신이 스스로 체험하지 않고서는 알 수 없기 때문이다. 인간은 출생할 때 '생명'을 갖고 태어나 이 '생명'이란 것에 의해 무수한 질문을 받는다. 열심히 일을 한 후 아쉬움 없이 한잔의 술을 마시며 기쁨과 만족감을 느낀다. 쓰디쓰면서도 짜릿한 맛을 주는 한잔의 술, 여기에 인간이 산다는 보람을 느끼게 된다. 그러므로 자신의 모든 능력과 성의를 다해 일하고 난 다음 즉 자신의 행동 속에 삶의 보람과 기쁨이 있다는 것을 가르쳐 주지 않으면 안 된다.

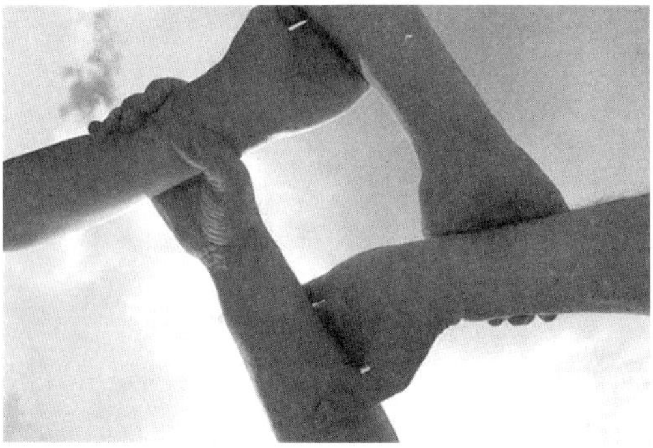

15. 끈기는 성공의 비결이다

잡념은 목표를 달성하는 안내자이다

인간문명의 소산은 집념의 결과이며, 위대한 작품도 집념의 결과이다. 그러므로 얼마나 큰 결실을 가져 올 수 있느냐는 얼마나 굳은 집념을 가졌느냐에 따라 결정되는 것이다. 집념이 약하면 보잘 것 없는 결실만을 얻게 된다.

정상을 정복하려는 자는 가파른 길을 넘으려는 집념이 있어야 하고, 성공하기 위해서는 어려운 상황을 극복하려는 집념이 있어야 한다. 그래서 집념은 목표를 달성하는 안내자임과 동시에 시련을 극복하는 수단이 된다. 에머슨은 '위대한 업적치고 열의 없이 이루어진 것은 없다.'고 하였듯이 집념 없이 성공한 사례는 없다. 일시적인 집념이 있다 하여 연속적으로 계속되는 것은 아니다. 집념은 주위의 영향을 받거나 건강상태에 따라 다르게 나타나기도 한다.

따라서 집념을 키우는 노력과 함께 집념을 실천할 수 있는 체력을 꾸준히 키워야 한다. 집념은 무한대의 저력을 창출한다. 똑똑 떨어지는 물방울에 바위가 패이듯이 인내성을 가지고 한 가지 목표를 정하여 꾸준히 정진(精進)할 때 길이 보이고 좋은 결과를 얻게 될 것이다.

또한 집념은 하루아침에 형성되는 것이 아니다. 일상 속의 작은 일에도 관심을 가지고 집착하면서 고통을 이기며 어려움에 도전하는 용기와 신념을 통해서만이 형성되는 것이다.

성공한 사람은 누구나 끈덕진 끈기를 가지고 있다.
그들이 그만큼 끈기를 기를 수 있던 것은, 끊임없이 절박한 환경에 쫓겨, 끈기를 발휘하지 않고는 견딜 수 없기 때문이었던 것이다.

끈기를 이겨내는 것은 아무것도 없다! 성공하는 모든 요소 가운데서 가장 큰 것이 바로 이 끈기인 것이다!

우선 이 사실을 잊지 않도록 가슴에 새겨 두고, 일이 잘 풀리지 않을 때 상기(想起)하도록 하라!

끈기를 습관처럼 몸에 지니고 있는 사람은 마치 실패했을 경우를 보험에 든 것처럼 난관에 부닥쳐도 태연자약하다. 몇 번을 좌절되고 패배를 당해도, 최후에는 반드시 선두로 뛰어 나선다.

세상에는 실패나 패배란 극히 일시적인 것에 불과하다는 사실을 깨닫지 못하는 사람들이 너무나 많다.

인생의 방관자가 되어 바라보면, 압도적으로 많은 사람들이, 한 번 실패하면 두 번 다시 일어나지 못하고 마는 것이다.

극히 드물기는 하지만, 우리들은 가끔 지나치게 성공을 서두르다가 그 벌로 실패했다는 사람도 만난다.

그러나 우리들은 실패에 당면했을 경우, 구제자(救濟者)가 되어 나타나 주는 '힘'을 보지 못하는 것이다. 침묵하고는 있지만 아무것에도 굴하는 일이 없는 '힘'의 존재를 의심하는 것은 아니지만, 그 힘이 웅변적으로 말해 주지 않기 때문에, 그것을 지나쳐 버리고 마는 것이다.

굳이 그 '힘'에 이름을 붙인다면 '끈기'라고 부를 수밖에 없거니와, 당신은 실패했을 때 그 힘을 종횡무진(縱橫無盡)으로 활동시키지 않으려는가!

여기서 확실히 말할 수 있는 것은, 만일 끈기가 없다면 어떤 일을 하든지 성공이라고 이를 만한 일은 절대로 달성하지 못한다는 사실이다!

끈기야말로 성공의 열쇠이다.

16. 최대한으로 개성을 연출시켜라

개성은 존중되어야 한다

개성은 마치 개인의 심리적 징후와 같은 것으로서 환경에 대응해서 나타나는 행동, 태도, 동기, 경향성, 정서 등의 총체라고 할 수 있다. 이는 일상적인 행동에 일관성 있게 반영되고 있는 것이다.

즉, 한 인간이 가지고 있는 특수한 면을 개성이라고 부르고 있다. 그래서 개성은 인간이 살아가는 기본 바탕이 되는 것이며, 인간의 태도와 행동을 결정하는 중요한 요인이 되고 있는 것이다. 더욱이 개성은 인간사회에서 서로 충돌하며 대립 경쟁관계를 유지하기도 하나 조화되고 통합될 때 사회적 성격을 형성하며 변화 발전을 유도하기도 한다. 인간이 지닌 각자의 독특한 개성을 잘 발달시키고 이용하면 크게 성공할 수 있다.

그러나 많은 사람들이 개성을 무시하고 사회제도에 묻혀 그냥 살아가는 경우가 많다. 인간의 개성은 최대한 존중되어야 하고 개성을 토대로 해서 인생항로가 결정되어야 한다. 개성은 선천적으로 갖고 태어나기도 하나 성장과정에서 발전시키고 개발하려는 노력을 통해서 얼마든지 변형시킬 수 있는 것이다. 자기의 개성을 살리고 개성에 맞는 생활을 할 때 목표를 달성할 수 있고 행복한 생활을 할 수 있다.

인간은 누구나 각각 고유한 재치를 지니고 있다. 그 사람이 있기만 해도 방안의 분위기가 밝고 화기애애한 사람이 있는가 하면, 그 사람이 있으면 어쩐지 침울한 공기가 조성되고 숨이 막힐 것 같은 긴장감이 감도는 사람이 있다.

재치는 그 사람의 행복을 결정하는 요소가 되기도 한다. 그것은 다른 사람들과의 접촉을 무시하고는 개인의 생활은 성립되지 않기 때문이다.

그렇다고 사람들에게 아첨하여 그들의 비위를 맞출 필요는 전혀 없다. 그러나 자기 자신의 언어와 행동의 좋고 나쁨을 알아, 자기 성장의 거울로 삼고, 다른 사람의 반응에 주의를 기울여, 남에게 비치는 자신을 안다는 것은 몹시 중요한 일이다.

그러면 좋은 재치가 풍기는 개성 있는 인간이 되려면 다음과 같이 행동해야 한다.

① 희망적인 마음을 가지고 있어야 한다.

인간은 희망이 있는 한 젊음을 잃지 않고, 정렬이 있는 한 어떤 일이라도 이루어낼 수 있는 행동력이 솟아 나온다. 그 사람의 사고방식에 꿈이 있고, 정열이 있고, 언제나 일에 적극적이고, 다른 사람들에게 따뜻한 마음을 지니고 있다면, 그 사람의 언어와 행동은 자연히 주위 사람들을 고무시키고, 명랑하고 활기에 찬 분위기를 조성하는 것이다.

② 겸허한 태도를 지니고 있어야 한다.

세상에는 자기의 지위나 명예를 의식하여, 그것을 언제나 행동으로 나타내는 속이 빈 인간들이 있다. 그 사람의 인격과 능력은 자연스런 언행 속에 나타나게 마련이며, 존경하는 마음도 여기에서 우러나게 마련이다. 그러기 위해서는 어떤 상태, 어떤 환경에서도 자기 자신을 잃지 말고, '내 상(像)이 상대방에게 어떻게 받아들여지고 있으며, 어떻게 비치는 것이 좋은가?'를 생각하여, 그렇게 되도록 노력하고 개선해 나가야 할 것이다.

③ 상대방의 이야기를 경청하라.

세상에는 다른 사람의 이야기를 중간에서 막음으로써 자기의 지식을 과시하려는 사람이 있다. 상대방을 관대하게 받아들이지 못할 만큼 마음이 좁고, 체면을 세워 주지 못할 만큼 성급하고 교만한 인간은, 품위가 없을 뿐 아니라, 다른 사람들에게 호감을 주지 못한다.

17. 변화에 대처하라

심리적 동기 추구가 인생을 더 가치 있게 해준다

본질적으로 동기라는 말은 사람들의 행동을 자극 또는 유발시키는 내면의 상태를 말한다. 어떤 의미로 심리학의 전 영역은 행위의 저변에 깔려 있는 원인의 견지에서 그 행위를 설명하는 것과 관련이 있다. 그러나 동기라고 전통적으로 지칭되어 온 사항은 특히 내적 원인의 연구를 강조하고 있다.

즉 행위의 원인(Why)은 그와 관련된 내적 지배력의 연속이라는 견지에서 설명된다. 그러니까 일반적으로 얘기해서, 동기라는 말은 사람들이 목표에 합치된 행위와 목표를 추구하는 행위를 향하여 나아갈 수 있게 그들을 활성화시켜 주고 이끌어 주는 내적 조건들을 의미한다. 배고픔과 같은 특수한 동기는 음식을 획득하기 위한 더욱 특징적인 목표지향적 행동을 말한다.

일반적으로 인간의 행동에 미치는 영향의 강도, 긴박성, 신체적 우선순위의 면에서 살펴보면, 생리적 동기가 심리적 동기보다 우리의 행동을 더 강하게 지배한다고 볼 수 있다. '금강산도 식후경'이란 속담이 이를 잘 표현하고 있다. 그러나 심리적 동기가 생리적 동기만큼 강하다고 말할 수 없다고 해서 그것이 과소평가될 수는 없다. 사실 심리적 동기의 추구가 인생을 더 가치 있게 만들 때도 많이 있기 때문이다.

미국의 한 경제잡지에 '내일의 경영'이란 관심을 끄는 제목의 논문이 실려 있는 것을 읽은 일이 있다. 그런데 이 논문의 요지는 이러한 것이었다.

'현대의 경영에서 제일 중요한 임무는 변화에 대처하는 일이다.'

'경영'이나 '경영자'라고 하면, 우선 누구나 어떻게 사람을 쓰고, 어떻게 부하를 관리하고, 어떻게 조직을 운영해 나가느냐 하는 것이 중요한 임무라고 생각하고 있다.

그런데 이 논문은 '경영의 본질은 변화에 대응해 나가는 데 있다'고 주장하고 있는 것이다. 특히 발전의 속도가 빠른 오늘날의 기업경영에 있어서는 더욱 그렇다는 것이다.

그러고 보니, 과연 그렇기도 하다. 변화가 전혀 없어, 오늘이나 내일이나, 또 금년이나 내년이나, 언제나 똑같은 일을 되풀이 하고 있는 것이라면 도대체 경영이라는 건 필요가 없을 것이다. 오늘은 벌써 어제와는 다르고, 금년의 방법으로는 내년에는 통하지 않는다. 여기에서 경영의 필요성은 생겨나고, 그 변화에 대처해 나가지 않으면 시대에 뒤떨어지는 데서 경영자의 임무가 생겨나게 되는 것이다.

우리 생활의 하루하루도 매일 반복되는 것 같지만, 실은 결코 단순한 반복이 아니다. 오늘은 어제와 같은 하루가 아니라, 항상 변화해 가고 있는 것이다. 이 끊임없는 변화에 대처해 나가는 것이, 우리가 해야 할 가장 큰 임무 중 하나인 것이다.

더구나 그 변화의 속도는 과학의 기술적 발전과 함께, 날이 갈수록 점점 더 빨라지고 있다. 오늘날과 같이 눈이 빙빙 돌아 현기증이 날 만큼 변화해 가는 사회에서, 그 변화에 대처해 나가지 못하는 사람은, 점점 더 도태되고 말 것이다.

조금이라도 남보다 먼저 그 변화를 깨닫고 그 변화에 적응해 나가는 사람만이 승자가 될 수 있다.

18. 지식을 살려 지혜를 찾아내라

머릿속에 양식을 공급하라

당신의 마음에서 무언가 가치 있는 것이 나오기를 바란다면, 먼저 무언가 가치 있는 것을 집어넣어야 한다. 식별력을 가지도록 노력하라. 이 텔레비전 프로그램이, 이 책이, 이 대화가 나에게 영감을 줄 수 있는가? 아니면 나에게 해가 될 것인가? 이것이 내가 보다 나은 사람이 되는 데 도움을 주는가, 아니면 아무런 자극도 주지 못하는가? 이것이 적극적인 사랑과 믿음과 소망과 기쁨의 감정을 일으키는가, 아니면 미움과 불신과 공포와 불행의 부정적 감정을 일으키는 가? 나는 내 마음에다 도전과 정신적 향상을 억누르는 양식을 공급하고 있는가, 아니면 나가서 싸워 이기려고 하는 결단력을 구사하고 있는가?

부정적 사고주의자들이 당신의 생각이 얼마나 그릇된 것이며 당신의 아이디어가 얼마나 불가능한 것인가를 말해주는 소리를 듣지 말아라. 될 수 있는 대로 적극적 사고주의를 가까이하는 훈련을 쌓으라. 당신이 적극적 사고주의자가 되는데 도움이 될 만한 책을 찾아보아라. 그런 책들은 당신 주위에 얼마든지 있다.

지식과 지혜는 어떻게 다른가? 단적으로 말하면, 지식은 기억하는 것이고, 지혜는 생각해내는 것이다. 그러므로 누구나 지식인은 될 수 있어도, 지혜로운 자가 되기는 어렵다. 앞으로는 지혜가 있는 인재가 필요하다. 지식이란 다른 사람의 생각을 빌려온 것으로 스스로 지혜를 짜내어 어떤 일을 이루어냄으로써 비로소 자기의 것이 된다. 요컨대 지식을 살리고 응용하여 새로운 창조성을 발휘해야 하는 것이다. 지식이란, 우리들이 업무를 수행하거나 일상생활을 원활히 하는데 필요한 문제해결의 도구다. 이 지식이라는 우수한 도구를 아무리 많이 가지고 있을지라도, 어떤 도구를 어느 때 어떻게 사용해야 가장 효과적으로 해결할 수 있느냐 하는 지혜가 없다면, 그 지식은 죽은 지식에 불과하다.

그래서 지혜를 닦는데 필요한 마음가짐을 소개하고자 한다. 언제나 사물을 대할 때 관심과 흥미를 가지고 대하라. 사물을 단지 표면적으로만 알려고 하지 말고, 항상 의문을 가지고서 왜 그런가? 왜 그렇게 하지 않으면 안 되나?…… 하는 왜? 의 정신으로 추구하는 습관을 잠재의식을 이용하라. 긴장을 풀고, 불안을 없애고, 불만을 버리고, 항상 느긋한 심정으로 즐겁게 행동하라. 어떤 해결책이 필요한 경우라면, 이미 그 문제가 해결된 상태를 연상한 다음 그런 기분으로 행동하라. 우리들은 항상 지식을 얻고, 그 지식을 충분히 활용할 수 있는 지혜를 연마함으로써, 능력이 비약적으로 개발되어, 훌륭한 성과를 거둘 수가 있는 것이다.

19. 마음을 윤택하게 하라

인간미는 성스러운 것이다

우리 인간은 다른 사람을 만나보고 싶고, 대화를 나누면 즐거운 것도 인간만이 지닐 수 있는 미가 있기 때문이다. 사물이나 예술작품이 가지고 있는 미는 외형적인 미뿐인데 반하여 인간미는 외형적인 미뿐만 아니라 정신적인 미까지도 포함하고 있다. 그러기에 인간미는 가장 아름답고 고귀하고 성스러운 것이다. 인간미를 가진 사람은 행복할 수 있고 자신에 찬 인생을 즐길 수 있으며 모든 사람들로부터 존경을 받고 보살핌을 받게 된다.

미인들이 거울 앞에 앉아서 화장을 하듯이 군자는 제 마음을 닦는다. 흠 많고 허물 많은 자기를 갈고 닦아서 참된 인격을 마드는 것이 우리의 가장 큰 공부요 수양이 아닐까 한다.

오늘날 내실보다도 겉치레로 사회의 새로운 계층에 속해보려는 풍조가 만연되고 있다. 내면의 성실함보다 외형적인 조건에 치중하게 되면 실상은 못보고 허상만 보게 될 것이다. 몇 점을 받느냐? 무엇을 가지고 있느냐? 로 인간을 평가하게 된다면 많은 허점이 들어날 것으로 생각된다. 점수는 남보다 뒤져도, 가진 것은 없어도 성실한 인간을 높이 평가하는 사조가 아쉽게 생각된다. 사회 개조는 인간성 개조로부터 이루어져야 한다면 인간성을 평가하는 면에 치중되어야 할 것이다.

속담에 '겉보다 안'이란 말이 있듯이 아무리 겉이 번지르르해도 겉보다 속이 충실해야 한다는 생각은 건전한 사고방식임에 틀림없다. 겉보다는 내면이 아름답고 더 좋은 것으로 가득차야 한다.

돈만이 인생을 행복하게 한다는 그릇된 가치 관념이 물질적 욕구에 박차를 가하여 마음의 기쁨을 잃게 하고 마음의 가난만을 심어 놓고 있다. 과연 행복이란 호화주택에 살면서 자가용을 타고 유명 인사들을 초대하여 파티를 열고 해외여행을 이웃집 가듯이 하는……, 그런 일일까?

이와 같은 사회풍조는 돈이라면 형제간에도 싸움질을 하게 만들어 놓았고, 의리와 인정을 헌 신짝처럼 팽개치고, 자기만 잘되면 그만이라는 극단적인 이기주의자들까지 배출해내고 있다. 딱한 사람들을 불쌍히 여기고, 슬픔을 당한 사람을 위로하고, 가난한 사람에게 동정을 베푸는……, 이런 아름다운 마음은 이제 지상에서 사라졌단 말인가! 현대인의 마음은 거친 사막처럼 윤기를 잃고 있다. 물질적 욕구에 대해서는 민감하지만, 마음의 풍요에 대해서는 저항마저 느끼고 있다. 그러나 진정 행복한 인생을 살기 위해서 아름답고, 따뜻하고, 즐겁고, 상냥하고, 부드러운 마음부터 싹틔워야 할 것이다. 그러기 위해서는 우선 다음과 같은 정신적인 기쁨을 얻도록 힘쓰도록 하자.

① 공중도덕심을 가져라

공공의 물건을 자기 물건처럼 소중히 여겨야 한다. 공중도덕과 규칙을 지키고 다른 사람에게 폐가 되는 언행을 삼가고, 봉사하는 마음을 가져라

② 감사하는 마음을 가져라

불평이나 불만도 약간의 감사하는 마음만 갖는다면 마음은 편안해진다. 식탁의 음식도 여러 사람들의 협력에 의해서 만들어진 것이다. 감사하는 마음을 가진다면 모두가 좋은 영양이

된다.

③ 감동하는 마음을 가져라

아름다운 음악에는 마음이 뛰놀고 도취되며, 아름다운 그림을 보면 새로운 세계를 느껴 정신이 순화된다. 이와 같이 눈과 귀를 통하여 아름답고 풍요로운 마음을 기르라.

④ 남을 위하려는 마음을 가져라

세상에는 다른 사람에게 친절을 베푸는 사람도 많지만 그러나 마음으로부터 그 보상을 생각하지 않는 사람은 드물다. 그야 애당초 친절조차 베풀지 않는 사람보다야 낫겠지만 보상을 바라고 베푸는 은혜는 은혜가 아니라 뒷맛이 쓰다. 또 처음에는 보상을 바라고 친절을 베푸는 것은 아니지만, 상대방의 태도에 분개하여, 그를 비난하고 공격하는 사람들도 있다.

다른 사람에게 은혜나 친절을 베푼다는 것은, 그것으로 상대방에게 무엇을 기대하거나 다른 사람들에게 생색을 내기 위한 것이 아니라 자기 자신의 정신적인 기쁨을 얻기 위한 것이어야 한다. 이것만으로도 보상은 충분히 받은 것이다.

아무리 물질적으로 풍부할지라도 마음이 가난한 사람은 항상 불평과 불만을 가지게 되고 다른 사람을 비난하고, 모든 책임을 국가나 사회로 돌려 불행한 일생을 보내게 된다. 행복한 인생을 살기 위하여 항상 마음을 풍요하고 아름답게 간직하도록 노력해 보아라. 진정한 삶의 의미를 느낄 것이다.

20. 사풍(社風)을 만들어 나가라

창조는 발전의 지름길이다

우리는 21세기를 눈앞에 두고 사회와 국가의 앞날을 가늠할 치열한 세계적 경쟁과 변혁의 시대에 놓여 있다. 지식과 기술의 개발을 위해 새로운 각오와 첨단의 과학기술을 갖춘 국가만이 번영을 약속할 수 있는 상황에 처해 있는 것이다.

기업과 사회는 변화하는 시대에 부응할 수 있는 창조적인 생각과 강인한 도전의지를 갖춘 사람은 필요로 하고 있다. 우리 모두는 변화의 파도를 극복할 수 있는 인내와 용기를 갖추어야 한다.

우리는 무사안일주의가 개인이나 국가에 대하여 얼마나 경쟁력을 약화시키고, 사회적 낭비를 초래하였는가를 잘 알고 있다. 우리의 시대적 책임은 이러한 무기력과 혼돈을 때로는 인내하고, 용기 있게 타파하면서 새로운 제도와 규범으로 바꾸어 나가야 한다. 변화의 방향을 예견하고 세계인과 경쟁하기 위해서는 끊임없이 자발적으로 능력을 키워 나가야 한다.

직장에서 노련한 비즈니스맨이 흔히 말하듯이 비즈니스맨의 훌륭한 세일즈기술을 배워서 그것을 모방하려 해보아도 생각대로 잘 되지 않는 수가 많다. 역시 자기 나름대로의 세일즈 방법을 연구하여 나아가지 않으면 좋은 성과를 거둘 수 없다. 이것은 경영방법과 사람을 쓰는 데도 해당된다. 다른 사람의 훌륭한 방법을 모방하여 이용해도 잘되지 않고 역시 각자의 특기를 발견하여 하지 않으면 좋은 효과가 나타나지 않는 것이다. 이것은 각자가 나타나지 않는 것이다. 이것은 각자의 성격과 사물에 대한 사고방식이 다르고 과거의 체험과 관념도 다르기 때문에 각자의 독특한 방법이 필요하다. 이런 각자의 특성에 맞는 방법이 아니면 자신을 가질 수 없기 때문에 해 봐도 잘 되지 않는 것이다.

미숙한 인간이라 전력을 기울여 일에 최선을 다 해도 실패는 있다. 그렇지만 인간은 이 실패의 좌절을 딛고 일어서서 다시 비약할 수 있는 방향으로 전력을 다하여 생각하고 노력한다. 이 사고와 행동에 의하여 인간은 성장한다. 누구든지 생활 체험에 의하여 급속하게 발전한 것이다.

그러니까 사람을 움직이는 방법은 선배의 체험이 바탕이 되고 있다. 그것은 인사를 실력 위주로 철저히 하고 능력 있는 사람은 계속 발탁하고 무능한 사람은 가차 없이 강하시킨다. 또 실패를 두려워하여 무사주의에 빠지지 않게 하기 위하여 '실패를 두려워하지 마라'하고 계속 용기를 넣어 준다. 이러한 사람 쓰기가 사풍이 되어 회사는 굉장한 비약을 성취하게 되는 것이다.

21. 기회는 만드는 것이다

자신의 이미지를 타인과 차별화시켜라

자기 이미지를 타인의 주관에 맡긴 채 수동적이고 무기력하게 대처하는 것이 아니라 최대한으로 자신을 가꿈으로써 수많은 사람들 가운데서 자기를 차별화하는 것이다. 이러한 이유로 최근 자기관리 중에서도 특히 중요시되는 것이 매너이다. 자연스럽게 몸에 밴 예의범절. 상대방의 인격을 존중하는 마음은 자신의 이미지를 크게 높여준다.

업무상으로 타 업체의 관계자를 만날 경우, 예의에 어긋나는 한 마디의 말이나 행동으로 상대방의 기분을 상하게 하거나 순간적으로 벌어지는 상황에 당황하는 경우가 있다. 이런 경우 필수적인 매너를 익혀둔다면 직간접적으로 많은 도움이 될 것이다.

우선 올바른 언어 사용법과 적극적인 경청법을 살펴보자. 상대방과 대화를 할 때에는 이야기의 요점을 정확이 파악해, 상쾌하고 적당한 속도로 말해야 한다. 반말은 절대금물이며, 명령보다는 의뢰하는 식의 말을 사용하고 부정형보다는 긍정형으로 표현하며 반 토막말은 삼가야 한다.

특히 경청하는 자세는 상대방으로 하여금 신뢰의 여부를 가늠하게 하는 중요한 역할을 하므로 자신의 말만을 늘어놓지 않도록 조심해야 한다. 또 대화의 내용에 도취돼 핵심을 잊지 않도록 주의해야 한다. 이야기 전반에 귀를 기울여 핵심을 파악하고 중요한 내용을 반드시 메모하도록 한다. 대화 도중 몸을 앞으로 당긴다거나 상대방의 눈을 쳐다본다거나 가끔씩 고개를 끄덕임으로써 상대방과의 공감대를 형성하도록 하고 때로 복창 등의 피드백(Feed-back)을 실시, 서로의 이해를 돕도록 한다.

기회란 어떠한 생각이나 행동을 하는데 가장 적합한 때를 말한다. 흔히들 무슨 일을 하고 싶어도 기회가 없어서……', 라고 말한다. 그러나 기회는 잡으려고 노력하는 사람의 편에 찾아오는 것이다. 일생동안 두세 번의 기회는 누구에게나 찾아 올 것이라고 기다리기만 하는 사람은 어리석은 자다. 기회가 오면 이상과 현실 속에서 적절하게 목표를 세우고 자기 스스로 붙잡아야 하는 것이다. 기회를 포착하여 붙잡는 사람은 목표를 달성하게 되는 것이다. 우리는 그런 사람을 성공한 사람이라고 칭한다.

삶의 모든 분야에서 기회는 가능하게 한다. 일반적으로 좋은 조건만이 성공할 수 있는 기회라고 생각하거나 기회는 좋고 나쁜 것을 가리지 않는다. 인생의 모든 분야에서 기회를 만들고 붙잡으면 성공하게 되는 것이다.

우리는 때때로 자기 자신의 기회도 잡지 못한 것이 다른 사람이 잡아서 성공한 실례들을 모아 왔다. 아무리 힘에 겹더라도 자기에게 주어진 역할을 충실히 수행하지 않으면 후회하게 된다. 그러나 후회해도 소용이 없다. 때는 늦은 것이다. 그러므로 어떤 목적을 달성하려고 할 때는 온갖 성의를 다하여 기회를 찾고 만들어야 하며 기회가 찾아 왔을 때는 지체 없이 자기 것으로 만들어야 한다.

22. 은혜를 잊지 말라

비즈니스세계 인정은 통한다

'부탁해요, 어떻게든지!' 사내에서는 이런 말들을 항상 들을 수 있다. 어떤 부서의 어떤 사람이라도 혼자서 일을 할 수는 없다. 반드시 어딘가에서 누군가와 상호 의존하고 있다. 예를 들면 영업과 관리, 본점과 지점, 선배와 후배, 남자사원과 여자사원…….

부탁을 받게 되면 별 도리가 없다. 자신이 바쁘더라도 곤란해 하고 있는 동료가 있으면 어떻게든 도와준다. 이것이 비즈니스의 기본이다. 어떤 일이든지 기본은 역시 인간관계로서 아름다운 협력정신이 필요하다. 그래야만 당신이 궁지에 처했을 때에도 누군가가 당신을 반드시 도와줄 것이다.

도움을 주고 도움을 받으며 살아가는 것이 인생역정이다. 한 인간의 힘이란 따지고 보면 미미하기 짝이 없다. 아무리 유능한 인간이라도 자기 혼자의 힘만으로는 절대로 성공하지 못한다. 성공할 수 있는 인간관계를 만들어 놓는 것은, 자기의 능력을 개발하는 것 이상으로 중요하다. 그러나 젊은 시절에는 다른 사람에게 도움을 주는 경우보다 남에게서 도움을 받는 경우가 많다. 그리고 젊은 시절에는 대개 도움을 받는데 대한 보답을 직접 할 능력이 없기 때문에 마음 한구석에는 항상 그 은혜에 보답하려는 기분이 남아 있게 마련이다. 그리하여 그것을 지나치게 짐스럽게 생각하는 나머지, 남에게서 도움 받기를 꺼려하기 쉽다. 그러나 다른 사람들의 도움은 거리낌 없이 받아, 그것을 성공의 도약대로 삼고 노력할 필요가 있다. 오히려 그들은 당신의 성장을 대견스럽게 바라보면서, 도와 준 보람을 느낄 것이다.

한편, 다른 사람의 은혜는 절대로 잊어서는 안 된다. 일단 도움을 받은 사람과는 항상 인간적인 접촉을 계속해야 한다. 우선 어떤 기회에 다른 사람의 도움을 받았다면, 거기에 대한 사례편지를 곧 써라. '내일 쓰지……'하고 미루면 끝장이다. 미루다가 며칠이 지나면 편지는 써지지 않게 마련이다. 또 지나치게 공들여 정성껏 쓰려고 할 필요는 없다. 오직 당신의 고마운 마음을 솔직하고 간단하게 나타내면 된다. 그래야 잠시 동안의 시간을 이용해서 쓸 수도 있다.

그리고 도움을 받은 은인에게는 가끔 전화를 걸어 안부를 묻고, 이쪽의 근황을 보고하는 것이 좋다. 상대방은 기꺼이 당신에게 도움이 될 좋은 말들을 해 줄 것이다.

새해에는 연하장을 보내라. 인쇄된 것을 형식적으로 보내는 것이 아니라, 짤막해도 좋으니 공들여 쓴 글씨에 따뜻한 마음이 담겨 있어야 한다.

가끔 직장이나 가정으로 방문도 하여라. 단, 미리 상대방의 사정을 물어 봐야 한다. 좌우간 인간은 은사나 선배는 물론, 모든 사람에게 감사하는 마음이 있어야 한다. 인간관계를 소중히 다루면, 사람들이 당신의 성공의 문을 열어 준다.

23. 웃음은 인간만의 특권이다.

웃음은 만복(萬福)을 가져다준다

웃음은 평화·행복·안녕·사랑 등을 의미한다고 할 수 있다. 이와 같은 의미에서 첫째, 생활 속에 웃음이 없으면 하고자 하는 일 모두가 고통이요, 쓰라림이다. 웃음으로 생활을 가득 채우면 그곳에는 즐거움이 있어 평안하고 화목하게 된다는 것이다. 즉 인생을 즐겁게 살려면 웃음이 끊이지 않도록 노력해야 한다.

둘째, 웃음을 잃고 찡그린 모습을 하면 근심걱정이 가득한 병자처럼 보인다. 웃음을 잃지 않으면 정신건강과 소화작용에도 큰 역할을 하게 된다. 일례로 일노일노 일소일소(一怒一老, 一笑一少)는 사람들에게 웃음이 얼마나 중요한 것인가를 한마디로 나타내 주고 있다. 의학적으로도 웃음은 건강과 밀접한 관계가 있다고 한다. 신경증이나 위장병, 스트레스 등은 웃음이 없는 사람들의 병이다. 특히 여자의 웃음은 신(神)이 인간에게 특별히 내려 준 선물이 아닌가 한다.

셋째, 사회생활에서 때때로 난처한 입장이나 어려운 경우에 처했을 때 상냥한 웃음은 어색하고 거북한 순간의 위기를 넘길 수 있도록 해준다. 즉 웃음은 원만한 대인관계를 유지해 나가는데 있어 초석이 된다. 그러나 오늘날 많은 사람들은 웃음이란 존재를 잊고 살아간다. 직장생활과 학교생활에 찌들어 상사의 고함소리와 출퇴근 교통난, 입시에 대한 두려움과 대학졸업 후에도 직업을 갖지 못하는데 대한 고민들로 인하여 웃음을 잃어버렸다.

웃음엔 조건이 필요치 않다. 우리가 웃을 수 있는 기회는 얼마든지 많다. 어린 아이의 천진난만한 웃음소리를 들어보라. 그들은 작은 것에도 감사하며 곧잘 웃음을 터뜨린다. 밝은 웃음을 지니고 있다는 것은 무엇보다 소중하고 커다란 재산이 되지 않을까 한다.

어떤 스위스 사람이 날마다의 생활을 분석하여, 일하는 시간이 몇 시간, 식사하는 시간이 몇 십 분, 면도하는 시간이 몇 분, 하는 식으로 자세히 측정한 다음, 여기에서 환산하여, 일생 동안에 잠자는 시간이 26년, 일하는 시간이 21년, 식사하는 시간이 6년, 사람을 기다리는 시간이 5년이란 계산이 나왔다고 한다. 이 계산에 따르면, 일생동안 화내는 시간은 6년이나 되는데, 웃는 신간은 단지 46일로 나와 있다.

이 이야기는 좀 허황된 데가 있고, 또 이 스위스인은 지나치게 웃음을 모르고 사는 사람 같지만, 그러나 대부분의 사람들은 웃는 시간이 의외로 적은 것만은 사실인 것 같다. 도대체 우리들은 하루에 어느 정도나 웃고 지내는 것일까?

덩달아 웃는 웃음, 어이가 없어 웃는 웃음, 마음엔 없으면서도 억지로 꾸며서 웃는 사교적인 웃음……, 이런 웃음들을 제외한다면, 진정으로 마음속에서 터져 나오는 웃음, 우스워서 견딜 수 없어 나오는 웃음, 기쁘고 즐거워서 웃는 순수한 웃음이 과연 얼마나 될까? 사람에 따라서는 이런 웃음이란 하루에 한 번 웃을까 말까 할 정도일지도 모른다. 웃음이 많은 사람과 웃음이 적은 사람, 웃을 수 있는 사람과 웃지 못하는 사람 사이의 개인차는 몹시 심하다. 그런데 이런 차이는 타고난 성격이나 놓여 진 환경 때문이라기보다는 오히려 본인 자신의 마음가짐에 달려 있는 것이다.

언제나 웃음을 향하여 마음의 창문을 활짝 열어 놓는 일, 얼굴에 미소를 잃지 않으려고 노력하는 일, 이런 마음가짐이 중요한 것이다. 만화 속의 동물은 웃지만, 진짜 동물이라면, 개나, 고양이나, 새나, 산짐승이나, 성은 내지만 웃지는 못한다.

웃음은 인간만의 특권이다! 어째서 인간에게는 이 특권이 주어져 있는 것일까! 행복을 느낄 수 있는 것도 인간뿐이다. 웃음이란 우리의 이 행복을 위하여 꼭 필요한 것이기 때문이 아닐까?

대부분의 사람처럼, 당신은 웃음에 대하여 너무 무관심하지는 않은가? 비록 스위스 사람은 아니지만, 당신은 날마다 웃는 시간이 얼마나 되는지 반성해 보고, 많이 웃도록 노력할 필요가 있을 것이다.

저자소개

仁山 원융희

경기대학교 관광경영학과를 졸업(학사)한 뒤 경희대학교 경영대학원 관광경영학과를 수료(석사)하고, 세종대학교 대학원(경영학과)에서 관광경영 전공으로 경영학박사학위를 받았다.

2005년도에는 미국 남 일리노이주립대학교 관광학과에서 교환교수로 있으면서 폭넓은 견문을 접할 수 있는 기회를 갖기도 하였다.

일찍이 서울플라자호텔과 서울 밀레니움 힐튼호텔에서 현장업무를 익혔으며, 우송정보대학 관광경영과 교수를 거쳐 용인대학교 관광학과에서 교수로 강의에 임한지 20여년이 넘다보니 남다른 이론이 뒷받침된 가운데 실무와 강의의 감각 등이 어우러져 강의의 내용이 실용적이고 생동감이 있게 학생들에게 전해지게끔 하고 있으며, 서비스, 호텔경영, 식음료, 실버산업 그리고 병원경영학 관련서적에 이르기까지 더욱 품격 있고 가치 있는 글을 찾기 위해 다방면의 저술활동에 노력을 하고 있다.

최근에는 레스토피아를 통하여 서비스와 레스토랑 컨설팅에도 임하고 있다.

글로벌 비즈니스 용병술

2009년 1월 2일 인 쇄
2009년 1월 9일 발 행

저 자 **원 융 희**

발행인 (寅製) 진 욱 상

발행처 백산출판사
서울시 성북구 정릉3동 653-40
등록 : 1974. 1. 9. 제 1-72호
전화 : 914-1621, 917-6240
FAX : 912-4438
http://www.baek-san.com
edit@baek-san.com

값 15,000원
ISBN 978-89-6183-125-3 93320

